【新世紀香港社會研究系列】

貧而無怨難

香港民生福利發展史

馮可立

著

中華書局

【新世紀香港社會研究系列】

貧而無怨難

香港民生福利發展史

發展史

馮可立 著

責任編輯 黎耀強
裝幀設計 霍明志
排　　版 沈崇熙
印　　務 劉漢舉

出版

中華書局（香港）有限公司

香港北角英皇道四九九號北角工業大廈一樓 B

電話：（852）2137 2338

傳真：（852）2713 8202

電子郵件：info@chunghwabook.com.hk

網址：http://www.chunghwabook.com.hk

發行

香港聯合書刊物流有限公司

香港新界大埔汀麗路三十六號

中華商務印刷大廈三字樓

電話：（852）2150 2100

傳真：（852）2407 3062

電子郵件：info@suplogistics.com.hk

印刷

美雅印刷製本有限公司

香港觀塘榮業街六號

海濱工業大廈四樓 A 室

版次

2018 年 4 月初版

©2018 中華書局（香港）有限公司

規格

特 16 開（230mm×170mm）

ISBN

978-988-8512-47-8

【新世紀香港社會研究系列】總序

這是推動和發展香港社會研究最具挑戰的時刻。

一方面，九七回歸以來，香港作為特別行政區面對來自四方八面的新挑戰。由亞洲金融風暴到香港內部的泡沫經濟爆破、經濟轉型長年停滯不前到「沙士」來襲所造成的經濟蕭條、特區政府施政能量不足到其認受性受到挑戰、社會爭議不斷到頻頻出現社會抗爭、政制發展波折重重到社會分歧日趨嚴重，問題之多，需要重新認識、加深分析。過去很多視為行之有效的制度、政策，統統不再可能繼續以理所當然的態度來對待。如何面對未來發展？如何找到新的路向？已經再無一致的答案。這是反思香港的關鍵時刻。

同時，愈來愈多研究者嘗試運用不同的研究方法、使用不同的材料，將老話題重新打開，提出新的想法，又或者切入當今逼在眼前的課題，拋出新的概念、分析框架。當前香港社會研究百花齊放，新的觀點、新的假設，可以引起討論，並在社會上產生不少迴響。

可是，另一方面，當前本地大學、學院的環境，卻往往不利於香港研究的發展，而其中以中文來發表研究成果，就更加未受重視。近年本地大學提出的所謂知識傳遞，它們表示會承認知識的社會效果的說法，經常流為口號或姿勢，而未見珍而重之。與此同時，社會上也

湧現出不少立場為先、結論先行的論述專著。這些材料，固然可以引發起對香港問題的更多關注，但這些以情害理、立論粗疏的觀點，卻也可以反過來混淆視聽，窒礙批判思考。

面對這個困難的環境，客觀認真、立論嚴謹的香港社會研究，更需要尋找新的空間，把研究者與社會之間的交流、互動，發展得更為熱鬧。

本叢書旨在開拓這個空間，令香港社會研究活潑發展。

引言

以往不少有關香港社會福利發展史的研究及書籍，很多時候都是以一個主角 —— 政府 —— 的歷史劇本作為敍事架構，令人認為社會福利制度是建基於香港政府很科學化及理性地掌握經濟及社會趨勢，例如工業化過程、人口變動、就業機會、社會期望等，從而主動地制定適切的政策以紓解民困。這個看法將讀者的視線集中在決策的後果上，彷彿政府有甚高的敏銳度及前瞻性，體察民情及順應民意，在資源的限制下，努力改善市民生計。

這個福利觀的前設，是政府官員愛民如子，主動及敏銳地感知社會問題徵兆，願意肩負起處理民生疾苦的責任，而市民受眾亦因而得到恩澤。不過，歷史學家西達·斯考切波（Theda Skocpol）卻列舉了多個福利制度建立的因素：工業化、城市化、議會政治、階級矛盾、立國精神等，認為若純粹依賴官僚的理性決策，很容易做成了一個錯覺，使人們以為福利制度是一個由「國家推動」（state-led）的過程，政府是福利理性的唯一主角，統領着福利觀的主導權，舞台鎂光燈毫無疑問地投放在它的身上，其他都只是沒有戲份的臨時演員。

　　姑且勿論我們在理論上如何爭論福利制度的動力來源，香港的具體情況卻相當明顯。回顧百多年的殖民地歷史，香港政府以商務貿易為重，堅持採用對自由市場的積極不干預政策，為自己訂下的福利角色極為有限，而且甚為被動，所以「政府推動」的源頭動力難以提供很強的說服力，或者說，政府是「勉為其難」地處理福利問題。只要回顧上世紀歷年來有關福利政策的文獻，我們便會看到市民對香港政府「頭痛醫頭、腳痛醫腳」的批評此起彼落，而回歸後十多年，這些批評仍不絕於耳。事實上，政府對民生福利只是採用一套極為短視及狹窄的政策取向，美其名是實用主義，其實是不願意主動承擔長遠及全面的民生福利責任。在這種被動的取向下，福利政策的操作目標很強，管理得井然有序，但是社會目標訂得極為單薄，對紓解民困方面亦只是點到即止而已。

　　反之，政府的狹隘角色一直以來使不少關心公共事務的人士及民間組織感到不滿，進而指陳利害，要求政府積極關注民生疾苦所誘發的社會矛盾及衝擊。這些批評很多時候成為了輿論監督的參照器。而且，香港的非政府組織（以前稱為志願機構）提供了大概八成的福利服務，它們的服務層面比政府提供的廣闊得多。相對於政府的狹隘性，民間前線福利工作員有更多機會接觸普羅大眾的生活，因此掌握到民生疾苦的多樣性，了解問題關鍵所在，有時甚至處於先鋒位置，提出了很多新的看法、創意及解決問題的方法，並且動員社會不同力量及受眾去糾正當局見步行步的實用主義，甚至不少福利的受眾也自行組織起來，制定更合適的政策方向及綱領，倡導及推動着影響他們生計的福利政策，以免失之毫釐，差之千里。

　　如果我們將視線從「政府主導」轉向「社會主導」（society-led），我們可以看到香港的社會福利不僅是一個制度，而且是一個社會運動，一個公民社會的福利倡導運動。這個運動來自民間，以多元的形式構成，活躍份子不單是福利機構及社會工作者，而且包括很多關心民生困苦的人物及公民社會組織，例如論政團體、壓力團體、勞工及社區組織、婦女團體、少數族裔組織等，它們不斷展示民眾及社群的生活困境，提出社會議

題，建立不同種類的福利論述，匯聚民意要求改善各類政策措施，繼而與政府磋商、對峙或合作。有時候它們在會議室內與政府合作成為夥伴，有時卻尖銳地在街頭及輿論上對壘，總的來說構成了一個龐大的「需求輸入」（demand input）。筆者甚至可以大膽地說，在過去數十年間，如果沒有非政府組織（包括人物及組織）積極及主動的倡導及輸入，由下而上地推動及刺激着重執行細節的官僚機構，香港的社會福利政策便會顯得極為單薄無力，難以回應日益複雜的民生疾苦及訴求。從這一個觀察角度來說，在香港，福利運動是制度建設的原動力，政府的功勞雖然不可抹殺，但在社會福利政治舞台上，政府只是其中一個參與者。

在過去三十多年中，筆者曾參與不少非政府組織的倡導工作，在工作中了解到基層市民所面對的問題，亦多些了解福利政策的發展過程。今次寫這本書的目的，就是希望提供一個動態的描述，一方面描述一些宏觀的政治、經濟及財政因素如何影響政府建立及改革福利制度，另一方面找出民間（包括非政府組織、輿論及人物）在福利發展過程中的角色，設法掌握它們如何超越及衝破政府所訂下的框框，改變着極為傳統的福利觀念及服務，使社會福利更能展現其現代化的面貌。這是一件艱鉅的工作，因為在這個舞台上有無數角色的存在，它們有不同公開及潛在的影響力，筆者憑一己之力難以盡錄。筆者的接觸面及才力有限，要敘述各方面的貢獻，難免掛一漏萬。筆者只是希望能夠拋磚引玉，踏出第一步，為將來同類型研究提供一個起步點，使香港社會福利的討論從平面進展到更立體的分析，讓福利政策更人性化、在地化。

本書分為一個導論、兩大課題及八個章節。在導論中，筆者對社會福利的概念及範圍作出了一個基本的介紹，尤其是福利觀的歷史演化過程，讓讀者掌握趨勢及了解目前問題的所在。雖然只是相當概括的介紹，但也總算勾劃出基本的觀念及功能，以及這些觀念如何成為社會發展的一股動力，使福利成為一個相當立體及豐盛的社會目標。整本書的結構，就是包含在這些概念分析之中。

第一課題主要是介紹香港社會福利的宏觀發展，它包含兩個章節。第一章是以政治、經濟情況變化作為背景，詳述整體民生福利政策的歷史源流以及近六十年來的主要變化，以不同的港督及回歸後的特區首長為歷史主軸作出介紹，結束於 2012 年特首曾蔭權離任之時。這一章嘗試將福利的廣義及狹義的範圍結合起來，做一個全面的描述，牽涉到政府的整體民生政策範圍，包括了房屋、醫療、教育及勞工等政策，讓讀者更清楚地掌握社會福利在眾多社會政策中所佔的位置與角色。這個課題牽涉到很多變化因素，是全書中最長的一章。第二章是有關政府的行政架構及管治思維，主要是介紹政府由上而下如何制定、落實及執行民生福利政策，它的管理哲學如何促進或阻礙福利服務的發展，包括社會福利規劃、行政與財政的演變，尤其是在特區政府成立之後，新公共管理制度下的措施如何引發及面對種種社會矛盾的挑戰。

第二課題分為六個章節。這個課題介紹一些屬狹義社會福利的專題，包括社會保障、老人服務、家庭及兒童服務、青少年服務、康復服務和社區服務。這些專題所敘述的時期較短，期限主要由二戰結束開始，到 2012 年的特區首長任期結束。在這些章節中，筆者在具體福利服務方面的介紹及敘述較少，因為這些資料可以較容易在官方的網站資料庫中取得，反而多些着重社會事件對政府所帶來的衝擊，以及也描述非政府福利機構由下而上所產生的自發力量，與政府在摩擦及合作的關係下，帶動着政策方向的轉變或改道，形成了今天的社會福利制度。這些章節不是敘說微觀的人際影響力（雖然它們的確有相當力度），而是民間論述如何建立輿論焦點甚至壓力，從一般普羅大眾的訴求來闡釋社會福利應該是怎樣的一回事，在經濟社會變化中推動政策的改善。

在梁振英政府管治的幾年期間，公民社會已經成為了一股新的社會動力，重塑着不少的政經社會議題，其中貧富懸殊問題可說是「重中之重」，爆發在不同類別的社會政策中。在「五十年不變」的承諾下，特區政府在餘下的日子中如何回應民生困苦帶來的各項政治挑戰，是一個極其重大的考驗。回顧福

利制度變革的歷史，前美國總統詹森在他 1964 年 1 月 8 日向貧窮宣戰的國情咨文中說：「今天，此時此地，本屆政府向美國的貧窮無條件宣戰。我懇求本屆議會和全體美國人民與我一同努力。」他的「偉大社會」（The Great Society）挑戰着令人迷惘的市場主義，但願香港特區政府有同樣的胸襟及魄力，訂立適切的政策方向及鼓起政治勇氣，切實地去解決港人的貧窮及民生疾苦等等問題。

最後，要鳴謝幾位社聯的朋友梅偉強、郭俊泉及黃和平修訂了本書中一些章節的資料。

社會福利的基本概念

作為一個制度，社會福利的涵蓋範圍可以分為廣義與狹義兩個不同含義。廣義地說，它是指人們對社會狀態的一個整體觀感，是社會的「一般安然狀態」（general well-being）。早期的經濟思想家邊沁（Jeremy Bentham）提出了「最大多數人的最大快樂」（the greatest happiness for the greatest number），就是對廣義定義十分切題的描述。他從整體社會效率的角度來衡量經濟體系的成果，認為貧富懸殊對「社會」的福利產生負面的效果，自由市場如果只是少數人得益，而大多數人生活水平毫無進展甚至下降，則未能達到廣義的社會效率。後來，不少學者也以大多數人的福祉來訂定「社會」政策的總方向，甚至訂立了一些社會指標（social Indicators）來計算社會的整體福利狀況，例如近年出現了不少國際指標，包括「國民福利總值」（Gross National Welfare）、「社會發展指標」（Social Development Index）、「生活質素」（Quality of Life）、「世界價值調查」（World Value Survey）等。這些指標逐步發展起來，包括了居住、健康、教育、閒暇、家庭、環境、安全、自殺率等，範圍涵蓋社會及生活質素，為較為「現代」及富裕社會描述了一般狀況。如果以中文簡稱來表達這個廣義福利定義的話，它是指一般的「民生狀況」。

社會福利的狹義定義是為某一類社群而制定的政策措施，是「社會中的福利」（welfare in society），它是指「一些社會計劃，為邊緣社群（如窮人、老人及殘疾人士）提供最基本的收入、服務及援助」（Poverty, Wikipedia）。這個狹窄定義，主要是去界定一些沒有或失去經濟生產力及需要援助的社群，以免他們的生活狀況惡化。這個定義的針對性很強，主要是為失去或缺乏經濟生產力而「值得援助窮人」（deserving poor）制定定義及標準，援助對象十分明確，可能在保障及服務質量方面相當高，不過亦有相當強的排斥性，將不少邊緣受惠者排除在外，甚至用市場競爭的理由要求他們自力更生。

這兩個福利定義的重點全然不同，前者是用一個全局觀的角度，將福利看作建立一個「好社會」（the good society）制度的主要措施，希望推動一個較為平等的社會，就算仍有階級的分野，也讓一般市民可以享

受到一定及可負擔的生活質素；而後者則用一個狹窄及針對性的憐憫之心，來完善一個「慈愛社會」（a caring society）願景，認為階級之間的貧富懸殊是市場競爭的自然後果，不過在慈愛心的推動下，政府與精英階層也應該關注下層的生活需要，例如捐獻或企業的社會責任。

在廣義與狹義之間，一些學者採用了較為折衷的辦法，界定社會福利是「由於社會裏的一種集體行動或措施，而使一些人的困難得到解決或他們的需要得到滿足」（周永新，1980）。這個定義不局限於值得援助的窮人，但也不包括大多數人的最大快樂，反而將人的需要及困難訂定為福利服務的重點。在這個折衷定義下，福利的範圍雖然收窄了，但是它仍有兩個相當廣闊的政策任務：「紓緩貧窮」（poverty alleviation）與「解脫逆困」（adversity relief），簡括而言就是「扶貧」與「解困」。這兩個任務看似簡單，但是在歷史的變化中，它們的意義不斷地被重新演繹，迄今仍然成為福利觀念的爭執及摩擦要點。

扶貧任務的變化

在前工業社會，世界上不同國家也制定了一些育孤、敬老、支援傷殘、減稅等扶貧措施，為貧窮的脆弱社群提供援助，建立仁愛慈濟的社會。無論是宗教信仰還是世俗人文主義，人類的互相關懷始終是一股強大的力量，激勵着人們扶助弱小。例如中國古代的《周禮‧司徒》篇「保息六政」所說：「以保息六，養萬民，一曰慈幼、二曰養老、三曰振窮、四曰恤貧、五曰寬疾、六曰安富」，範圍涵蓋着現今所有社會政策的業務項目（像是兒童福利、老人福利、就業輔導、社會救助、醫療服務、社會安全）。可以說，「慈愛運動」是人類文明歷史建立以來的福利主流思想。不過，前工業社會就算是有一套濟世計劃，在福利管治上也因地理環境如交通、訊息流通、資源限制、資金流轉等問題，加上缺乏有效的

執行機構及專才，以至多是由地方政府因地制宜作彈性處理，很多政令均難以認真落實及到位。

因此，扶貧的主要機制反而落在家族、鄉里鄰舍、社團及宗教等地區民間組織手上。其中，以血緣紐帶及關係為主的家族支援，因在涵蓋面上較為狹窄及封閉，難以成為一套援助的制度。故此，「地域／社群性」鄉里及商會行會等傳統民間組織便擔當着較直接及重要的角色，它們的扶貧觀主要來自集體道德責任，以捐獻推動着贈醫施藥、救災扶貧等援助。另一方面，「普世性」信仰所包含的濟世觀亦是不可忽視的力量，宗教組織通過廟宇、寺院、教堂等聚會籌募，亦是救濟窮人的有效機制。不過，這些傳統的民間活動比較零星片碎，地域性強，雖然慈愛的動力甚大，但廣延性及持續力不足，未能夠建立起一套健全的福利制度惠及全民。

在十六世紀，歐洲出現了新的變化。商貿資本主義加上殖民掠奪的雙線發展，使統治者的財富增加，但帶來了高通脹，令初生的資本主義出現了一個矛盾情況：一方面手工業商品經濟發展使國庫充裕，另一方面農業受打擊，勞動力的釋放引致城市流民乞丐的增加，大量貧窮人口及經濟機會同時並存。在貧富懸殊的情況下，不單是貧窮帶來了騷動掠奪，亦因貿易保護主義增強了國家的經濟管理角色，使民間對國家的責任抱更大的期望，再加上當時人文主義的宣揚，加強了「公共福利」要求的湧現。[1] 在十五世紀末的西班牙與英格蘭，一方面黃金充斥着國庫，另一方面規定禁止流浪及行乞，英格蘭更在 1601 年通過《濟貧法》，制定一套與經濟掛鈎的扶貧政策，將窮人分為三類：（1）提供少許金錢津貼及實物援助給地區教會，扶助「無能窮人」（impotent poor）；（2）懲罰「有能窮人」（指有生產力者，able-bodied poor），甚至監禁他們；（3）在地區抽取福利稅讓教會建立「囚犯工廠」（workhouse），強制「疏懶窮人」

1　H. Denis：《經濟學說史》，引自米歇爾・波德：《資本主義的歷史：從 1500 年至 2010 年》（上海：上海辭書出版社，2011）。

（idle poor）就業。後來因為物價高升，英國政府在《史賓漢姆蘭法案》（Speenhamland Act）中制定扶貧「基本食糧尺度」（bread-scale），研探生存的基本條件，訂下以糧為綱的基本「生存需要」（survival needs），進一步對第一類無能窮人訂定清晰的救濟任務。當時的福利觀主要是管理流民乞丐，所以救濟、疏導及懲罰三種措施並舉，扶貧與勞動市場成為政策制定者的兩個主要考慮接合點。自此，社會福利脫離了傳統的救濟觀念，反而着重如何將窮人推往勞動市場，可說是扶貧觀念現代化（但仍十分保守）的第一階段（Harman, 2008）。

其後，從十九世紀中期開始，急劇的資本化、工業化及城市化這三個新趨勢，使以往地區內的民間福利機制難以承擔扶貧任務。首先，在資本化方面，現代國民經濟的建立促發起全國資本流動，地區內的福利資本積累作用亦因而減弱。傳統鄉里、宗教、地區的小規模捐獻、儲蓄互助基金等，只能擔當杯水車薪的短暫援助，難以負起較大規模的扶貧保障功能，尤其是大規模的流民就業問題。其二，在原始資本累積及工業化的推動下，工廠成為了生產中心，亦因而吸引大量農民流入城市，一方面產生了龐大的勞動階層，另一方面社會財富的急升亦使貧富懸殊情況顯得特別明顯。以前對貧窮的認識主要是針對脆弱社群如老弱傷殘，但從1800－1870年這段工業資本主義興起的黃金期來說，「有能窮人」大規模地湧現，不少思想家對這龐大的社群加以關注，出現了合作社運動，也令馬克思將他們的問題歸納為對無產階級的結構性剝削，尖銳地凸顯階級矛盾，亦使勞工運動成為一股強大的社會力量，甚至要求推翻資產階級，建立一個無產階級社會，從「按勞分配」到達理想的「按需分配」，其後在英國興起了議會鬥爭政治及法國的工團主義，保障就業者生計水平成為了策略目標。其三，城市化的人口密集，使甚多群眾的生活困苦情況特別明顯，例如潔淨食水、衛生（如傳染病）、自然災害如雨災火災等，因而產生對公共安全期望及要求的提高。

在這三個趨勢所產生的民憤壓力甚至騷動下，不少國家難以避免推動了兩項新的扶貧任務，其一是推行「福利國營化」（nationalization of welfare），強化民族國家的統一性，將以往由地方政府及民間負責的福利任務統一處理，減少資本及勞動流動的障礙。其二是在觀念方面，急劇的工業化及城市化使貧窮顯現其多樣性，例如就業、衛生、工作條件及工業意外、輟學失學、童工、健康質素、居住條件等等問題。不少人開始覺得「以糧為綱」的生活保障太簡單及援助水平太低，扶貧的要求也逐步脫離單一思維，走向多層次及多角度的民生取向。而且，人本主義的興起更成為了一股重要的福利思潮，一些學者開始提出了「基本需要」（basic needs）概念，以「損害」（harm）作為主要的分析標準，希望找出社會中最基本「不可或缺」的人類需要，以訂定合理的福利水平（Booth, 1902; Rowntree, 1901）。扶貧的範圍也因而逐步擴展至食水、醫療、教育、房屋、公共安全及居住環境等具現代社會生活條件的要求。雖然「基本需要」概念與「最大多數人的最大快樂」的水準要求仍相距甚遠，但是已遠遠超越以往「以糧為綱」式的生存水平。

　　到了二十世紀中期，扶貧觀念及任務又有新的發展。一方面，在較先進國家中，一些學者質問為什麼在富裕社會裏仍然存在龐大的貧窮人口，認為若要解決貧窮問題，不能迴避對社會不平等的分析，所以不單要求保障基本生活要求，還從社會效率角度來衡量資源集中在少數人手中的社會代價。貧窮概念開始跳出以往框框，進入「相對匱乏」（relative deprivation）的分析年代，提出要採取更立體的視野去了解貧窮及貧富懸殊，以及要求更平等社會分配的政策安排（Townsend, 1963; Goodin, 1988）。

　　另一方面，在上世紀五六十年代對第三世界國家的分析也引起不少討論。有些學者認為第三世界的貧窮只是勞動力質素及國際經濟分工的問題，但有些學者認為這其實是一個與國際權力角力有關的政治現狀。扶貧概念也被重新檢討，它不單是指弱勢社群及低薪工人的生計，而是上升到地域及國族差異的發展矛盾，大至國際間的大國與第三世界關係，小至國家如何處理城鄉矛盾問題，社會財富及人才湧往先進體系，產生了「核心」、「半邊陲」與「邊陲」地區之間的不公平掠奪關係及窮

國的倚賴理論（dependency theory），因此帶動着有關社會均衡發展的探索（Wallerstein, 1974; Frank, 1967）。於是，如何破除結構性障礙，已成為了扶助落後地區的政策分析重點，而一些國際組織（如聯合國、世界銀行）亦開始倡導落後地區的「社區發展」（community development）及「均衡社會發展」（balanced social development）等整體發展概念，要求國家對貧窮的分析作多些結構及制度性突破，減低地域性的經濟剝削及差異。

在相對匱乏及均衡社會發展這些觀念的推動下，扶貧及脫貧的意義開始超越了以往個人、社群甚至階級矛盾的層次，上升到對各種政治運作、經濟剝削及文化障礙的分析高度，要求各種制度都要改革更新，以及政府要承擔更大的責任。以往的慈愛運動雖然仍然歷久不衰，但是政治經濟學對市場經濟作出無情的批判，要求政府擔當更多的社會責任，因為致貧的因素十分多元化，政治上的漠視及不干預只會產生更大的禍害（Sen, 1997）。

以上這些扶貧觀念，在二戰後到六十年代相當盛行。不過，到了七十年代，全球化及金融資本主義開始主導着經濟，產生了諾貝爾經濟學獎得主蘇珊‧斯特蘭特（Susan Strange）所形容的「賭場資本主義」（casino capitalism），資本／產市場的重要性取代商品經濟，炒賣變成了常態，虛擬經濟遠超實體經濟，國際金融體系相當脆弱及危機處處（Reinhart & Rogoff, 2009），再加上資本／產的所得遠超勞動力所得（皮凱提，2014），勞動收入追不上財富的投機及投資回報，貧富懸殊距離遠遠拉開，中產階級的中下層面臨下墜的危機，亦加劇了貧窮人士的艱辛，人們不禁質問：社會財富增加迅速，但錢到了哪裏去？

在這個經濟背景下，福利觀產生了很大的變化，有些人認為扶貧的任務是減少市民依賴福利的「搭便車心態」，應該增強勞動市場競爭性，將福利觀還原到個人的勞動質素，用一些概念如「人力資本」（human capital）及「社會資本」（social capital）為個人增值及加強社會網絡，提升個人勞動生產力，而政府的主要福利任務是去培育這些資本，促進個

人投資選擇及就業流動性而已。對這些評論者而言，社會福利應該只是推動貧窮人士流入勞動市場，使他們獲得自力更生的機會，政府的角色只應是培養人民的競爭力，從旁協助而非干預勞動市場的競爭。但是，對於一些國家及人民來說，這類措施只是一種遭掠奪及剝削後的安撫費，政府反而應該將福利觀念放在「最大多數人最大快樂」的社會效益來衡量。福利政策的覆蓋面應照顧着全民，減低資本霸權的肆虐，在減少社會排斥（social exclusion）的方向下，發揮人民（不單是窮人）的積極性，與整體社會效率概念結合在一起。扶貧應該被視作為一種社會投資，並非單指個人的質素，而是在剝奪性的市場競爭中建立「對窮人友善的市場」（poor people-friendly market）（World Bank, 2000）。學者薩克斯（Sachs, 2005）在其脫貧經濟學中，更列舉了不同制度及政策組合，要求扶貧任務上升到整體社會的結構改善，才能產生出良好效果。[2]

正如曾經在六十年代參與制定美國詹森總統「向貧窮開戰」（War On Poverty）的眾議員蒙尼漢，在檢討數十年的扶貧政策後感概地說，貧窮問題揮之不去，仍然存在，但是人們對貧窮的觀感卻改變了（Monyhan, 1973）。亦如歷史學家卡爾·波蘭尼所指，「當大規模的貧窮問題與政治經濟學相遇時，我們『發現』了社會」（Polanyi, 1957）。在政治經濟學的分析下，大規模貧窮的形成很難委之於個人的弱點及錯失，而是政治、文化及經濟多種因素做成，使人重新了解這個社會究竟是怎麼樣的一個社會。

總而言之，早期的扶貧觀認為貧窮是無可避免的自然現象，因此着重於互助自助及捐獻的補救方法，形成了慈愛社會的觀念，亦建立了不少以慈愛運動為目的的民間機構。後來，在資本主義國民經濟體系的成長過程中，扶貧者的視線開始重視社會政策的介入，從制定「以糧為綱」式的基礎逐步擴至多層次基本需要的指標。此後再被重新衍繹，認為應

2　這些政策組合包括「生意資本」（business capital）、「基建資本」（infrastructures）、「自然資本」（natural capital）、「公共制度資本」（public institutional capital）與「知識資本」（knowledge capital）等等。

該邁向更平等的社會期望；後來在政治經濟學的分析下，結構性剝削及掠奪關係開始浮現，「核心」與「邊緣」之間的矛盾愈來愈明顯，福利的含義遠超以往的短暫援助及社會分配考慮，上升到制度改革才是徹底解決貧窮人士困境及社會不公的根本政策策略。

香港的扶貧任務也面對這些觀念的衝擊。在制度建設方面，香港這個移民社會起初是以家族保障、鄉里及宗親互助，以及宗教團體的支援作為起點，不過這些機制在現代化面前逐步失卻扶貧的效果。後來，在經濟起飛但政治落後的情況下爆發了騷亂，政府面對不少民間的質疑，於是在上世紀六十年代後期建立了公共援助制度（public assistance）（後稱為綜合社會保障援助，簡稱綜援），開始建立「以糧為綱」的扶貧措施，亦開展了社會津貼（social allowances），為一些特定社會目標及社群提供援助。除此之外，政府還在房屋、醫療、教育、福利等方面提供基本服務，減少跌落貧窮網的人數。在香港經濟繼續發展下，七十年代開始了金融資本主義時期，扶貧的標準已經遠超以往水平，但可惜仍有大量貧民的存在，政府的扶貧角色更是不可或缺，而且還愈來愈重要。到了今天，貧窮人口（在政府各項稅務轉移及服務支援後）仍高達數十萬人，社會福利署支付數以百億元綜援開支及社會津貼，處理二十多萬宗貧窮個案（四十萬至五十萬人）。不過，在目前金融資本主義的體制下，政府雖然成立了扶貧委員會，亦付出了不少公帑紓解貧窮狀況，但社會上的要求仍然此起彼落地提出，在金融／資本霸權下的扶貧工作像是在一條沒有出路的巷子中掙扎，有些人甚至認為中產階級也面對着貧富懸殊的同類下場，不單提出社會公正分配的要求，而且更產生「仇富心態」，抗拒資本／產財團對市民生計的肆虐。

貧窮是一個生計的問題，貧富懸殊是一個社會資源調配的問題，兩者有極為密切的關係。本書在此後不同章節中亦分別描述了這些狀況，展現這兩者的變化及政府的政策取向。

解困任務的分析

　　福利第二個意義是協助人們「脫離逆困」。貧窮當然會形成障礙，使人們即時的需要得不到滿足，但是它不一定帶來難以克服的困境，如果有足夠機會及出路的話，窮人還可以希望有翻身的一日。逆困卻使人面對一種被圍困及處處踫壁的情況，覺得被孤立、不由自主、力不從心，久而久之產生出無能感及憂慮，生活失去意義及希望。美國社會工作專業其中一個先驅瑪莉・里奇蒙（Mary Richmond），大概在一百年前調查了一百九十五個寡婦的處境後，深感人情冷暖，認為她們被剝奪了發展空間，個人能力難以發揮，因此希望建立一個慈善工作科學（a science of philantrophy），認為社會福利的意義應該超越純粹的現金援助，要協助受困者建立能力（capacity building）以及重拾自主（regain autonomy），減少憂患及無力感，使她們可以站起來，以積極正面的心態面對困境挑戰。另一個先驅珍・亞當斯（Jane Addams）提供更宏觀的看法，在一戰期間組織了《自由及和平國際婦女聯盟》，周遊列國游說停戰，希望停止殺戮及減少剝削，認為和平及公義等原則才是社會福趾的基礎。在社會科學的逐步成熟下，慈善工作的科學得到更堅實的支持，福利觀亦作出了巨大的改變。

　　困局及逆境可以分為三大類別。第一類產生於自然災害，如海嘯、火災、雨災、地震等。困境使受災者孤立無助，人們也產生同理心而伸出援手。這股共同關懷的福利觀，動員龐大的社會力量，從古代皇朝君主的祭天罪己，發展到現代社會的公民責任，漸漸形成三項主要的公共及福利任務：救災（rescue）、賑災（relief）和康復（rehabilitation）。救災的重點是即場協助脫險及維持秩序，主要的任務大多由政府擔當，例如醫療及消防人員、警方甚至軍隊，亦有一些非政府組織牽涉在內，如紅十字會、聖約翰救傷隊等。賑災主要是籌募款項，盡快支援災民處理生活面對的各種損失。在這方面，香港政府成立了不少賑災基金，市民

亦願意慷慨解囊，民間組織也發揮了很大的力量，例如樂施會、世界宣明會等。可以說，香港在這兩方面都凸顯了共同關懷的慈愛心。最後，在衛生醫療及社會科學的探索下，康復概念也發展起來，逐步從即時援助轉向較長期個人生理及心理困境的解脫。在過去數十年中，康復服務的觀點也逐步提升，從心理康復繼而發展到協助當事人重新融入社會的目標，推動「正常化」（normalization）任務，希望減低社會的誤解、偏見、排斥及歧視。在香港，康復服務是社會福利的一個龐大體系，組織眾多，差不多佔了非政府福利組織的四成，其中包括紅十字會、撒瑪利亞防止自殺會、聖約翰救護機構、癌症基金會、香港復康會、弱能兒童護助會、傷健協會、女障協進會、香港晨曦會、復康聯盟、復康力量等。

第二類困境來自人類生活中的「無常事故」（life contingencies）。人生是一個生老病死過程，每一個人都有可能面對一些無常情況。有些事故（如衰老過程）是較為容易預測，有些卻難以預料，例如棄嬰孤兒、離異喪偶、失業、傷殘、被欺詐凌辱等引致重大身心創傷的各種困境。這些生活事故並非屬於群體性災難，它們零散地分佈於社會不同角落。較為富裕的家庭雖然也會同樣面對困境，但有較多資源來處理，然而對於貧窮家庭及弱勢社群來說，他們卻要面對自身累積的不利條件（cumulative disadvantages），屋漏更兼逢夜雨，甚至可能引致自我否定及自暴自棄心態，陷入死胡同，難以解困。

因此，社會福利服務不單是擔當危機處理的角色，而是積極地重建被困者的自信，消弭負面及消極因素，發揮人性光輝進取的一面。在這個觀念下，社會福利的功能更廣闊，包含了保護（protection）、照顧（caring）、培育（nurturing）、發展（development）等四項任務，將無常事故的客觀困境轉化成為積極的力量。在這四項任務下，保護主要是減低外在情況的侵犯及壓迫性，確保不會令受困者雪上加霜，包括危機的預防（risk prevention）及控制（control）、反壓迫（anti-oppression）及反虐待（anti-abuse）等工作，這些任務大多與倡議及安全工作有關；照顧是針對人的脆弱性（vulnerability）來提供適切服務，使受困者生活

上的不便及障礙得到援助及解困，這項任務大多與醫療服務有密切的關係；培育作用是使受困者了解及發揮自己的能力，增加自信及抗逆力（resilience）；發展是協助受困者融入社會（social integration），積極地成為社會的一員，共同推動個人及社會整體的進步。後兩者大多與正規及非正規教育有關。

協助受困者擺脫困境重投社會，是香港社會福利服務最龐大的體系。家庭及兒童、青少年、老人及社區服務，都是環繞着上述四項任務而建立。有些困境比較單一，可以用針對性的服務來處理；但有些困境卻是積累性的，要以多元及綜合服務模式來協作。社會工作專業就是因此而發展，視乎情況採用針對性或綜合性任務，就像攝影時交替採用近鏡及長距離鏡頭，將服務延伸至其他領域，例如：長者服務的工作員也要考慮家庭照顧者所面對的身心壓力；做家庭服務的不單要處理家庭內糾紛，還要了解鄰里關係及社區援助，甚至要掌握宏觀經濟所產生的就業及生計困局；做青少年工作的範圍更廣闊，要面對代際文化差異、教育制度的改變及經濟轉型的挑戰；社區工作更為複雜，要面對房屋及城市設計、社區設施的便利性（accessibility）、難以接觸的服務對象（hard-to-reach client）等問題。因此，處理無常事故的四項任務開始產生了很多跨領域協作，使香港的民間福利機構進入了一個多目標多形式的綜合服務年代。

第三類困境卻是超越了自然災害與人生的無常狀態，上升到在社會經濟制度的層次來分析社會福利功能。當人類的科學知識及技術已經逐步能夠預防、避免及減少自然災害與意外事故的時候，我們卻發覺要面對愈來愈多「人禍」的困境。工業污染、城鄉差距、經濟循環、社會排斥、種族歧視、虐待、工業傷亡、低工資高工時等人為做成的困境，使我們看到現代人孤立無助地被壓在社會經濟制度之下。以往的福利觀將個人困苦訴之於命運安排，但是在現代社會科學的分析下，愈來愈多人看到社會制度不合理之處，對社會福利的看法及期望也更形複雜。

「人禍論」指的是社會制度、階級結構、資源分配、社會偏見等人為

的反福利因素，這些因素不單傷害一些社群，而且還破壞着共善的合作基礎。歷史學家卡爾・波蘭尼指出，資本主義下的地租、資本、工資、金融投機等現象，不單造就了大規模失業及貧窮災難，還製造了一種新人類：「……遷移着的、飄蕩着的、缺少自尊和紀律的人 —— 粗魯麻木的存在，工人和資本家都是這種存在的代表。」[3] 自由市場雖然推動經濟增長，但如果沒有適當的干預，將會製造不少人為的災難，用經濟學術語來說，就是出現了「負外部效應」（negative externalities）。

在負外部效應的分析下，福利觀念已不再停留在傳統的救濟慈善觀念，亦不單是救急扶危，而是轉向批判經濟及社會制度對公民福祉所產生的影響，並以制度改革作為目的來紓解民困。它的視角是以社會公義（social justice）作為一個分析主軸，以基本人權保障為具體綱領，將社會福利納入整體及均衡社會發展的理念之內，確認人類尊嚴（human dignity）、平等（equality）、增權（empowerment）、參與（participation）等原則為解困的必要條件，亦構成了社會福利工作的主要任務。基本人權（human rights）是維護人類尊嚴的具體表現的保障，使個人的自由、安全及選擇權得到充分的肯定，這亦是建立一個文明社會的基礎條件；平等的意義不單是機會平等，而是減少社會制度的種種不公平障礙，例如歧視與排斥，因而達至社會融合的大方向；增權是指弱勢社群不再忍氣吞聲，不單建立自信，還可以倡議如何改進及制定社會政策；參與是指將持份者（stakeholder）的聲音帶進決策過程，使政策能夠顧及全局的各方面利益。在這些原則帶領下，社會福利活動也向前邁進了一大步，促使它本身成為一個與社會發展息息相關的制度，使整體社會進入更均衡及更高階段的發展層面。

這三類「解困福利觀」可以說是帶動着人類平權運動的建立及成長過程，挑戰以往奴隸及封建社會中的「福利恩澤主義」（welfare

---

3　卡爾・波蘭尼：《大轉型：我們時代的政治與經濟起源》（杭州：浙江人民出版社，2007），頁 110–111。

patronism）。[4] 以前，福利被視為是施者的善心及恩澤，受者不單要充心感謝，還應該作出回報甚至甘心受奴役的精神。不過，這種福利關係面臨不少挑戰。在十九世紀初期，被販賣到美洲及世界各地的奴隸悲慘狀況受到強烈譴責，恩澤主義開始面對着一個跨國的「反奴隸制度」社會運動。在經過差不多一個世紀的社會倡議下（美國甚至打了一場內戰），奴隸買賣制度終於被廢除，被較平等的僱傭制度所取代而告終。[5] 那是一項建立現代福利權利觀的重要社會運動，福利施予者與受益者終於可以站在較平等的地位來建立社會關係。

另一項福利運動甚至演化成為國際糾紛。在帝國主義擴張下，殖民地原住民遭遇到侵略國的剝削及掠奪，文化受到踐踏及歧視，引致不少原住民起而反抗，爭取種族平權。十八及十九世紀是帝國主義黃金時代，亦是原住民及捍衛人權人士反抗的高潮期。[6] 在數十年的倡議及抗爭下，出現了紐西蘭 1865 年的《原住民權利法案》及加拿大 1880 年的《印地安人尊重法》等法規，到 1890 年由十七國訂立的《布魯塞爾法案》，明確地確定「原住民福祉」（native welfare）概念，確立了他們應有的權利及各國應付的保障責任。到了近期全球化年代，國際人口流動增加，亦因此帶動了「多元化社會」（pluralistic society）概念，要求主流社會尊重少數族裔的文化權利，亦因此成為了社會福利的一個重要工作原則。

恩澤主義下的人禍壓迫也出現於家庭。在家庭關係表面和諧的背後，是婦女福利長期被漠視及壓抑，因此引發了國際婦權運動。十九世

4　七世紀流傳歐洲的《都爾公例》指出，一個人如果因無力應付生計，他便要委身充當家奴，以求得衣食和保護。家奴成為奴隸主的私有產權，福利關係是奴隸主的一項責任，也是他擁有的權力關係，奴隸可獲衣食，但不能免於恩主的驅使、懲罰甚或虐待。這個扶貧觀念的歷史延續性相當長，就算到了現代社會也仍然可見。引自彼得‧李伯賡：《歐洲文化史》（香港：明報出版社，2003）。

5　在十九世紀，有一些民間社團組織了「英國聯外反奴隸制度協會」，以奴隸貿易為恥，並在 1834 年要求廢除奴隸制。這些行動引起很大的反應，尤其是美國南部，到後來林肯總統以摧毀南方蓄奴州權力的南北戰爭為結束，可以說是福利政治運動的經典例子。到了 1890 年，反奴隸制運動促使各先進國簽署了《抵制非洲奴隸貿易綜合法案》，根絕奴隸貿易。取自 Paul Gordon Lauren：《國際人權的進展》（台北：國立編譯館與韋伯文化國際出版有限公司，2008）。

6　例如貴格教徒（Quakers）在英國創立了「原住民保護協會」，以及聖公會教徒威爾殊（Welsh）建立的「印第安人權利保護協會」。

紀不單是反奴隸制度的高峰期，它同時孕育着婦女的覺醒，她們開始了解被剝奪了公民、政治及經濟等各項權利，沒有投票、繼承財產、收入支配、受教育、自主權利等。在 1848 年，婦權人士宣佈了《塞尼卡瀑布宣言》（Seneca Falls Declaration），對家庭、個人自由，以及種種公共和私人權利提出了不少要求。1888 年，九個國家的婦女組織提出要完結以往傳統的那種「奴隸狀態」，她們創辦了「國際婦女理事會」（International Council of Women），要求在選舉、婚姻、財產、離婚、身體上的自主權，以及教育機會和工作條件等權利得到充分保障。有關的家庭福利觀，自此與婦女權利緊密地扣在一起。

勞工保障也是一項很重要的福利運動，不少政黨及工會義無反顧地投身其中。自由市場及商業循環引起了不少生計困境，例如德國在 1871 年後的高速工業化發展，產生了數次經濟波動，引起大規模工潮，也因此誘發現代社會保險制度的建立，到現在已是福利制度的一個主要結構組成部分。上世紀三十年代美國經濟大蕭條也凸顯了資本主義體制的缺陷，在發達國家出現了 2,400 萬人失業，本來崇尚自由市場的美國，最後引致羅斯福總統推行新政，建立起系統化的福利制度（Overy, 2005）。另外，工作條件及工資也是一般福利的問題，例如在十九世紀中葉，歐洲有些地方的平均工時達到一週八十四小時，對勞工作無限制的剝削，引發起無數的工業行動，到後來終於建立了八小時工作、八小時閒暇、八小時休息的工時制度。

有些人認為這些運動與福利無關，而是屬於更廣泛的社會群眾運動；但從更廣泛的民生福利角度來看，這些與奴役、原住民的文化侵蝕、婦女的社會生活受家庭責任綑綁、勞工的社會生活受剝奪等等背後的福利恩澤思維，卻引起了無數爭論。歷史已經證實這些廣義的福利觀甚為重要，福利恩澤主義是一個甚為要不得的思想，它強化着在上者的專橫，壓抑着下層的個人自由及尊嚴，如果不除去這些「人禍」的壓抑，福利服務就會變成高高在上的貴族對賤民的施捨，遠離一個民主及公正社會的期盼。

扶貧與解困的重新衍繹
—— 新右派的挑戰

可以說，在過去二百多年歷史的發展中，新的福利觀念首先否決了以往的恩澤主義，雖然仍保留以往的慈愛社會力量，但在社會結構的嚴重傾斜下，形成一股又一股的「權益運動」，挑戰着傳統的社會制度。二戰後，這股新思潮成為了福利觀的主要論述，人類尊嚴、公義、平等、參與等原則也為福利國家所遵守。不過，從上世紀八十年代開始，新右派的興起卻試圖逆轉這個趨勢。新右派提出了新的觀點及理論，認為政府才是人禍的根源，政府官員將私利包裝成為公共利益暗中取利，引致制度僵化、作風官僚、工作效率低、浪費資源等等劣質行為，所以應該將政府的職能收窄縮小。再者，新右派認為市場才是最理性及完美的社會資源分配制度，就算產生禍害，它也能夠在一隻看不見的手之下自我調節，所以應將政府的福利職能盡量還給市場，讓市場以優勝劣敗的方法淘汰次等服務。另外，新右派又認為保障勞工及福利政策也是人禍的一部分，因為它們歪曲了勞動市場，例如長工制被譴責為鐵飯碗，工資商議（wage negotiation）被批評為削減經濟誘因，而福利只會令勞工產生依賴感，使政府承擔更高的稅務責任，加重企業的成本負擔。

「道德風險」（moral hazards）是新右派的理論基石。這些理論家認為，就是因為可以倚賴社會福利，人們喪失了個人道德責任，以享樂為己任，產生了很多自願失業者、假結婚、非婚母親及單親家庭等等，這些社群享受及浪費納稅人的津貼。所以，工作必須是強迫性的，接受福利的資格必須以就業賺取收入為條件，而小政府收縮福利的措施，將會自然而然地產生壓力及反省，培養依賴者的道德和良好行為（Murray, 1994）。對於新右派來說，社會福利如果有「人禍論」的話，其實是指政府縱容人的劣根性，使福利受惠者虧欠了社會負擔的責任。

從上世紀八十年代開始，在新右派的倡議及不少政府的首肯下，「大市場、小政府」已經成為主流的論述。這個論述對民生福利的最大影響，就是指政府必須從房屋、教育、醫療及勞工等等有關「最大多數人的最大快樂」的社會服務干預退下來，採取私營化政策，讓服務供應者在市場競爭環境下提高效率，汰弱留強。對於新右派來說，「最大多數人的最大快樂」這個命題並沒有意義，社會需要其實只是個人慾望的表達，應該回到微觀經濟分析，使社會需要與個人的生產力及收入掛鈎，能者多付及多得，政府只應援助最不能自助者，亦即是數百年前所分類的「無能窮人」，為他們提供滿足最基本的需要而已。至於社會福利，亦應該以工代賑，「工利」（workfare）取代「福利」（welfare），要求受惠者參與市場競爭，減少倚賴性。非政府機構如果想積極參與福利事業，也應該多做救災扶危救濟式的慈善服務，至於處理人禍式的困苦，則應該是針對改變人民的惰性及倚賴性，以及限制政府的過度膨脹。

「大市場、小政府」這個政策取向，已經成為富裕國家及地區的主要政策，有些用「整全財政控制」（global budgeting）的方法以免公共開支出現困難，有些用私營化（privatization）方法在公共服務引進市場競爭，有些採取公私合營（public-private mix）方法紓解財務壓力。無可置疑，這些方法已成為一個國際趨勢，不過亦因此使社會福利出現了倒退的狀況，產生極大的反響。

小結

社會福利的兩項主要任務——扶貧與解困，在過去百多年產生了很多新的觀念，也經歷着不少挑戰。傳統福利觀認為貧窮與逆困是個人命運的安排，與社會制度無關，社會福利概念只是局限於救災賑災和滿足

生存需要，只需要建立最基本生活保障的扶貧制度便成。如果要對社會制度作改善的話，也只是加強預防及減少這些災禍發生的可能，以及着重個人在貧窮與逆困之下如何重獲自信，重新掌握自己的命運。

然而，在歷史巨輪的轉動下，出現了新的福利觀。這種觀念着重分析不少因人禍所製造的困境，所以勇於批判社會不公平的現象，亦因此有比較強烈的權利感，認為人類在征服自然的過程中，福利功能已不能夠滿足於救災、保障與照顧，而應該從社會公義、民主參與、社會平等這些層次來減少人禍所帶來的困境，確保社會公義及公正原則得以伸張，例如減低社會歧視、經濟壟斷及剝削、貧富懸殊、機會的排斥等社會現象。

不過，在過去二十多年，福利觀念受到極大的挑戰。新右派的出現，不單在經濟領域上挑戰社會福利的財務負擔，而且建構了一套新的道德觀念，認為福利受惠者虧欠了社會責任，扶貧與脫困應該靠的是個人力量而非政府，政府增加福利及保障民生只會縱容人們的劣根性。所以在制度上，政府要從房屋、醫療、教育、福利、勞動市場這些政策範圍撤退，在整體民生保障制度收縮其角色，強化市場作用，使人民要通過不懈的努力才能滿足需要。前美國總統列根及克林頓，以及前英國首相戴卓爾夫人等所說的「結束我們以往認識的福利」（end welfare as we knew it），其實就是這個意思。

新右派希望扭轉福利觀念，削減政府的責任，但是他們難以改變具體的社會現實，尤其是社會制度所產生的貧窮及各種結構性厄困。從九十年代開始，在全球的層面上，人口老化、在職貧窮、貧富懸殊、失業率、急升的吸毒情況、青少年的社會流動、重新出現的貧民窟及露宿者、家庭分裂及暴力、中產階級萎縮等等的問題日趨嚴重，這些窮困境況並沒有因福利國家的收縮而削減，反而日漸增加。

目前，香港正面對着這樣的一個挑戰。

參考書目

卡爾・波蘭尼著，劉陽等譯：《大轉型：我們時代的政治與經濟起源》。杭州：浙江人民出版社，2007。

托瑪・皮凱提著，詹文碩等譯：《二十一世紀資本論》。台北：衛城出版，2014。

周永新：《香港社會福利的發展與政策》。香港：大學出版印務，1980。

保羅・羅倫著，徐子婷等譯：《國際人權的進展》。台北：國立編譯館與韋伯文化國際出版有限公司，2008。

Booth, C. *Life and Labour of the People of London.* London, New York: MacMillan, 1902.

Dasgupta, P. *An Inquiry into Well-being and Destitution.* Oxford: Clarendon Press, 1993.

Frank, A. G. *Capitalism and Underdevelopment in Latin America.* New York: Monthly Review Press, 1967.

Goodin, R. *Reasons for Welfare: The Political Theory for the Welfare State.* Princeton: Princeton University Press, 1988.

Harman, C. *A People's History of the World – From the Stone Age to the New Millennium.* London / New York: Verso, 2008.

Harrington, M. *The Other America: Poverty in the United States.* New York: Macmillan, 1962.

Mead, L. *The New Politics of Poverty.* New York: Basic Books, 1992.

Monyhan, D. *The Politics of a Guaranteed Income: The Nixon Administration and the Family Assistance Plan.* New York: Random House, 1973.

Murray, C. *Losing Ground.* New York: Basic Books, 1994.

Myrdal, G. *An American Dilemma: The Negro Problem and Modern Democracy.* New York: Harper & Bros., 1944.

Overy, R. *Collins Atlas of 20th Century History.* Hong Kong: Printing Express, 2005.

Polanyi, K. *The Great Transformation: The Political and Economic Origins of Our Time.*

Boston: Beacon Press, 1957.

Reinhart, C. M. & Rogoff, K. S. *This Time is Different: Eight Centuries of Financial Folly.* New Jersey: Princeton University Press, 2009.

Rowntree, S. *Poverty: A Study in Town Life.* New York: Macmillan, 1901.

Sachs, J. *The End of Poverty: Economic Possibilities for Our Time.* New York: Penguin Book, 2005.

Sen, A. *On Economic Inequality.* New York: Oxford University Press, 1997.

Strange, S. *Casino Capitalism.* Manchester: Manchester University Press, 1986.

Townsend, P. *The Family Life of Old People: An Inquiry in East London.* Harmondsworth: Penguin, 1963.

Wallerstein, I. *The Modern World System (I).* New York / London: Academic Press, 1974.

World Bank. *World Development Report: Attacking Poverty.* World Bank: Oxford University Press, 2000.

福利的宏觀敍述：民生

第一章

香港民生福利的整體發展

二戰前的歷史遺產
（1842－1945）

　　1840 年以前，香港只是一個以捕魚維生的小村鎮，被英國人形容為「荒島爛石」（barren rock），人口甚少，大約只得四千人左右，散居在島上十多個漁村和石礦村。居民大多是漁民、農民及採石工人，生活相當簡樸貧窮。當時，香港這個小鄉鎮並未城市化，經濟生活工資化程度不深，沒有正規的福利模式，傷殘老弱大多倚賴親友及鄉里的支援，靠自助互助精神及社區網絡維生。

　　自從 1839 年英國艦隊到境後，商業活動大增，不同國籍的商船載着貨物和商販進入海港，製造了不少就業機會，讓廣東沿岸居民到香港協助開墾，城市化迅速發展，荒涼的小島開始熱鬧繁榮起來，到 1842 年 6 月人口已超過一萬二千人。在當時，經濟及商業活動主要環繞着碼頭，產生了大量運輸勞工、艇家、苦力、僕役、小商販，同時亦出現了海盜、賭徒、娼妓、鴉片走私販等等下層階級行業（廣角鏡，1981）。在開埠初期，西方教會也投入了很多傳教、牧民及事奉工作，但是當這些傳教士和事奉者到達香港後，他們卻面對着一個「缺乏希望」的低下階層。施美夫（George Smith）神父（後來成為第一個香港聖公會主教）很感慨地說：「（中國）社會的最低層湧到這個殖民地，他們只是希望得到或是掠奪財利。……在（港島）城市中的中國人口，大多數都是僕人、苦力、鑿石者、臨時工等……這殖民地有時也是海盜和賊人的安樂窩。」[1] 到了 1860 年代，因為太平天國戰亂，不少華南地區居民逃到香港避難，香港人口迅速上升至十二萬，城市化步伐加速。隨後，在十九世紀下半葉，歐洲諸國作帝國主義式擴張，很多中國人取道香港移民到南北美洲、東

1　Smith, Carl, *A Sense of History: Studies in the Social and Urban History of Hong Kong* (Hong Kong Educational Publishing Co., 1995), p. 287.

南亞及澳洲開墾，其中有些是攜帶資本來港的商人，也有不少「賣豬仔」的勞動買賣，使香港經濟活動大量增加，逐步成為太平洋盆地的商業中心（蔡榮芳，2001）。

雖然香港經濟逐步繁盛起來，但是福利服務的進展卻十分緩慢，因為從 1842 年開埠直至二戰結束這百多年中，香港社會可以說是一個「二元社會」，或者說，有兩個社會的存在。[2]

第一個社會是由少數英國統治者、殖民地高級官員及其外籍僱員等組成。這個社會的人數只有總人口的 2%－3%，不過他們構成了香港的管治班子。這些殖民者來自數千里外，主要任務是統治市民及建立營商環境，維持治安以及基礎建設。這個統治社群內的人員留港期不長，就任一段時期後便會調往他處，他們對這個蕞爾小島沒有興趣，又因為在文化上與中國居民有差距，所以對香港居民的生活情況相當陌生。而且，因為統治階層人數甚少，他們的主要活動範圍只是訂立規則及營商合約等，其他事都交由華人處理，於是建立了一套所謂「以華制華」的管治模式。因此，在建埠起初二三十年間，香港統治者的公共責任領域相當狹窄，政府只是充斥着「皮毛瑣事、互相利用、私人恩怨、彼此妒嫉、勾心鬥角」的小圈子政治。[3] 政府與市民的關係相當薄弱，高層脫離基層。當然，這並不是說官員可以完全漠視香港市民的民生福利要求。在自然災害及民生困苦壓力下，殖民政府難以逃避統治上的基本道德責任。只不過，在專注營商、種族文化差異及官民隔離的情況下，殖民政府只是承擔着最低層次的救災及民生福利任務。

除了主要政策官員外，來港外商對公共政策也有一些影響力，或者可以說，有一些阻礙力。在早期建立殖民政府的時候，這些外商大多是存心賺快錢的冒險家及走私客，來港營商的主要目的是追求利潤，他們對香港沒有歸屬感，不願意承擔公共責任，更反對任何增加經營成本的

2　Tsang, Steve, *A Documentary History of Hong Kong: Government and Politics* (Hong Kong: Hong Kong University Press, 1995), p. 2.

3　曾銳生：《管治香港：政務官與良好管治的建立》（香港：香港大學出版社，2007），頁 4。

負擔。這些外商被一些評論家批評為一群只顧賺錢而沒有公共責任的「機會主義者」。[4] 在外商抗拒干預及抵制下，政府的公共角色被壓抑，民生福利的改善更形稀少。

在早期，一些官僚對香港的中國人作出明顯的鄙夷，例如一個官員在寫給英國的報告中說：「三年半的居住，我找不到一個可尊重的中國人……他們像一群遊牧民族，有着流徙、侵略、賭博、放蕩的習慣，根本難以持續上進，他們不單只沒有用，還對我們成立新殖民地有高度破壞性……人民的道德素質極其低劣。」[5] 雖然這份偏見可能只是個別例子，但外籍官員與商人覺得種族分隔是一件應然的事。當時外國人主要是居住於中區及半山區，中國人則住在筲箕灣、西環及香港仔，可以說是在文化及生活上處於隔離狀態，缺乏溝通及互相了解。後來，政府在較穩定的統治下，外籍官員那種買辦文化逐步深化及擴大，官民的距離才逐步拉近，但是那種種族優越感仍然維持了差不多一個世紀。

香港的第二個社會，是佔約 97% 的中國人社會。這個社會有兩個主要組成部分，其一是集中在港口、從中國內地來的商人及勞工，其二是1898 年新界割讓後被包括在香港境內的原居民及鄉紳。後者的人口以務農為主，散居在鄉村之中，人數不多；而前者的增長規模卻甚為迅速，有一部分只是到港賺錢後回鄉定居，也有部分是通過香港到南洋賺錢，其餘的則逗留在香港繼續維生及發展。這些經濟移民可以說是介乎流動工與流浪者之間，生計缺乏保障，他們只是追求短期溫飽，並沒有長遠打算，雖然人數愈來愈多，但是並沒有形成一股穩固的社會力量，要求提升民生福利的保障。

不過，市民始終要面對生活困境及在無常事故下的福利援助。在開埠初期，除了軍隊之外，來自英國在香港組成政府的統治者只有約五十人，統治者數目雖然逐步增加，但政府的規模仍然有限，而且工作重點

4　Goodstadt, Leo F., *Uneasy Partners: The Conflict Between Public Interest and Private Profit in Hong Kong* (Hong Kong: Hong Kong University Press, 2005), pp. 19-29.

5　Welsh, Frank, *A History of Hong Kong* (London: HarperCollins Publishers, 1997), pp. 162-163.

是營商，所以對自發的慈善活動甚為讚賞，甚至樂享其成。在 1847 年，商紳在荷李活道的文武廟落成，它不單是一個社交及慶典中心，也承襲傳統福利觀，通過家族及鄉里網絡籌募經費，接濟老弱孤小。到 1860－1870 年間，全港人口增加到十二萬人，英國佔領了九龍半島後，城市化規模急劇倍增時，以前小規模的互助模式已經不足以應付。在這段時期，政府加強了內部協調，鄉區原居民與城市勞動人口都是在總登記官（Registrar General）的管轄範圍之內，而總登記官兼任撫華道（Protector of Chinese），負責處理香港人的鄉例、廟宇，以及有關民生事務，如生老病死、婚姻喪葬、同鄉會、宗親會、行會、合作社、教育、童養媳、救災、慈善、衛生福利服務等。從這些工作性質來看，當時的總登記官是處理着差不多一切有關港人的文化康樂、衛生、教育、福利等社會服務，項目繁多。不過，總登記官只權充一個中間人角色，訂立一般事務規則給予民間團體遵從，他只着重管理、調解糾紛及分歧，有時亦會因應要求提供一些財政支援，並不直接提供服務。殖民地政府這種「最低限度介入」民生福利的態度，一直維持了百多年，直至二次大戰後才告結束。

在開埠後的頭百多年間，香港的福利服務經歷了兩個階段。第一個階段是從開埠至 1900 年左右，當時政府的公共角色是以經濟增長為主，重視基礎建設、電力水利等工作，至於對一些以人為本的社會服務及慈善工作，例如教育、醫療、福利，主要是通過三個華人組織來管理和提供服務，它們是團防局（District Watch Committee）、保良局和東華醫院。

這三個組織有不同的分工。團防局主要處理房屋與土地政策，例如地租差餉等與地權及房屋有關的問題。至於福利方面，政府在 1873 年頒佈了《保護中國婦女及取締買良為娼條例》，開始保障婦女權利。後來，在政府及一些善長的支援下，1879 年保良局成立，協助婦女及孤兒，尤其是保護女童免被賣到妓院，可以說是一個專責保障婦女權利的福利組織。東華醫院是一個慈善機構，由一些抱着傳統思想的商紳組成，本着慈善仁愛心提供服務及援助，財源大多來由捐助，政府只是作一些撥地

或／及財政支援。東華醫院在 1872 年落成，成立原意是要求政府設置棲留所醫院，收容及醫治貧病無依的中國居民。後來，港督軒尼詩將東華醫院的功能提升，負責居中調解及處理有關民生的種種困境，差不多做了註冊局的執行及統籌角色。東華醫院亦逐步擴展成為東華三院，它所負的社會福利責任也逐步增加，起初重點是醫療服務，贈醫施藥，後來因為面對社會需要的增加，遂加上處理災情和康復工作，最後再增加教育服務，使它在福利服務範圍上逐步背負起「照顧」、「保障」、「培育」與「發展」等功能，差不多等於一個全面社會服務署的職能。

在開埠的頭五十年，香港的社會福利模式是「民間主導，政府支援」，福利援助與服務由民間自發行動開始，以傳統風俗習慣為服務手法，資金主要來自捐獻，並未提升到訂立社會政策的層次，政府的福利責任也輕鬆得多。不過，歷史的偶然卻構成一個突破點，衛生問題牽引起一個全港性的社會政策要求。在香港開埠後的數十年間，痢疾、熱病等傳染病流傳很厲害，當時香港成年人的平均壽命僅四十三歲，不單中國人害病，駐港英軍也難逃倖免。政府高層雖然了解問題的嚴重性，但因政府與民間都缺乏動力作改善，問題只是不斷拖延下去，沒有重大的突破。到了 1879 年，這項民生福利問題終於提上了社會議程，不過推動力量並非出自本地的要求，而是來自英國。在該年，殖民地部 Mr. Cummings 到港視察，看到污穢的海港，他毫不客氣地對香港的衛生情況作出嚴厲批評：「（香港政府）對溝渠水道，沒有什麼有效的處理，垃圾隨着雨水道流到港口中，使原本是令人舒暢的情境，充滿毒素⋯⋯一般衛生安排是在極度原始狀態中。日常處理糞便的方法，是女皇陛下帝國衛生統計數字中極為不悅目的一頁。」[6] 無獨有偶，現代英國福利觀的雛形，也是與 1842 年《貧窮法》委員會對勞動階層的衛生健康看法有關。這個委員會起初要求改善衛生，開始引發更多人關注更廣闊的民生問題，繼而推動福利服務的發展（Bruce, 1979）。

6　同上註，頁 303。

在英國殖民地部的指斥下，香港政府難以再迴避和拖延，終於積極採取行動。政府在 1882 年接納了柴維克報告（Chadwick Report）的建議，成立一個潔淨局，開始全面地重視衞生問題，打掃街道、處理糞便、管理街市、殯殮埋葬等等，支出的經費相當龐大。這本來是一個進步的措施，但是種族歧視偏見卻又扯着政策發展的後腿，使政府採取了親疏有別的處理方法。1883 年霍亂傳染病蔓延，政府在 1888 年通過了《歐人住宅區保留條案》（European District Reservation Ordinance），將歐洲人與本地華人分隔開來。1891 年港督羅便臣就任，三年後又爆發鼠疫，數千人死於疫病。當時，政府要將病者送往堅尼地城公立醫院接受治療，卻受到很多中國人抵制，他們不相信西醫服務，寧願到東華醫院接受中醫治療。港督羅便臣很鄙夷中國人的無知、污穢及衞生陋習，他說：「他們（中國人）習於不衞生習慣，自少慣於聚居，不懂得（種族）分隔的重要性。只要不理會他們，他們便會如羊群般滿足地死去，將疾病傳染開去。」[7] 民生福利服務的確立本來是一件好事，但在種族偏見、文化差異及誤解之下，不單令官民之間充滿猜疑與不信任，而且還使同情心變成厭惡與歧視，妨礙着社會條件及政策的改善。

可以說，香港的二元社會使民生福利政策進展得十分緩慢。一方面，社會福利主要是由慈善事業帶動，家族鄉里式的自助互助精神仍然濃厚，而低下階層不大懂得表達自身的福利期望，只是被動地接受，缺乏主動參與的角色，而且往往充滿誤解及仇視。另一方面，來自英國的殖民者以統治化外之民的態度來對待香港人，並沒有企圖作任何重大改革，所以這種以民間慈善捐獻式的福利傳統繼續維持下來。

不過，從 1898－1941 年這四十多年中，香港踏入了工業萌芽時代，經濟及社會結構出現了很大變化。1898 年是英國租借新界的一年，也是香港集資興建廣九鐵路的開始。在港督彌敦的推動下，第一間工程技術訓練學校「香港工學院」成立，標誌着工業起飛的啟動，後來它與西醫

7　同上註。

書院合併而組成香港大學，更顯示香港社會正面臨新的發展挑戰。在這段歷史過程中，下層的勞苦大眾也開始凝聚力量，提出新的要求，福利運動意識形態的基因也產生了裂變。

這個長達四十多年的歷史階段，是全球工業化的加速發展時期，亦是各國政治意識形態左轉的興盛期，激發起不少社會改革運動。在德國，君主立憲在民眾眼中可以說是抗衡資本主義肆虐的主要機制。在美國，壟斷資本主義的興起使進步主義抬頭，工會力量提升，罷工次數增加，市民要求成立反壟斷法來制衡財團的肆虐。在英國，社會主義者譴責工業化的惡果，要求通過民主制度馴服資本主義，議會資本主義抬頭。在法國，工團社會主義不相信民主制度可以制衡市場剝削，要求以總罷工方式對抗市場經濟。在俄國，人民推翻了封建王朝，見證了共產主義國家的成立（金重遠，1999）。

在十九至二十世紀轉接期間，不少教會團體本着宗教信仰及慈善精神，開始在香港為弱勢社群提供服務，亦建立起二十多所社會服務單位，提供着一些重要的傳統慈善服務（盧錦華，2001）。有些教會服務主要是傳道和救災，例如成立於 1916 年的救世軍，以及在 1937 年成立的「基督教社會服務總社」。不過，除了救災之外，有些教會也協助處理社會無常狀態的事項，尤其是在兩項主要服務上有極大貢獻。第一個貢獻是醫療服務，教會在提供醫療服務之外，還建立起服務殘障人士的機構，例如 1887 年興建拿打素何妙玲醫院、1897 年的心光盲人院及學校、1935 年的聾人學校等。第二個貢獻是在教育方面，教會除了辦學之外，還組織支援失學失教的兒童，尤其是孤兒照顧，例如嘉諾撒修會在 1860 年成立的棄嬰收容所。後來有更多福利機構成立，例如中華基督教青年會、救世軍、基督教女青年會、安貧小姊妹、寶血孤兒院、保護兒童會、兒童遊樂場協會及聖基道孤兒院，為聾啞兒童而設的真鐸啟暗學校、小童群益會等等。在醫療及教育這兩方面，教會團體引進了不少西方的服務模式，支援了不少特殊弱勢社群。

在救災與慈善服務之外，西方教會也介入一些有關「人禍」的福利

困境，其中最突出的例子是處理「妹仔」問題，使女性的社會地位及尊嚴得到保障。中國傳統文化是男尊女卑，根本沒有婦女權利的觀念，而且可以購買奴婢（俗稱「妹仔」），因而產生了不少販賣婦女、剝削、侮辱甚至虐待的情況。在第一次世界大戰後期，西方國家的政治及社會權利意識開始提升，一些香港教會人士看不過眼，在 1921 年發起「反對蓄婢會」，通過殖民地部向英廷反映並對香港政府施壓，要求採取更人道的方法對待她們。「妹仔」的存廢引致一場傳統與現代福利觀的交鋒，中西文化針鋒相對，香港一些傳統力量也組織了「護婢會」，堅持保留奴婢制度，他們認為「妹仔」的存在自古有之，買賣婢女可以援助窮困家庭，是一種仁慈行善行為，反而覺得西方思想侵犯了傳統中國文化，於是發起自衛行動，反對西方文化的挑唆。在這場福利觀的爭執中，中國傳統父權恩澤主義頑抗西方人權及社會平等思潮。當時，婦女平權運動的要求推動着新的福利思想，終於使政府在 1929 年公佈《婢女註冊條例》，將買賣關係改為僱傭關係，開展婦女保障新的一頁，法例亦在 1938 年生效。不過，日本侵華對進程產生了障礙，而且受到當時華人精英團體的抗拒，政府雖然訂立了法例，但沒有政治意志去嚴格執法，缺乏跟進政策的措施，使這個問題糾纏了四十多年，直到六十年代的工業興盛期，社會及經濟流動機會增加，奴婢制才真正告終。[8]

除了「妹仔」這一個邊際社群之外，香港的民生問題也面對極大挑戰。二十世紀初期，社會主義與民族主義等各類思潮衝擊着中國這個古老大國，要求建立一個現代化國家。1911 年的辛亥革命，1919 年的五四運動等政治運動，挑動着民族主義的高漲。不單如此，在二十世紀轉折期間，世界各地都湧現強大的工人運動，要求推動建立社會保險制度，例如德國在 1880 年代成立了醫療保險、工傷保險及退休保險，英國及奧地利也在 1911 年及 1920 年建立了失業保險等。再加上 1921 年中國共產

---

8 Faure, David, *Society: A Documentary History of Hong Kong* (Hong Kong: Hong Kong University Press, 1997), pp. 174-180.

黨宣告成立，香港是東西文化薈萃之地，港人亦因此面對民族主義、社會主義與工人運動熱潮的衝擊，對民生福利也產生出新的看法，開始超越以往的自求多福心態，要求政府制衡市場對勞工的剝削。一股由下而上推動的民生保障運動亦正逐步成形。

1922 年，香港的海軍船塢員工進行了大罷工，主要原因是外籍海員可以加薪，但本地海員薪金仍然維持在一戰前水平。這個差異使以往二元社會所種下的種族歧視矛盾，開始浮現及白熱化，民生福利背後的不滿及積怨，開始將問題提升到政治議程。在 1922 年 1 月中，罷工人數還只是六千多人，到了 2 月罷工人數上升到五萬人。這是香港人第一次以大規模群眾運動的方法爭取權利。當時工人與政府處於對峙的局面，香港政府採取了強硬的宵禁制裁，雙方僵持不下。其後，慈善家何東用傳統福利方法，通過籌款集資支付在罷工期間所有海員的一半工資（總共 368,000 元），使矛盾得以紓緩。[9] 這種以福利紓緩勞資糾紛的方法，雖然得到一個短暫的平靜，但是矛盾卻仍未解決。到了 1925－1926 年，民族主義火焰更爆發成為省港大罷工，十萬工人在廣州沙基遊行，英國及法國軍警開火，引致近二百多人死傷。事件本來可以變得更壞，不過隨後孫中山逝世，蔣介石掌權，開始北伐及號召停止罷工，民族主義矛頭因而轉向。在香港，政府在 1927 年立例禁止一切政治性罷工及成立勞工組織，壓制工會運動（陳明銶，1986）。這個生不逢時的反歧視勞工運動，很快地被冷卻下來。

在二十年代的政治動盪之後，社會的噪動及權益感增加了，工會開始逐步成立，不過民生福利卻遭遇到更大的打擊。三十年代初期因美國大蕭條所引致的世界經濟衰退，香港經濟也受到影響，勞工階層權益運動也因此難以抬頭。到了三十年代中後期，香港經濟回復正常而且發展迅速，政府本來剛剛有條件可以做些改善民生福利的工作，但又踫上日本侵華，促使大量人口流入香港，單是 1939 年頭五個月，已經有超過

9　蔡榮芳：《香港人之香港史》（香港：牛津大學出版社，2001）。

三十萬人進入香港。移民的湧入，繼續使勞工供過於求，雖然社會機會仍有所增加，但工資提升的速度冷卻，貧富懸殊的距離愈拉愈遠。人口的增加同時也使住屋困難增加，更誘發租金狂升，使露宿街頭的逃難者數目高達三萬多人。在香港這一個移民社會中，充沛的勞動力供應使勞工長期處於勞資市場談判的下風。

雖然一些教會及慈善機構繼續為低下階層提供援助，但是只能起到杯水車薪的效果，貧窮及貧富懸殊的現象仍然是香港的具體生活寫照，而貧富懸殊問題亦不斷地反映於報章、小說及詩文中。[10]

不過，在數千里外的殖民地宗主國英國，卻面對着自身人民對平等公義要求的衝擊。在三十年代，英國受內部衍生的社會主義運動、殖民地改良主義運動及國際勞工運動所影響，開始採取了較為開明的立場，要求政府在衛生、就業、工資談判議會（wage council）等等問題上有所改善，而殖民地區也因此得到一些好處。香港本土的民生福利改革動力雖然疲弱，但來自千里外另一動力源頭卻躍躍欲試。殖民地部開始採取較為積極的行動，而香港政府亦因勢利導地跟隨，回應殖民地部所關注的三個重要問題。

首先要處理的是各殖民地人民營養不良問題。英國殖民地部在1936 年印製了《殖民帝國的營養政策》（Nutrition Policy in the Colonial Empire），派發給各殖民地總督，要求他們成立委員會，展開研究及協調政策。這些要求對香港的社會服務發展，尤其是衛生健康政策，可以說是一個刺激點。不過，日本侵華早於 1937 年開始，而二戰亞洲區戰役也在其後爆發，政局的不穩定使殖民地部的指示因戰情而有所保留。香港

10　當時的《華商報》所敘述的香港是「物價漲房租貴，而薪水階級的收入，卻不能跟乘風賽跑……隨着這現象所產生的事件是窮，是餓，是搶劫，是自殺。諸如此類的新聞，成為報章上的普通消息。還有死了還沒有人知道的，又不知有多少」。同上註，頁 210。一位作家道盡貧富懸殊的悲苦：「香港是繁榮的……在黃昏消逝之後，莊士敦道的街頭……這些命運市場的牲口，多是十來歲的少女，被擠在勞動剩餘的空門外……除了被賣到這人肉市場，還有別路可走？」石庸：〈慾的香港：命運市場的香港〉，同上註，頁 205。另一位名叫荒草的詩人寫《賣菜童的淚》，詩中描述：「人家說我年紀少／其實我已同成人一樣／靠雙手／覓找一天的米糧／……拉入差館／判個防礙交通罪／……為了息止灼肚的餓火／抹乾淚，咬緊牙，再來犯罪的勾當……」同上註，頁 206。

政府也因局勢的變化，退而採取見步行步的回應（Hodge, 1980）。時局的變化，使香港的福利白白喪失了一個發展機會。

其次，當時香港經濟正從大蕭條中逐步回復過來，但普羅大眾並沒有從經濟增長中得到合理分配。殖民地部也關注各殖民地內的勞資糾紛，明白到要減少這些糾紛，必須建立「負責任的工會」來疏導怨憤，所以開始鼓勵成立勞工署或勞工主任一職。港府亦因此委任了畢特（H. R. Butters）為首位勞工主任。畢特在 1939 年對勞工情況作了這樣的一個報告：「筆者調查城門水塘分水道工程的勞資糾紛問題，主要是因外判而成，工人的工資被克扣或被拖延支付⋯⋯學徒制其實是提供廉價勞工的藉口，只得少量工資，有時甚至沒有工資，只得食物與居所。」又因為勞工和福利政策不到位，政府於是對小販採取隻眼開隻眼閉的寬容態度，使弱勢社群能自食其力。「⋯⋯一個小販牌是四元一年，大多數的牌費是從法院內捐款給老弱人士的捐款箱中支付的。⋯⋯在 1938 年，由於大量移民，相信一個註冊小販便會有相若五個無牌小販的存在⋯⋯。」[11] 畢特看到香港貧富懸殊問題以及很多不合理的地方，於是建議採用英國的勞工法例及工會組織來保障香港工人權利，更對有關的社會事務如教育、醫療、房屋、工廠、工資、社會架構、生活指數等，作出了一些改善建議。

雖然隨後的戰局使畢特報告難以實行，但是報告的最重要貢獻，就是要求香港政府在制定勞工法例時，不應只保障弱勢勞工的福利，而是要面向全港勞工的集體利益，例如對以往童工和女工的保障不應只是集中在危險行業，畢特建議應該將保障範圍擴展至農業和家居服務。他又認為勞資關係十分重要，應鼓勵成立「負責任的工會」，強化溝通渠道。另外，他建議取消僵化的最低工資法，採用建立有勞資雙方參與的行業委員會來研討工資工時、加班、糾紛處理等問題。最後，他強調社會保

11　*Report on Labour and Labour Conditions in Hong Kong* by Mr. H. R. Butters, Labour Office (source: *Hong Kong Sessional Papers*, 1939).

障的重要性，認為它不會影響香港經濟的競爭力。

第三個是居住問題。香港政府在 1938 年公佈了房屋專員報告書，估計當時大概有 75 萬人在港島及九龍市區居住，同時全港大約有 75,000 樓層，所以一層樓大約有兩戶家庭居住，而平均每戶的人數為四至六人。報告書認為當時房屋問題最主要處理的是擠迫情況，於是提出津助房屋，財政來源可以通過借貸援助，成立特別的房屋稅，或是成立「房屋股份」。[12] 不過，這些建議到後來卻沒有跟進，最後不了了之。

可以說，三十年代後半期是香港各個主要社會政策的受孕期，使政府對社會情況有較深入的掌握。到了戰後，英國工黨上台，開始推行較為全面的社會福利政策，也不願看到其殖民地遠遠落後於國際形勢，要求各殖民地政府逐步建立社會福利制度。於是，在 1947 年，東南亞事務專員於新加坡舉行的「社會福利」會議中，英國政府引導各殖民地政府，討論在民間組織及其他部門所提供的社會服務之外，是否有需要成立一個獨立的政府部門來推動社會福利，會議的結論當然是支持有關建議。[13] 在殖民地部的推動下，香港的社會福利服務終於可以由專責部門負責，不過它起初仍是附屬於其他部門，直至 1958 年才真正獨立，開始訂立它自身的社會任務，到後來為香港建立了一套較為健全的福利制度。

總括來說，在一戰前的七十多年，香港的福利制度主要是由民間自發，所以相當鬆散。在行政管理方面是以民間家族鄉里為援助核心，在財務方面則以傳統籌募方法來提供慈善服務。當時，香港這個「二元社會」的最適當的福利安排，是少數殖民者將其交給人民自己管理，而且最好是通過代辦來處理具體的民生福利問題。政府的責任採用了最低程度的政策干預，以及貫徹「頭痛醫頭、腳痛醫腳」的實用主義方針。

12　Report of the Housing Commission, 1938, quoted from Faure, David, *Society: A Documentary History of Hong Kong*, pp. 202-207.

13　"Office of Special Commission in Southeast Asia, Social Welfare Conference, Singapore, 19-23 August 1947", p.105, quoted from Peter Hodge "Expectations and dilemmas of social welfare in Hong Kong", in Leung Chi Keung et al., *Hong Kong: Dilemmas of Growth* (Research School of Pacific Studies, Australian National University; Hong Kong: Centre of Asian Studies, University of Hong Kong, 1980).

因此，本土民間社團發揮着很大的作用。不過，從二十世紀開始，西方教會和流動的本地中國勞工受到不少政治經濟意識的衝擊，引進了人本主義思想及平等概念，產生了權益感。雖然爭取權益的工會運動被壓下來，但是世界始終改變了，新思想衝擊着傳統觀念，福利觀也開始突破以往以慈善為主的恩澤觀。同時，英國面對意識形態的衝擊，也逐步推展一些具現代文明要素的民生福利保障，開始了新的嘗試。不過，這些趨勢卻被日本侵華戰爭窒礙着發展。

在這個困局下，香港居民在自力更生的苦幹下，等待着一個關心民生福利的政府。

復原期的民生福利政策
（1945－1957）

二戰後的社會、政治、經濟及民生情況

1945 年 8 月 15 日，日本天皇宣佈無條件投降，結束了二次大戰亞洲戰區的戰役。從該年 9 月到次年 5 月的八個月內，香港仍是在軍政府管治下，此後才恢復民政管治。從 1946－1957 年的十一年間，兩位港督相繼上任，他們是楊慕琦與葛量洪。

日佔期間的香港，英國傳統殖民地統治模式遭到相當大的挑戰。首先，在與日軍戰鬥中，英軍不堪一擊，十八天之內投降，殖民地政府的統治權威及聲望迅速下降。再者，日本軍國主義者高呼的口號是「大東亞共榮圈」，宣揚要抗拒西方帝國主義，斥責殖民者踐踏東方文化。西方殖民統治者的威權逐步褪色，以往的種族隔離及代辦政治顯得落伍及疏離。在戰後，「香港新聞」（*Hong Kong News*）如此描述當時人民的心態：

「多謝日本，我們現在是自由的人，是塑造我們前途的人，以往有關膚色的問題已經死亡。」[14] 不單如此，在國際層面上，不少殖民地紛紛爭取獨立，英國殖民地部亦因而檢討了殖民政府為何得不到當地居民支持的問題。自此，以往只是關注經濟發展，對民生福利的漠視心態有所改變，精英與群眾之間的隔離狀態逐步減弱，政府不再保持那種超然在上的心態。「二元社會」的殖民地政治體系，作為人禍的一個因素，已經隨着大戰結束而宣告沒落。

楊慕琦在港的管治期很短。他在 1941 年 9 月中上任，日軍在該年聖誕節佔領香港，他只有三個月的管治期。戰後，他於 1946 年 4 月返港，於次年 5 月中卸任，做了只是一年左右的港督。可以說，他沒有空間及持續動力推動社會政策的發展，只是負責戰後重建，推出一些應急措施管制價格，使市民能滿足最基本的生活需要。

1947 年，港督葛量洪（任期 1947－1957 年）上任。他也明白以往的統治方式出現了很大問題，所以在行政架構內進行了一個「本土化」的人事任命制度。雖然總督和一些高級官員仍然來自英國委任，但是一些非政治部門的公務員開始本土化，可以參加較高層的執行任務。以往官民距離因此拉近了一段，在政策制定上減少了不少文化上的誤解與衝突（Ho, 2005）。

當時，一些自發的民間團體逐步成立，認為以往的民生福利工作模式已不合時宜，開始推動政策倡導工作。1949 年，一些歐洲人及華人專業人士組成了革新會（Reform Club），宗旨是要改善官民之間的關係，協助建立「一個健康的輿論，用建設性批評來協助政府施政」。[15] 不過，這個政團當時主張政治制度改革及增強人民參與才是根治的重點，而民生福利各項問題及政策倡議並非治本策略。同年，香港華人革新協會成立，這個組織的成員成分較為多樣，有工商業者、家庭主婦、小販、醫

14　Welsh, F. (1997), p. 417
15　*Memorandum of Association of the Reform Club*, 1949.

務人員等，它比較關注具體民生問題，不過並未受到政府重視。1954年，另一個論政團體公民協會（Civic Association）也成立了，成員多是來自專業人士、教育界、工商界等，創會主旨是「為香港市民，主動地去推動經濟、社會、文化福利」，希望能夠多些討論社會政策的內容。[16]革新會與公民協會雖然都是由精英份子組成，但是它們不少成員都參與市政局選舉，較多機會接近群眾，處理實際的民生問題。[17] 不過，當時的政治制度局限了他們的影響力，市政局因權力範圍狹窄，關注事項只限於民生瑣事，例如食肆牌照與小販管理等，未能提升至全局宏觀政策層次的決策。

二戰對香港經濟及社會做成極大的人禍災害，整體社會福利觀也因此改變。戰後幾年間，香港被描述為一個「垂死的城市」，[18] 糧食、房屋、交通等各種基本生活問題都需要處理，政府無可避免地要干預市場運作來解決民生困境。市場百物奇缺，糧食、燃料和副食品缺乏供應，因此價格高昂。戰前的 1941 年，一斤牛肉的價格只是 4 角，但在 1945年後期，價格已上升到 2 元，足足有五倍之多。據 1946 年的一項房屋調查資料顯示，在戰時被炸房屋大概有 8,700 間，另外還有 1 萬多間殘缺破爛，被毀壞的樓房總數有 2 萬多，大概有 17 萬人無家可歸。戰前的工廠有 800 多家，但在戰後只餘下 360 多家破舊殘缺的工廠。租金也提升了，普通民房每層月租由 30 元上升到 100－150 元。不單如此，公共汽車本來分頭等位（1 角）與二等位（5 分），但後來一律提高到 2 角（元邦建，1987）。戰後高企的通貨膨脹，使全民受害。

除了面對戰後的通脹問題，香港還受到中國內戰的影響，人口急劇增加。1941 年時香港人口本來約有 160 萬，這些居民在戰時逃回內地，到了 1945 年日軍投降時，香港只剩下 60 萬人。不過，國共內戰卻使

16　*Civic Association Newsletter*, vol.1, no. 1, February 1955.

17　"The Question of improving people's livelihood: the Reform Club's meeting to discuss the matter today" (source: Tzu-yu-jen, 5 February 1955) in Tsang, Steve, *A Documentary History of Hong Kong: Government and Politics* (Hong Kong: Hong Kong University Press, 1995).

18　Endacott, G.B., *A History of Hong Kong* (Hong Kong: Oxford University Press, 1964), p. 318.

不少內地難民移居香港。從 1945 年 9 月起，每個月差不多有 10 萬人回流，以至到了 1945 年底，香港人口已增至約 100 萬，到 1946 年底更上升至 168 萬人，一年之內增加了 100 萬人。再者，1949 年中國共產黨執政，更使香港人口增加的速度急促上升，1951 年時人口已超過 220 萬，到 1959 年更超過 300 萬人。

這些回流及新增人口為香港帶來大量廉價勞動力。當時的工資相當低，工作條件惡劣。在 1955 年，一個受過訓練的紡織工人平均日薪是 7－12 元，半技術工人只得 5－6 元，而沒有技術工人更只是維持在 3－5 元之間。一般工人因為沒有其他保障，需要日夜苦幹才能糊口。

人口的急劇上升及密集於市區，使香港出現了一些第三世界國家所面對城市經濟的「集體消費」（collective consumption）問題，貧窮已經不屬於少數的弱勢社群。這些低廉勞動力大多生活在城市外圍木屋區，或是在城市舊區貧民窟，缺乏水電與衛生設施。1949 年，在二百多萬香港人口中，木屋區居民大概有三十萬，佔總人口的 14%。他們的生活缺乏支援，因此產生了很多基本日用服務需求，如食用水、醫療、公共衛生、郵遞、廉價交通、房屋、子女教育、人身安全等。這些急劇增長的集體消費需求，使香港政府以住那套被動及後勤式的社會服務形式難以應付。從 1946－1956 年這十年間，雖然經濟逐步復原，但大規模的人口遷移，使大多數香港人都陷入苦幹下的生活困境，他們要求的並非狹義的脆弱社群福利援助，而是廣義的民生保障，雖然弱勢社群的苦難更需要得到照顧，但普羅大眾的基本生活水平跟他們並沒有太大距離。香港政府也很清楚必須要面對這個社會需要，所以社會政策主導方向是處理香港二百多萬人的基本生計問題，全民性的政策取向成為了優先考慮。

滿足基本需要的民生措施

　　在軍政府管治初期，香港物資缺乏，人民在極低度的水平生活。當時緊缺物資主要是食糧，所以政府首要任務是確保糧食與燃料的基本供應。除了大米外，其他食品受價格管制，燃料也限價供應。不過，這種統購統銷方法需要龐大財政做後盾，而政府在 1946 年的財政開支只是 8,600 萬元，很難抵禦黑市炒賣，以至它在 1945 年底逐步撤消官價購買。

　　除了糧食供應短缺外，當時另一個主要民生問題是工資追不上物價。大戰後物價飛脹，雖然經濟發展的機會仍然存在，工人面對最大的困境並不是失業，而是通貨膨脹。於是在 1946 年，海軍船塢有七千多名工人罷工，要求增加工資。隨後電力公司及渡海小輪工人都相繼罷工。最大規模罷工事件來自 1947 年的華人機器工會，九千多名工人要求提高工資。面對戰後一連串的工潮，政府以往漠視勞工權利的取態也有很大的變化，在 1946 年採取了一個全盤但逐步推行的方法，確保香港履行國際勞工組織協約，恢復勞工署，開始擬定法例，限制女工和童工，提供學徒訓練，發展就業，改善勞資關係等的措施。

　　在戰後頭幾年中，勞工福利及權益已經成為社會政策的重要一環，政府以戰前畢特所作的一些政策建議為藍本逐步改善。然而，到了 1950 年勞工問題又起着新的變化。隨着 1949 年中華人民共和國的成立，大量難民再次湧入香港，非官方失業人數估計達到勞動人口的 25%，使香港政府極為憂慮。1957 年勞工及礦務年報是如此敘述當時的情況：「從 1949 年到現在，有七十多萬難民來到香港，他們對香港的勞工情況有很大的影響，主要的特色是有過量的非技術工人。以前，工作人口的升降是與中國和香港的經濟機會有關。但是，就算香港不能夠提供一個合理生活的前景，現今的難民並沒有回鄉的企圖。」[19] 在中國政局變化下，戰

19　Commission of Labour and Commissioner of Mines, *Annual Report 1957-58*, "A problem of refugees", pp. 60-61.

前的經濟移民變成政治逃難者，以往在香港賺錢後衣錦回鄉的人口流動活門已經關閉。

　　幸好，1951 年因韓戰產生的國際禁運，強化了香港作為轉口港的地位，可以說是挽救了香港的經濟困境，到了 1954 年失業率下降到 12.2%，使港府在推行勞工保障方面減少了很多障礙。起初，為了應付大量勞資糾紛，政府在 1948 年訂立了《工會法》及《工業糾紛法例》，後來更通過《工傷條例》及《工廠及工業條例》，加強保障工業安全。其實，從國際勞工福利標準來說，這些立法都是最基本的勞工就業及安全保障。其後政府才開始關注勞動情況對性別及家庭的影響，亦即是「普遍的民生問題」。到了 1959 年立法管制童工及女工的工作時間，達到最起碼的「家庭友善」（family-friendly）勞工政策。不過，對更深入的勞工保障措施，如工資水平、工作條件、工時、分娩、假期、勞資關係、就業、失業保險、退休等，政府仍然讓市場來主導，並沒有考慮作出更大的保障。這種最低干預勞動管理，直到六十年代的兩次騷動後，才促使政府將勞工問題從僱傭關係提升至「勞工的社會生活」（social life of labour）層次。在 1968 年底，政府通過了就業法，保障勞動合約及終止合約的規定，保障工資，管制職業介紹所收費等。次年，政府更增強勞動政策的社會層面，增加了分娩假期，以及每月可以有四天假期。其後亦陸續增加有薪假期、有薪年假、疾病津貼、遣散費、外判員工薪酬保障等。自此，香港在國際社會的「血汗工場」形象得到改善，亦使香港在經濟增長與社會進步之間作了一個比較平衡的發展。

　　在戰後，房屋是另一個重要問題。當時香港遍地木屋，居住情況十分惡劣，而且充滿危機，引致災害連連。很多家庭居住在擠迫的山邊木屋，在下雨天時面對山泥傾瀉的危險，在颱風時亦有可能倒塌下來的惡運。又因沒有電力供應，居民在街燈偷電，引致出現蜘蛛網式電線的恐怖現象，加上用木炭或火水爐來煮食，火災很容易發生。據當時的一名社工描述，居民平時的生活也像「走難」一樣，將細軟包在一起，擺在

床邊，以便隨時可以避災逃生。[20] 當時的一些社會輿論批評政府漠視市民的房屋需要，只是關注如何津貼公務員購買及租賃房屋，甚為不公。當時立法局的羅文錦議員為政府辯護，在 1949 年 3 月的立法局會議上說：「……首先，那些在報章上對政府房屋政策，尤其是政府為僱員興建宿舍的酸溜溜批評，是出於對問題的不甚了解……有些人建議政府應該為公眾而非為公務員提供居所，我認為我很難接受這個論點。假如政府真的為公眾提供居所，公眾可以基於什麼標準而入住？租金應交多少？……如果租金是劃定，含有津貼成分，我看不出納稅人應該要交付這些津貼。最後，政府要興建多少樓宇？一千層？如果一層的成本是十萬元，那便等於一億元了！」[21]

本地一些商界議員對民生問題的輕忽，雖然成功地為香港政府護航，但是殖民地政府卻難以抵受來自英國開明派的夷視。1950 年初，英國殖民地部助理次官巴斯堅（Paskin）在一次訪港後的報告中說：「我應該立即說，我們部門全人一致認為香港的居住情況令人震驚。我去年 1 月到港的短訪令我驚訝香港的貧民窟情況，其實有一些政府文員也在那些（可怖的）地方生活。我們秘書處一些歐洲官員難以相信，這些文員在這種情況下生活，竟然能夠衣服潔淨地回到辦公室，而且工作做得甚有效率及成果。」[22] 他認為如果只是通過私營市場去提供房屋給香港的窮人，是沒有出路的，香港政府需要主動地解決人民的居住問題。

這些批評仍未產生適當的效果。不過，到了 1953 年，石硤尾大火焚毀木屋七千多所，五萬多人無家可歸。有些人以為這次事件是促發政府興建公共房屋的主因，其實這只說對了一半。自 1949－1954 年短短的五年間，總共有十二萬人受火災影響，包括 1949 年的大角咀木屋區，1950

20　Lee, Dorothy, "Release and Rehabilitation", in Blyth, Sally and Ian Wotherspoon, *Hong Kong Remembers* (Hong Kong: Oxford University Press, 1996), pp. 24-33.

21　"Address by Hon. Man-Kam Lo, Hong Kong Legislative Council, 30 March 1949, Hong Kong Hansard, Session 1949", p. 99, 100, quoted from Faure, David, *Society: A Documentary History of Hong Kong 1997*.

22　Memo by J. J. Paskin, 3.1.50, CO129/629/8. p. 2, quoted from Faure, David, *Colonialism and the Hong Kong Mentality*, pp. 33-34.

年九龍城木屋區，1951 年東頭村及 1954 年的大坑東。面對這麼多因集體偷電及火水爐煮食而產生的火災，政府開始改變以前的態度，認為不能再袖手旁觀了。港督葛量洪在 1953 年對立法局說：「在這樣大規模的災難下，第一件要做的事是給予食物與照顧病者⋯⋯第二件事是衣服鞋襪⋯⋯第三件最難的事是居所⋯⋯災民的數目差不多等於整個荃灣的人口。」葛量洪要求英國政府提供財政支援，但是不得要領，他說：「我詢問女皇陛下政府（給香港）的財政支援，我乞求，我辯護，我寫函件、信件，我對官員和局長對話，但也失敗了。我們沒有得到任何支援。」在缺乏外援的情況下，香港政府終於在 1953 年決定自力撥款 1,600 萬元，在石硤尾火災區原址上興建徙置大廈，應付災民及低收入市民的房屋需求。港督說：「我現在談我們主要的問題：房屋⋯⋯我們有一些特殊的困難，我們大部分的人口沒有適當的居所，他們是由鄰近地區湧入來的⋯⋯要估計問題的規模，大約三十五萬人左右是需要安置。」[23]

在救災大前題下，政府成立了徙置事務處，負責處理災後徙置的工作。當時政府為了採取迅速行動，只好急就章地興建了第一型的徙置大廈，不過質素及設施卻極度原始，每家四至五人可編配一個 120 平方尺單位，廚房設在外面的走廊，每層都只有公共水喉及沒有門的公廁，而且徙置事務處起初的權責並沒有包括管理權，所以屋邨很快便混亂和污穢不堪。當時，這些急就章興建的公屋質素，可以說連木屋區也不如。不過，因為災民人數眾多，從 1954 年開始的短短三年內，政府已經為十二萬人提供居所，也因此減少了木屋區火災發生的次數。到了 1959 年，只是短短五年，第一百座徙置大廈落成，官方公佈獲得安置及平房徙置區的徙置人口達三十萬人，約為全港人口的十分之一。這些獲安置的居民大多數是低收入人士，根據 1957 年香港大學的一項研究顯示，當年共有 79% 的家庭是收入少於 600 元，而當中收入少於 300 元的則佔

23　Address by the Governor, Hong Kong Legislative Council, 3 March 1954, *Hong Kong Hansard*, Session 1954, pp. 20-21.

56%（Hopkins, 1971）。

　　大量難民及低收入者是政治怨憤的導火線。1956 年 10 月，李鄭屋邨事件爆發，國民黨在李鄭屋邨因懸掛青天白日旗事件糾紛引發起一次騷動。事後，港督葛量洪在該年呈交殖民地部大臣函件《就九龍及荃灣暴動事件》中，是用這樣的調子來描述騷動的原因：「⋯⋯此等（徙置區）區域，乃九龍紛亂之焦點⋯⋯居民本身，其生活水準大部分僅差堪自給，鮮有或簡直可說並無個人財產，其大多數在港皆無根基，平日謀職困難，有等只獲得低微工金。若輩由家鄉逃出，則其時運之不濟，致孕育失望與淒苦之感，自屬常事⋯⋯值得再行提請注意者，則為人數眾多流入香港及九龍狹小市區所呈現之十分現實問題⋯⋯世界人士最近震撼於來自匈牙利約十萬名難民之慘境者，當對五倍或六倍於此數之難民於 1949－1950 年逃來香港所生情況自有深切了解。香港政府在其有限之地土、物資、金錢下，過去及現在均盡其所能以改善此等無家可歸難民之狀況，但無多大之移民去處以減少其人數，又無外來援助以補充香港之收容難民力量，其改善工作遲緩而又困難⋯⋯。」[24] 葛量洪很了解香港政府的處境：在二戰後，香港的中國移民已經沒有退路，不願回中國，也難以到其他國家賺取生計，他們將會以香港為家，政府不得不承擔他們要落地生根所產生的生計保障期望與要求。

針對弱勢社群的社會福利政策

　　從戰後至 1957 年這十多年間，貧民處處可見，香港政府的社會政策取向，只是集中於建立有關民生的一般社會服務，如醫療、教育、房屋、勞工等。對於弱勢社群，如傷殘老弱鰥寡孤獨群體，政府只是採取了短期救濟的方法來解決燃眉之急，滿足最基本生存需要而已。到了經

24　《就九龍及荃灣暴動事件報告書：香港總督呈殖民地部大臣函》，1956 年 12 月 23 日。

濟上相對穩健的 1958 年，政府對各類公共服務作了一次全面檢討後，還是認為教育、房屋、醫療及食水問題等，是最逼切的公共及社會服務，其他則可以緩步發展。在當局眼中，弱勢社群的福利措施處於相當次要的位置。

在戰後的幾年間，福利政策的重點是處理糧食分配問題與醫療衛生。起初，政府的援助主要是每天派發熱飯給窮人，後來因人數眾多，改為派發乾糧。政府亦用了很少資源在北角和摩利臣山設立營所收容極貧困人士，但這些營所很快便關閉了（周永新，1980）。

直到 1947 年，政府才在華民政務司轄下建立了一個社會福利辦公室，開始為弱勢社群展開工作。不過，當時只有兩個職員，分別是一名主任與一名臨時文員，可以說連最基本的文件處理也缺乏人手，根本難以推展福利服務。在次年，政府增加了少許資源，增聘了三名主任和一個全職文員，她們來自醫務署的救災組，以及以前的「妹仔」督察組。這四名主任只受過很少的社會福利訓練，她們與兩名文員都只能夠見步行步地執行任務，處理當時所界定的社會福利內容，包括：保護婦孺、自殺案件、孤兒棄嬰、因極度貧窮而需遣返內地的居民的種種問題。

當時，被遺棄兒童是社會福利的重點。不少孤兒因戰亂流落街頭，在垃圾堆中尋找食糧，這些情況令人心酸。雖然保良局提供收容兒童的服務，但是仍有大量街童得不到保障及基本照顧，更別說培育和發展。當時社會福利辦公室的主要服務對象是家庭，其中包括婦女及兒童這兩大類別，所以政府在 1951 年修訂保障婦孺條例，成立兒童組及婦女組，對接受監管的兒童進行督導。五年後，政府又通過領養法例，使失依兒童得到家庭溫暖。不過，辦公室在缺乏人手及資源的情況下，主要的任務只能是訂定法例及監管工作，以及在救濟部極為有限的資源下為街童舉辦一些識字班，主要的服務則交由志願福利機構負責提供。例如在1958 年，社會福利署以家庭為主，設立兒童青年福利及感化部，成立了十二個兒童會。不過，這些兒童會的具體實質運作，大多是倚賴志願機構來籌募及推行。從社會福利署成立到今天，這種分工 —— 政府主要是

負責執行保障婦孺及與福利法例（如社會保障、領養、法庭監察令）的有關工作，而其他服務範圍（包括青少年、傷殘、老人、社區等），大多交給志願機構負責 —— 自此成為香港社會福利服務的主導模式。

不過，香港的志願機構相當多元化。它們大致可以分為兩類，其一是本地的慈善機構與街坊會，其二是由外地而來的教會組織。

本地的慈善機構包括了比較大規模的福利機構如東華醫院與保良局、傳統的同鄉會，以及以地區為主的街坊福利會。東華醫院與保良局結合了東西文化，逐步從傳統的支援不斷地自我改良，建立專業的福利隊伍。街坊福利會是一些零散的自發組織，在地區中收集捐獻，提供不少因地制宜的服務。它們的主導思想是鄰里間的守望相助，人力和財力扎根於鄰舍商舖關係，主要是去協助街坊的生計，包括供書教學、贈醫宿食、地區性的小型工程建設等。如果用現代的學術話語來說，它們用相當簡樸的方法建立了社會資本，成立了社區網絡，增加了社會互信及互助。在五十年代初，這些零散的街坊組織逐漸龐大起來，組織力也逐步成熟。香港政府高度讚揚它們的貢獻，它們的工作已不單服務弱勢社群，而是開始擴展到一般民生問題，例如與政府商議供水、街燈、街市、小販、木屋等事宜。1951 年初，香港已經成立了十八個街坊福利會，會員五萬多人，在政府的鼓勵下，到年底成員增加到近十萬人，在全港一百五十萬成年人中，街坊會的成員佔了十五分之一（*Hong Kong Annual Report, 1951*）。

海外教會所提供的服務，缺乏街坊福利會那股本地化睦鄰互助的精神，但是卻強化了福利的人文主義思想，使福利加上對個人尊嚴的重視，逐步塑造了一套「以民為本、建立尊嚴」的福利觀，而且逐步推動着一個專業化社會工作隊伍的建立。本土社團及海外教會這兩類志願機構在二戰後如雨後春筍般湧現，甚為活躍，在短短數年間，不少志願機構如香港家庭福利會、香港房屋協會、婦女聯會、香港兒童安置所、救世軍葵涌女童院、聖公會聖匠堂等都相繼成立。它們主要的工作範圍集中在收容服務以及基本的衣食照顧，以免戰後到港的難民流離失所。在

這些志願機構中，有部分的財政資源來自海外，有些是本地捐獻。在那時，雖然沒有詳細數據顯示政府與志願機構所提供的福利服務津助的比例，但一般估計都是政府佔三分之一，志願機構佔三分之二。

在戰後，教會的社會福利角色發展迅速，其中最著名的兩位代表性人物是何明華會督（Bishop Hall）和施同福牧師（Rev. Karl L. Stumpf）。何明華會督在戰後迅速回港，全情投入地重新建立戰前他成立的福利聯會，成立膳堂，發動義工清理被轟炸的廢墟，收集奶粉，分派衣物。在他的協助及推動下，教會的社區中心相繼成立，例如聖公會觀塘聖巴拿巴社會服務中心、黃大仙聖十架堂社會服務中心，以及推動成立無數的社會服務機構，如香港家庭福利會、香港房屋協會等，而小童群益會和香港保護兒童會亦重新恢復，福利聯會也成立了兒童福利委員會（Lee, 1996）。施同福牧師則擔任世界信義宗香港社會服務處主任，他協助不同教派的合作，建立基督教社會服務處，又推動粉嶺醫院和觀塘職業訓練中心的成立等。教會的慈善志願團體有很多令人讚嘆及感動的故事，根據一位戰後在英國受訓的社會工作者李蕙妍的敘述，為了大埔孤兒院內兒童的衣食，一個老修女 Jennings 與一些較年長兒童，每月有幾天都要從大埔走十多里路到老遠尖沙咀去取政府的配給，將沉重米袋卸上木頭車，然後徒步推回大埔。除了直接提供服務之外，有些志願機構還採取間接援助的方法，對一些有能力的市民作財政上的協助，例如給予津助使窮人可以有錢申請小販牌照，以便使他們能自力更生。雖然這些志願機構的工作在遍地孤鴻情況下顯得杯水車薪，但是他們熱心的關懷也彰顯着人間的慈愛關懷。

戰後及五十年代是香港民間福利的蓬勃期。中共政權的勝利引發起來自內地數以十萬計的難民逃亡潮，不少國際救援組織紛紛到港成立分署，如天主教救援服務處、世界基督教議會難民服務、信義宗世界服務處、循道海外救援委員會、香港明愛、美國援外合作社等等在港施以人道救濟。從 1949－1957 這八年間，在香港成立的志願機構數量之多，可以說是史無前例。它們在海外籌募捐款，不單購買糧食、奶粉、

衣物以便派發給難民，還提供流動醫療車、診所、天台學校、社交中心（Smith, 1995）。無論在服務規模和層面上，這個階段志願機構的工作遠超戰後初期。

其中值得一提的，是在 1946 年由一些慈善服務者成立的香港難民及福利會（其後改稱香港福利會，後來註冊成為今天的香港社會服務聯會，簡稱社聯）。本來政府有一定的任務及角色去協調志願機構的福利服務，使資源能更有效地調配，但因為其人力有限，所以協調工作便逐步地由志願機構自己組成，因而使香港難民及福利會逐漸演化成為一個協調性的聯會。自此，香港的社會福利運動便配上了一個加速器。在當時大量難民及貧民的情況下，社聯不斷召開會議協調服務，後來成為集結社會福利觀點的一個匯聚單位，日後建立起一套更全面及更具長遠視野的福利要求。相對於實用短視的香港政府，社聯在福利界的受支持度比政府還高，因為政府提供福利的目標只是基於現實的社會秩序及資源考慮，缺乏對人文主義理想的追求，所以當社會福利要作出進一步發展的時候，香港難民及福利會便擔當了一個前瞻及開拓角色，對推動社會福利政策發展起着一個難以取代的位置。

社聯在 1954 年已經倡議成立僱員公積金制度，為市民爭取退休保障；後來更開設福利工藝社，協助籌組身心殘缺救助會，間接也促成了香港復康聯盟的誕生，亦開設了職業輔導計劃解決失業問題。當政府仍然忙碌於救災、人口急升及房屋問題時，服務脆弱社群工作的重擔及推動對福利的長遠展望，便落在志願機構及社聯身上，開始籌劃着解決貧窮及困境的方案。

急轉彎的六十年代
（1958－1971）

政治經濟狀況

　　六十年代是一個從平靜轉變到波濤洶湧的年代，很多不同類型的意外衝擊着平靜的殖民統治。首先，英國與香港的關係出現顯著變化。隨着殖民地民族獨立運動的興起，英國對香港的管轄也逐漸減弱，殖民地色彩進一步淡化。當新加坡與馬來西亞相繼獨立後，香港是英國在東亞遺留下來最後的殖民地，英國在亞洲的角色及部署已愈來愈不重要。到了 1966 年，殖民地辦公室（Colonial Office）被取消，殖民地事務納入大英聯邦辦公室（Commonwealth Office），到最後納入了外交部（Foreign Office）。英國對殖民地內部管理事務也愈來愈缺乏興趣，以往那種「帝國責任觀」亦開始淡出。其次，殖民地要逐步走向更高層次的自治，行政與財政權力自主性也因而提高，香港政府官員不須事事都要向倫敦請示，可以多從本土利益出發訂立政策。以往香港政府的財政盈餘是要購買英鎊協助穩定英鎊幣值，但是隨着香港的自主性增強，在 1959－1969 年這十年間，香港政府的財政已可自主地運作。財政上的自主，使香港進入一個以本土化為主的經濟體系。

　　在港督柏立基（1958－1964 年）統治的六年內，香港似乎發展得十分理想，沒有出現嚴重的民生福利問題。從整體大局來看，香港人口增長十分迅速，社會整體的生產力也高速地提升，經濟持續地高速發展，市民有不少機會改善自己的生計。1959 年，工業產品輸出超越轉口貿易輸出，香港已經從轉口港發展成為工業出口港，而同年第一百座徙置大廈落成，獲政府出租公共房屋安置的居民達三十萬，民生問題看來得到很大的改善。英國皇室也恭臨香港，菲臘親王與雅麗珊郡主先後訪港，

全城一片歡騰。1962 年啟德機場大廈啟用，使旅遊及運輸業有更進一步的發展。1963 年成立香港中文大學，專上教育擴充。這些數字、事件及新建設，都顯示着香港正踏上一條康莊的經濟增長大道。

不過，在這些繁榮昇平的歡樂背後，卻是很多制度滯後的情況。香港的政治體制嚴重地落後於經濟發展，決策與行政制度仍然維持着奉行已久的殖民地模式，未能追上新的發展，決策與行政混而為一，引致出現很多政策樽頸地帶。政府官員本地化速度相當緩慢，紀律部隊貪污舞弊情況也十分嚴重。市民覺得投訴無門，而到 1963 年行政立法兩局非官守議員（Unofficial Member of Executive and Legislative Council, UMELCO）才成立辦事處，直接接受及處理市民的投訴。在經濟急劇發展之中，這個滯後的政治制度使市民不滿的意識日漸增加，終於在港督戴麟趾時代（1964－1971 年）爆發，引發兩次政治動亂。

在經濟繁榮下，大多數香港人胼手胝足地辛勞工作，但是工資仍然相當低，經濟繁榮的短期成果只是集中在少部分人手中，繁榮的漏斗作用並不顯著，一般勞工的生活及工作質素仍是相當困苦。教育制度嚴重落後於經濟發展步伐，年輕一代不知如何才能得到個人發展的機會。香港市民對他們的未來有一種難以言喻的要求，他們正在期盼着新的轉變。

不過，政府卻沒有這種敏銳度，一切看來都十分順利。港督柏立基在離任時，很滿足地回顧說：「從 1958 年到目前這六年內，經濟發展迅速⋯⋯每年有 10%－15% 的增長⋯⋯個人收入也有增長，但因為人口劇增，增幅與經濟增長不成比例。我們的人口增加了 37%，出口增加了 70%，轉口增加了 90%，不過這些數字可能低估了收入⋯⋯註冊的工廠雖只增加了 30%，但它們的規模增大了，所以就業上升了 135%。工業工資上升 60%，⋯⋯政府的經常收入乘了一倍，因為賣地收入增加，資本收入上升了六倍，而我們的稅率只有少許改變。」[25] 隨着經濟增長，公共

25　The Governor addressing Legislative Council, 1964 *Hong Kong Hansard* 26 February 1964, pp. 35-37.

服務的開支及福利也增加了，但是這些開支對公共財政尤其是稅制並沒有產生壓力，因為這些開支，尤其是福利，主要是從收入盈餘來支付。從 1951－1966 年這十五年內，稅率也只是維持在 12.5% 之內，而整體政府開支只佔國民生產總值的 13%－14%。[26]

1964 年港督戴麟趾就任。在起初的兩年，經濟持續向好，政府亦成立貿易發展局及生產力促進中心，搞好經濟增長，以為經濟增長自然地會帶來社會的均衡發展，鞏固社會秩序。不過，一股社會改革動力在中產階級及基層中逐漸形成，要求政治開放，改善人民的福利。在該年，曾健士（Graham Jenkins）與鄧漢齊等成立工黨，孫寶剛等也組織成立香港社會民主黨。從歷史回顧的角度來看，這些政黨只可以說是一些論政及倡議團體，無論在規模、群眾動員及影響力上來看，實力甚為有限，就算通過選舉進入市政局，也只能處理相當有限的政策範圍，對政府的福利政策並未帶來直接影響。然而，如果從當時的政治氣候來說，這表示着有些人看到雖然社會財富急促增長，但普羅大眾的生計卻沒有多大的改善，他們嗅到社會矛盾的焦味，憂慮貧富懸殊情況惡化，希望通過成立政黨，影響施政方針與社會政策。它們的存在，表示了急劇經濟增長與均衡社會發展的距離愈走愈遠，政治穩定將會面臨急劇的衝擊。

不過，到了 1966 年頭，戴麟趾在立法局會議辯論財政預算案時，還是好整以暇地提出成立地方政府的可能性，希望對市政局作出少許改善，增加一些與民生政策有關的管理功能便作罷。但是，在市政局內，一些經常接觸市民的議員不滿意政府這種處理態度，他們觸摸到人民生計的困苦，認為應該推展更大幅度的改革。市政局在同年發表了一份研究報告，建議成立一個「大香港市議會」（Greater Hong Kong Council），增加民選議席，而且將教育、衛生醫療、社會福利、交通、市政服務等公共服務的行政權交予此議會管理。

很多政治敏感度較高的人，都感覺到貧富懸殊所帶來那份風雨欲來

26　*Hong Kong Annual Report* (1968), p. 42.

的危機，但是政府仍然相當自滿安逸。終於，在該年 4 月，一場對政府來說是「無緣無故」發生的騷動終於爆發了。天星小輪的票價只是增加了五分錢，一個市民到天星碼頭隧道中靜坐抗議，得到支持者的到場聲援，然後警方介入驅散人群，促發起群眾的不滿及起哄，於是爆發騷動，隨後更蔓延開去，當局出動軍警採取了鎮壓行動，拘捕了千多人。

後來，政府對暴動作出了一個研究報告書，在報告書中展示了市民對政府那種難以言喻的不滿。它指出：「（對政府的看法，暴徒們）四個不知如何評價政府，六個很冷漠，兩個覺得政府好，六個感到滿意，六個覺得政府不好，十八個認為香港人得不到公平的對待，十六個覺得法院中沒有公義」；當問及暴徒們對社會的看法時，報告書說：「二十一個青年不知道誰是天星小輪的擁有者⋯⋯雖然他們不甚了了，十一個人正面地表達加價是不公平，十二個無所謂，只有一個人說加價是公道的，不過遲些時市民可能有機會加薪。兩個青年說天星小輪是屬於葉錫恩女士的，這可見他們的無知。」[27] 報告書未能夠說得清楚的，其實是市民在面對當時社會現狀所產生的一種無名鬱悶及挫折感，期待着改變，但他們不知從何說起，也不知如何做起。這是社會精英難以明白的一種感受。不過，無論如何，這次騷動使香港殖民地政府得到一個教訓，開始了解它那套陳舊的統治手法出現了問題，亦知道它與市民之間存在着一個很大的鴻溝，須要通過政治關係與社會政策的改善來重建官民之間的關係。

次年 5 月，新蒲崗人造塑膠廠工人示威，抗議資方的不公處理，警方採取行動，拘捕了一些工人。月中，在內地文化大革命的外溢效應下，「反對港英迫害鬥爭委員會」成立，開展群眾運動，民生問題上升到政治意識形態的鬥爭。此後兩個月，到處都是罷工罷市潮，示威遊行無日無之，而且還上升到暴力的層次。面對這些抗議及不合作運動，政府

---

27 *Kowloon Disturbances 1966: Report of Commission of Inquiry,* Hong Kong Government, 1967, p. 287.

採取了強硬的高壓鎮暴手段，拘捕了超過五千人。

在兩場騷動後，香港政府知道必須對傳統殖民地統治方式作出徹底改革，不單要解決官民之間的溝通問題，也要動員公民社會力量來鞏固政權的威望。於是在 1969 年 2 月改組華民政務司，改稱民政司，推動「社區建設」（Community Building），改善社會服務，以便建立市民對香港的歸屬感。當時，民政署所擔當的政治角色有所提高，一方面擔當「政府的眼睛、耳朵、聲音」，希望做到下情上達、上情下達疏導民意的職責；另一方面，政府打開了「福利是政治的黏合液」蓋子，民政署要在各地區充當福利服務的重要樞紐，協調區內各社會服務的推展。政府開始醒覺，1966 年暴動的主因是來自青少年對政府的一股「不知由來」的不滿情緒，所以從那時起開始積極推展青少年工作，將之納入了民政事務的工作範圍，成立了社區及青年事務主任職位（Community and Youth Officer）。政府由以往不重視青少年服務，到六十年代後期開始改弦易轍，逐步提升其政治穩定作用，到今天這個政策方向仍沒有多大的改變。

民生情況

1961 年，香港政府進行了戰後第一次人口普查。當年的人口總數超越 300 萬人，年齡在 15 歲以下的大概佔四成，約 128 萬人，15－45 歲的大概是四成二，佔 130 萬人，而 45 歲以上的人口只佔二成，約 53 萬人。這個人口組別比例顯示，在戰後本地出生的人口開始佔一個相當高的比例，以往從中國內地到港流動人口開始落地生根。他們的生活要求，已經不像上一輩只是為了糊口。從年齡結構來看，六十年代是人口年青化的年代，為經濟發展帶來充足的勞動力。當時，在 300 多萬人口中，男女的比例相距不大，男性佔 160 萬，女性佔 152 萬人。在總人口中有約 120 萬人是經濟活躍，而失業及半失業人口只佔百分之二，大約只得 2 萬多人，可以說是全民就業。在社會及經濟發展下，家庭結構也

起了很大變化，核心家庭成為主導，佔 63%；直屬家庭下降至 23%，擴大家庭數目少了，只佔 14%。

五十年代是人口高增長期，到六十年代中後期才有下降的趨勢。據 1955 年香港家庭計劃會的報告指出，在當年的 4,720 多宗新個案中，約有 4,400 個案是屬於過多生育。在這些個案中，有些母親的懷孕率是五個孩子，最高比率是十一個孩子。當然，這些孩子都不一定能夠長大，但總的來說那是一個大家庭年代，一家七八口是普遍現象。所以，雖然家庭成員就業後收入增加了，但是貧窮問題仍是相當嚴重。

人口持續急劇地增長，是民生福利政策主要面對的問題。1959 年後，中國內地的大躍進促使大量移民湧入香港，雖然又一次提供了龐大的勞動人口，但同時加劇了對公共及社會服務的需求。當時，香港政府對新移民的處理只是集中在邊境加強管理，盡量控制湧入的移民潮。但在短短五年間，香港的人口增加了約 60 萬，1966 年的人口統計總數達至 370 萬人。在大量移民湧入的情況下，1960 年的堅尼系數已上升至 0.49，香港的貧富懸殊情況走向爆發點。

人口的激增，使本來已經是嚴峻的房屋問題雪上加霜。根據統計處的數字，在 1961 年約 240 萬個居住在「永久性居所」的居民中，有 13 萬多人是居住在「低水平」的居所，如地窖、閣樓或樓梯底。如果加上天台木屋、山邊木屋、小販檔口等「非永久性居所」的話，低水平居所住客的總數便上升到約 73 萬人。到了 1966 年，「永久性居所」人口數字上升到 320 萬人，其中「低水平居所」的人口亦上升到 21 萬人，佔該人口群的 6.5%；如果加上非永久性居所的話，人口高達 50 萬人。[28] 已故市政局議員葉錫恩在回憶錄中敘述了當時的情況：「二月中，一群佐敦谷的木屋區居民告訴我，他們的木屋被拆掉……我到銅鑼灣社會福利署去問他們如何對待這些失去家園的人。我面見一個助理署長，一個中國人。

---

28   1966 By-Census (source: K. M. A. Barnett, *Hong Kong, Report on the 1966 By-Census,* Hong Kong Government Printer, 1968, vol.1, pp. ix-xi).

我問他如何幫忙，他問：『為什麼這些人不去租房子？』我回答說：『他們的平均工資是 150 元到 180 元。要租一個房子就要這個價錢。那麼，這個家庭吃什麼？』」[29]

人口激增帶來大量低技術及低收入勞工，使香港經濟被形容為「血汗工場」。在世界較富裕的國家，工人除了薪酬之外，還有很多「非薪酬福利」，如退休金、醫療保險、工傷賠償等，但是香港在這些方面的保障相當落後，勞工只能在低工資情況下，通過長工時加班捱夜的苦幹來保障生計。1968 年，勞工每天工作時間是十小時或以上。香港大學社會學系的一項研究也指出，在該年居住在徙置區的居民，有 87% 在星期六仍要工作，有 73% 在星期日也要上班。當時一些工業家十分讚賞香港勞工的勤勞及拚搏精神，據工業家鍾士元說：「在五十年代，香港工廠的情況好像八十年代的中國。人們形容這是可恥的，這確是如此。工作情況在五十年代後期及六十年代有所改善，工廠開始安設冷氣機。不過，這些設施的目的不是改善工人的福利，而是要增強生產力。在夏天，如果人們不流汗的話，他們的工作速度將會提高……早期當香港還是貧窮的時候，人們只是有興趣賺錢，生命很賤。（香港工業總會很關心如何改善工業安全的問題，不過）就算僱主鼓勵工業安全，人們也沒興趣……那時候的重點是工廠生產，以及如何賺錢。工人只是對三個問題有興趣：你願付我多少錢？有沒有加班？是經常加班還是不經常加班？」[30]

香港的勞工在一無所有的情況下發揮強烈的拚搏狠勁，後來被修飾及讚揚為「獅子山下精神」，不過這卻惹來很多西方國家的批評，認為香港的經濟競爭力其實是在剝削勞工的情況下建立而成。在當時參加國際勞工協會一個會議中，一名港府官員如此說：「雖然在會議進程中沒有人對香港有直接的指責，但在一些私下交談中，從勞工的狀況來說，香港

29　Elliot, Elsie, *Crusade for Justice, an Autobiography* (Hong Kong: Heinemann Asia,1981), pp. 190-191.

30　Sir S.Y. Chung, "Industrial Revolution", in Blyth, Sally and Ian Wotherspoon, *Hong Kong Remembers*.

需要更多的解說。後巷工場、長工時、低工資是一般人的觀感,再加上(僱主的)超高利潤,使我忙於解說,希望給(其他國家)人們一個平衡的看法。」[31]

基本民生服務

在石硤尾大火後,興建徙置大廈已經成為一個持續及長期的社會政策。不過,以往那種「原始」第一型公屋的建設標準甚低,遭社會人士詬病,政府在1961年將第一型提升至第二型,而且把地下單位改為商業舖位,為居民提供方便。翌年,第三型公屋出現,每家每戶終於可以享受到獨立的水龍頭及廁所。兩年後,第四型公屋已是十六層高,每戶有獨立廁所及廚房,而且每座也設有升降機。

雖然政府在興建公屋方面開展了不少工作,但是在1964年木屋區人口仍然高達六十萬。因此政府成立了兩個工作小組,第一個小組研究遷拆木屋事宜,在1964年推出徙置政策白皮書,建議清拆當年之前所有興建及登記的非法建築物,其中的居民可獲徙置權。這份報告書更訂定了興建目標,希望到1974年使一百九十萬人得到安置,不過這個建議到了港督麥理浩手上有所改變。第二個工作小組是研究城市貧民窟的遷拆問題,它的結論反而十分保守,認為清拆舊區並原區安置的開支十分昂貴,所以工作小組只是建議找一些試點推行,在港島西區拆卸舊樓,興建觀龍樓屋邨等。

在醫療服務方面,政府反而做了一些突破性的工作。1959年,醫務衛生署開始成立一個小規模計劃單位,為醫療服務作一些長遠需求預測,改變了政府以前那種「頭痛醫頭、腳痛醫腳」的實用主義。這個計

31　Notes on an international conference on labour relations in 1965 attended by a Hong Kong official (source: attachment to CO1030/1664/7), quoted from Faure, David & Lee Pui-tak, *Economy: A Documentary History of Hong Kong* (Hong Kong: Hong Kong University Press, 2004), pp. 258-261.

劃單位在次年訂立了一個醫療衛生服務五年計劃，到了 1964 年，政府發表教育及醫療服務發展白皮書，訂立了一個十年計劃，肯定了低廉醫療收費有助解決市民求診就醫的困難，並認為基本公共醫療健康服務有利人力、生產力和經濟的發展。當時，政府的醫療政策訂立了兩個大方向：一、為有需要的市民提供高津貼的公共醫療服務，二、制定醫療服務及設施，包括醫院及門診與人口數目的比例。不過，它同時承認，「政府沒有足夠的資源為全港人口提供全面性的醫療服務⋯⋯我們的目標是為了人口中的一部分人，他們沒有能力負擔私營醫療服務，去得到更多的醫院及診所設施。不過，這個相當有限制的目標所牽涉到的公帑，也為數不少。」[32] 當時，政府估計大概有五成人口沒有財政能力看私營診所的醫生，也大概有八成人口難以負擔私營醫院服務，所以政府的醫療政策只是針對性地服務這個人口群的需要。

在六十年代，雖然英國對香港的影響力已日漸縮小，但因為英國是國際勞工組織（International Labour Organization）的簽署國，簽署了有關工廠及工作條件的條約，因此也要求香港勞工有同類的保障。當時，香港贏得「血汗工場」的國際形象，殖民地部在 1965 年要求香港也執行工作條件的改善，其中主要是勞工的工時問題。香港首席助理殖民地司黎保德（Lightbody）因此列舉了十一點反駁英國殖民地部，他對同僚總結時說：「（香港很多人反對降低工時）這是令人沮喪的，我們正在考慮如何處理。將工時降至每週 48 小時對僱主的心理不合，他們難以接受。我們可能走向較溫和的每週 54 小時（不過對外宣稱我們的目標是 48 小時，因為如果政府成功的話，我們海外的聲望會比較高）。」[33]

五十及六十年代是西方國家逐步推行福利國家的黃金時期，香港政府也難以避免受到這股國際潮流的衝擊。1965 年，政府委任了學者威廉

32　《教育及醫療服務發展白皮書》（香港：香港政府，1964）。

33　I.M. Lightbody, Principal Assistant Colonial Secretary, to A. St. J. Sygg, Colonial Office, 14 October 1965, CO1030/1664/7, in Faure, David & Lee Pui Tak, *Economy: A Documentary History of Hong Kong*, p. 256-258.

士（Gertude Williams）做了一個拓展社會福利的可能性研究。威廉士在次年的報告中提出，收入不足與經濟援助有十分密切的關係。她訪問了當時的家庭福利會，在 387 份經濟援助申請書中，有 221 份的成因是家長疾病或死亡，另有 112 份是因收入不足。社會福利署的資料也證實這個趨勢。在 691 個派發乾糧個案中，有 166 個案是因病患而領取，而收入不足的反而有 325 個案。她深深地指出：「下列兩個問題之調查，實刻不容緩。如能採取工資管制，或改善招請工人的手法，從而提高低薪工人工資，則政府或志願團體之財政負擔，當可減輕不少矣。」[34] 不過，她的報告書最後卻被束之高閣。

與此同時，港府也試圖掌握可否推動某些福利國家的政策措施。1965 年，財政司在立法局中透露政府正考慮推行社會保險計劃，並於次年成立一個跨部門工作小組，由當時的勞工署長任主席，研究有關社會保障事項，並於 1967 年發表報告。出乎意料地，這份報告甚為「大膽激進」，它提出五項保障民生的建議，包括：一、設立醫療（疾病、傷殘、懷孕分娩）、失業、供款式公積金等保險制度，以及成立由公帑支付的公共援助制度；二、研究及訂出本港的最低生活水平，並不時予以檢討；三、訂立法定最低工資；四、檢討社會服務開支及資源分配；五、成立一個全職的社會保障委員會，以推行上述意見，而且該委員會成員由廣泛階層代表組成，亦應包括民意代表在內。這些大膽建議不單牽涉民生改善的制度，還加上民主參與，因此被當時的布政司批評為財政上不可行，否決了小組的結論。於是，小組報告書又被束之高閣，其後的 1973 年及 1979 年社會福利白皮書，也再沒有提及報告書的建議。

在否決了小組報告書後，政府保障民生的策略方向，並不是去建立一個健全的社會保障制度，而是通過立法去調整僱傭關係，作最輕度的市場干預。勞工處的人手在一年內增加了一倍，並從英國聘請兩名顧問

34　Williams, Gertude, *Report on the Feasibility of a Survey into Social Welfare Provision and Allied Topics in Hong Kong*. (Hong Kong: Hong Kong Government Printer, 1966).

來港，而擱置了多年的勞工立法計劃亦重新提上社會議程。勞工署草擬了《僱傭條例》，並在 1968 年獲得立法局通過，推行一系列三十三項的立法建議，訂立標準僱傭合約的最低標準、加強勞資糾紛的調解，以及推動共同諮詢。這條條例其實只是處理最基本的勞動權利，其中包括監察工業安全、僱傭關係與欠薪保償，還訂下僱傭條款如年假、分娩假、遣散費、長期服務金等。這些等候已久的基本僱傭關係，在勞工的歡呼下終於獲得落實，不過在訴訟費用方面，勞工缺乏資金進行訴訟，法律管制的方法始終對勞方的保障甚為不利。在缺乏社會保險及訴訟基金的情況下，僱傭條例的保障近乎等於零。在勞工組織的要求及輿論壓力下，政府在 1972 年成立了勞資審裁處，審裁處不需要法律代表，減少了工人的聆訊開支，它負擔起調查工作，而且用粵語進行聆訊，成為工人爭取公義唯一有效的官方途徑。

弱勢社群的福利政策

六十年代是西方國家的福利主義年代，不過香港在兩次暴動之前，政府主要處理的都是較為廣泛的民生問題，例如醫療、房屋、教育等，對弱勢社群的福利並沒有很大的重視，仍然採取只為最需要人士提供最基本的援助，將政府角色與責任收窄到最基本的層面。它讓志願機構擔當起社會福利的主要角色，只在背後提供有限度的財務支持，例如廉價批地、在個別計劃上作專款資助等。不過，在經濟騰飛的好景下，政府的規模亦因應經濟變化而急促擴張，其他社會服務如房屋、教育及醫療亦正加速拓展，社會各界對福利服務質量的要求也急速提升，希望政府採取更全面的規劃，推動福利政策上的改革，有效地解決弱勢社群的困境。

面對着福利服務發展的要求，政府在 1965 年公佈《香港社會福利工作之目標與政策》白皮書。不過，這份文件主要是解釋政府的福利政策

目標及態度，以及確定了政府如何看待志願機構的角色。在白皮書中，政府認為急劇人口流動及新移民的湧入，是一股難以負擔的社會壓力。一般的社會服務如醫療、教育、食水與房屋等問題已令政府難以支撐，所以對鰥寡孤獨、老弱傷殘等等的弱勢社群難以作出全面支援。在描述政府的難處之後，白皮書認為，雖然世界各國政府都積極地建立社會福利制度，但是香港政府只能承擔一些對經濟有直接貢獻的社會福利工作，即是那些使傷殘人士恢復生產能力、家庭保持完整及培養青年建立良好品格的服務。白皮書很坦率及很功利地說，政府提供福利的原因不是基於人道主義，而是着眼於香港的整體經濟利益。

在當時福利國家的潮流下，香港政府反其道而行，拿中國傳統文化來解釋其為何只作最低限度的福利角色。白皮書認為：「由中國各地傳入的傳統價值及義務觀念，迄今只受到極有限度的破壞。所以進行社會福利服務工作，首先注意者為防止敗壞社會風氣之影響獲得支配社會之勢力，或任其加速破壞天賦或傳統的責任感，例如不應鼓勵家庭將照顧老弱的責任，委諸政府或其他志願機構。」在政府眼中的優良中國傳統，是「凡因貧窮、過犯、疾病或天災等而有所需求之社會福利措施，均屬個人問題，至少在理論上應由其家庭或在必要時由其家族負責，所以，基於社會與經濟方面之理由，香港應盡力支持與鞏固這種家庭責任感」。家庭對有能力工作的成員，都應該盡力支持重投生產，而政府的角色只應收窄到那些無所依靠者，如「許多家庭所處境遇使之難於實行此種傳統性自助；況且，香港有不少孑然一身，六親無靠者……殘廢者等」，這些「值得援助的窮人」才是社會福利的工作對象。至於一般的低薪工人、有工作能力的貧弱老人等等，都應該任勞任怨地在工作中賺錢。政府只定位在為那些無能力及無依靠的「極弱社群」提供福利。

其次，白皮書在讚許了志願機構在社會福利的重要角色之餘，劃定了政府與志願機構的分工。政府負擔起貧困賑災與醫療康復這些基本服務，以及與法律有關的婦孺保障及青少年感化工作，其餘的都交由志願機構負責。志願機構可以負擔起政府「力有不逮」的服務，如聾啞者、

年老者的特殊服務等。在這種分工下，白皮書訂下了福利服務的優先次序。首先，政府繼續賑災濟貧，對家庭及未成年者給予照顧與保障，感化及監護工作。其次，政府應透過服務協助個人「成為自立有生產能力的公民，並迅速由依靠別人轉變為自給自足者」。其三，政府應協助家庭保持完整性，並建立社區的互助精神。

在這份白皮書發表後，志願機構表示強烈的不滿，難以接受政府這種被動、毫無遠見、「頭痛醫頭、腳痛醫腳」的態度，甚至猛烈地抨擊，認為內容缺乏新意，對社會福利沒有具體發展計劃，缺乏承擔。它們認為政府將福利責任推向家庭，其實是遠離社會現實。到六十年代中期，核心家庭已經佔香港家庭中的 69%，直屬家庭是 22%，而擴展家庭只有 9%。事實上，香港的急劇城市化過程正在瓦解以往的大家庭制度，子女到了成年便要自食其力，以往子女眾多家庭對雙親及長者的財政供養能力愈來愈弱。當時，民間力量開始凝聚，社會服務聯會集合會員的意見，着力分析長期社會需要的變化，草擬了一份社會福利五年發展計劃書，要求政府採取較為積極及有長遠策劃的做法，改善市民的生活。民間的力量推動着政府角色的改變。在志願機構強烈要求下，政府才答應草擬一份發展計劃書，不過，這個計劃書到七十年代初才粗略完成。

雖然政府並不想訂立具體的福利發展計劃，但是兩次的政治騷亂也使政府知道要推動一些政策，以紓緩因貧富懸殊而出現的怨憤，所以逐步產生了三個政策範疇的轉變。第一個轉變是建立了公共援助（即現在的綜合社會保障援助）制度，政府將以往派糧食式的實物援助方式改為現金援助。這類型保障制度在英國已經建立了數百年，到了 1971 年 4 月它終於在香港以一個較為普及性的姿態面世，起初的援助金額是 33 元。雖然金額資助甚低，但是在當時已是一項劃時代的突破，因為它改變了戰後以實物為主的濟貧活動，它使窮人擺脫了「以糧為綱」的羈絆，可以有多些使用現金的自由來滿足不同的需要。雖然香港在滯後世界半個世紀的時序才成立了社會保障，但是這個新制度使窮人多了一份較為自主的生活管理權，緩和因貧富懸殊所產生的社會矛盾。雖然在細節上仍

有很多範疇上要作改進，但當時的福利界一般都贊同這制度的成立。

第二個轉變是政府開始將青少年問題劃入社會福利的定義之內。以往政府對青少年工作的看法，只是狹隘地局限於青少年犯罪問題，沒有着眼於青少年成長過程的各種需要，尤其是性格成長及社會技能的訓練。1967年前的政策重點，只是從維持社會秩序的角度來處理青少年的「脫軌」行為，但在騷動後，政府才了解到必須要塑造青少年的成長動力及期望，才能將他們轉化成為推動社會發展的力量。

第三個轉變是政府開始了解它必須要彌補與市民那種疏離的關係。所以，政府開始要在社區中做工夫，多些了解基層市民生活上的困難，在社區層面提供適切的服務。政府在民政署中成立青年及社區主任，並在社會福利署進行改組，將以往的青年福利部改組為小組及社區部（Group and Community Division），要通過社區工作強化社會凝聚力。

在這個階段，志願機構在社會福利的貢獻又跨進了一步。在五十年代，很多從事社會福利的志願機構主要提供的福利服務，大多是直接地救災扶貧，為弱勢社群提供滿足燃眉之急的基本需要服務，例如提供食物、為流離失所兒童提供居所、為斷肢的戰後生還者提供照顧等。不過，到了六十年代，香港經濟已回復正常並踏上上升的軌跡，福利服務的範圍已超越了救災扶危的層次。一些主要以救災為主的福利服務，例如香港兒童安置所、調景嶺難民營、美國援外合作社、香港殘廢兒童救濟會、上海街兒童中心等，也面對解散或轉型的抉擇。另一方面，在國際層面，天主教與基督教這兩個教派都有感於世界性貧窮與不公平情況漸趨嚴重，開始放棄宗派之爭，推動了「合一運動」（ecumenical movement），合力為各國貧窮問題開展服務及社會改革的工作。香港的天主教會因而成立了正義和平委員會與勞工事務委員會，而基督教協進會也積極參與社會事務。作為一股道德力量，教會人士已經不滿足於應急的救災脫危，開始對福利作多層次的探討及認識，以及作不少新的嘗試。

有些福利機構在拓展預防及康復這兩方面的服務，採用了「受支援的自助」（aided self-help）方法來提供協助，例如為傷殘人士提供庇護工

場、為缺乏社會接觸的青少年提供非正規教育的文康體活動、為貧乏家庭提供職業訓練等等。有些機構，如 1967 年成立的基督教工業委員會，服務對象是勞動階層，處理僱傭條例所衍生的各種勞資糾紛，並倡議更完善的勞工保障。英國基督教協進會也於 1960 年在黃大仙設立職業訓練學校，提升工人的就業機會。衛理公會在 1965 年於荃灣大窩口建立「亞斯理社區中心」，於油麻地建立楊震社會服務中心，開始處理多元化的社區問題。而美國公誼會李鄭屋友誼會於 1967 年加入世界信義宗香港社會服務處，從為貧窮兒童提供天台學校轉而面向整個社區問題而工作。這些機構大多採用多元化服務模式，有些服務針對鰥寡孤獨弱勢社群，有些是以社區為介入點，面對的是基層市民，尤其是低收入階層，為他們提供職業訓練、工場、社區網絡等服務，後來更產生不少新嘗試，如聯合醫院的社康護理試驗計劃。志願機構抱着一些較為寬闊的福利視野，推動了很多開拓性的工作，跟政府狹窄的定義相比，當然不可同日而語。

　　如果簡單地總結六十年代的福利運動，那是香港志願機構的「起飛期」，在人口增加、經濟迅速增長、貧富懸殊拉開、社會氣氛燥熱，以及政府將自己的福利角色訂得十分狹窄的背景下，孕育及推動着一股極強的人本主義慈愛運動。然而國際形勢變化使這股熱潮受到很大的考驗。美國參與越戰引致大量傷亡及難民、菲律賓的貧富懸殊、印度社會的落後貧困等等問題，都使不少國際及教會組織轉而將資源調往更需要支援的地方，令香港志願機構面對資源迅速流失的壓力。在缺乏外來捐款下，當時香港的志願機構開始採取了兩個發掘財政來源的途徑。其一，成立一個公眾基金並作集合的籌募之用。在社聯的主吹下，香港公益金終於在 1968 年成立，將分散的募捐力量集中起來，作更有組織及有效的分配。其二，志願機構開始要求政府積極地提供津貼，希望在保留服務獨立性的同時，得到公共財政的支援。這個要求在七十年代得到積極回應，政府終於改變了其以前狹隘的福利角色，提供大量公共資源，推動着一個新的福利制度。

　　香港社會福利的進步，開始踏入新的契機。

全面推展民生福利的七十年代

麥理浩的「福利黃金年代」

如果要用一句簡單的說話來概括七十年代，我們可以說它是一個殖民地改良主義的年代。中國內地的政治出現了相當大的轉變，使英國殖民者了解到一個現實，那就是以往在香港的統治模式已不管用，需要作新的嘗試。

1971 年，中國與美國進行乒乓外交，其後美國總統尼克遜訪華，打破了以往孤立中國的政策，使中國重新回到國際社會，也使中國後來進入了聯合國。美國與中國關係的改善，帶動着中國與西方其他國家關係的變化，而英國因為擁有香港這一個殖民地，雙方的關係變化更形複雜。1972 年 3 月，中國駐聯合國代表黃華遞交備忘錄給聯合國「非殖民地化特別委員會」，反對把香港與澳門列入反殖民宣言所適用的殖民地地區名單中，並要求特委會撤銷香港與澳門的殖民地地位。英國一方面反對這個要求，堅持香港仍是其殖民地，但另一方面，在 1971 年委任了麥理浩到港就任港督（任期由 1971 年 11 月到 1982 年 4 月），安排着一個新的開始。以往英國委派官員出任港督主要是由殖民地部負責安排，但是麥理浩出身於外交部，二次大戰前曾在中國工作，來港之前曾任英國駐丹麥大使。他被委任的原因，當然不單是處理香港的內部事務，而是去處理中國、英國與香港三者之間微妙的關係。在 1971 年中國進入聯合國的那一年，英國國會修改了移民法（Immigration Act），訂定有英國公民資格的人才能獲得居英權，這個法案的政治作用很明顯，就是要確定將三百多萬香港人拒於移民英國的國門之外。

中國重新進入國際社會這一事實，促發起香港內部一個很大的變化，一個由上而下的「去殖民化」運動逐步推展。在麥理浩領導下，香港政府開始採取較寬鬆開放的執政態度，因而給予空間讓民間改革力量

得以成長，包括民主運動及民生福利運動，將一個傳統殖民地改造成為現代社會。在政治方面，政府改變了以往傳統精英管治模式，逐步開放權力，委任一些與基層有關的社會領袖進入立法局，同時亦擴大諮詢體制吸納民意，在缺乏民主制度下推動諮詢政治。其次，官僚的任命加速了本土化，本地出身的官學生逐步取代英國派來的統治者，收窄政府與人民之間的距離。在社會發展方面，麥理浩公佈「四大支柱」發展計劃，要求在教育、房屋、醫療、社會福利這四個政策範疇突破舊有模式，與民間團體協作，以求改善市民的生活保障與質素。這些新措施，突破了以往港督戴麟趾的危機處理手法，社會政策無論是政策內容還是制定過程，都出現了明顯變化。

政治、經濟與社會情況

從七十年代中後期開始，全球的政治經濟思想出現了一個反福利潮流。1973 年的石油危機，使美國經濟在 1974/5 年間遭到重創，失業人口佔全國勞動力的 9%，達 800 多萬，失業救濟金高達 60 億美元。當時美國經濟出現了極嚴重的滯脹問題，一方面是失業率高升，另一方面是通貨膨脹高企。在英國，煤礦工人大罷工引致保守主義回潮，保守黨戴卓爾夫人在 1979 年大選獲勝，她的抱負就是要取消福利國家，運用國家的權威在最大程度維護財產私有權，重新界定國家與市場的關係。她與美國列根總統有同一看法，鼓吹「大市場，小政府」，要嚴懲人民對政府倚賴的心態，緊縮社會福利，鼓勵企業與人民承擔更多的社會保障義務。「新保守主義」浪潮興起，反對政府對經濟作過多的干預，矛頭直指政府的社會政策失敗（林萬億，1994）。英國及美國共同攜手，標誌着西方國家建立在凱恩斯經濟學基礎上的國家干預市場時代的結束，推動着放鬆金融監管、私有化、減稅、削減福利、削弱工會的權力，對有組織的勞工運動採取壓制等政策措施，由國家壟斷走向私人壟斷，讓富裕階層可

放手賺錢。

在這個國際政經環境之下，港督麥理浩的民生福利政策卻反其道而行，開始放開步伐，大刀闊斧地着手籌辦較有系統的社會計劃，調節着社會矛盾的出現。在政治改革方面，麥理浩開始吸收各階層華人進入行政局及立法局，摒棄以往那種高高在上的殖民者心態。1973 年，他委任了民選的市政局議員進入立法局，並在 1977 年委任關注草根階層的孟嘉華神父、工會出身的梁達誠、曾當過九巴職員的王霖等人進入立法局，諮詢有關基層的社會政策，平衡精英政治。雖然有些人認為這些人都只是點綴的政治花瓶，但是在那個仍是殖民地官員主導的政府中，這仍是一個很大的政治形象突破。雖然行政主導的制度沒有更改，但政府在各決策科開始成立諮詢委員會，邀請公民社會成員參與政策的制定過程，使香港的管治模式進入一個「諮詢政治」的時期，自始激發了民間團體在建制內外各種不同途徑的參與（Scott, 1989）。

1971 年，政府亦改變了公務員招募政策，大量聘用土生土長的香港人擔任行政管理職位，使以往以英國人為主導的政務官及行政主任制度，開始本地化，打破二元社會的隔膜。另外，1972 年政府聘請了麥健時顧問公司，研究政府行政體制的流弊。報告書指出，各政策科在職責上混淆，決策與行政管理缺乏分工，導致人力、時間的過分消耗；高級官員要兼顧決策與實務，工作繁重，無暇專注重大計劃。報告書建議成立所謂的「迷你內閣」，將日常行政職責移交各部門，以及政府分設六大科，分別負責經濟、環境、民政、房屋、保安及社會事務政策的制定。自此，社會政策的制定權力集中於官僚，制定歸制定，執行歸執行，並因此突破了以往部門主導的限制，可以採用跨部門的「程序計劃」來推展公共服務。

政府某方面的現代化，激發起新社會力量的出現，亦加速了陳舊腐化、貪污舞弊的殖民地體制的沒落。六十年代的血汗工場並不像懷舊電影那般浪漫，人民其實已再不滿足於以往的狀況，於是不少自發的民間組織開始湧現，組成壓力團體及論政團體，通過社會運動及倡導形式

來挑戰不公正的公共政策（馮可立，1986；Leung, 2000）。七十年代初出現了較大規模的學生運動，他們吸收了不少社會批判思想和理論，揭露社會的醜惡面，提出了很多新的社會議題，也帶動着社會發展方向的討論。

當時湧現了不少關注人權及民生問題的民間組織。學運拓展了「認中關社」的大方向，關注民生苦況，也推動反貪污捉葛柏行動，組織示威遊行，最後使政府成立了廉政公署。在勞工方面，六十年代後期出現的基督教工業委員會，擺脫了傳統左右兩派工會的派系糾葛，以獨立旗幟捍衛工人階級的利益，在工業傷亡、退休金、勞動賠償、欠薪等問題上做了不少倡導工作，並於七八十年代建立起白領工會運動，鞏固勞工權益的保障。在教育方面，出現了教育專業人員協會與教育行動組，捍衛教師權益和堅持教育理想，包括改善教師薪酬、改善校政，參與教育政策的制定，並且支援着不少社會運動。在社區層面，基督教會與天主教會的「合一運動」產生了社區組織協會和荃灣合一社區中心，它們把零散的基層力量組織起來，壯大弱小市民的聲音，針對貧窮、公屋質素、木屋區居民的上樓要求、安置區情況的改善等問題，後來更協助成立「公共房屋政策評議會」，積極參與房屋政策的制定。在整體政治及社會發展問題上，香港觀察社成立，成員雖然較多中產階級及專業人士，但是他們多關注整體社會發展的問題，以及一些有關民主公義的政治及政策事件。

從歷史回顧的角度來說，這些壓力團體談不上作出很突破性的政策結構改革論述，它們提出的其實都是一些現代社會的最基本要求，因為當時無論是政府還是民間社會，都未能突破制度限制的框架，政策的制定過程仍然是由上而下，決策權仍集中在少數人手中，除非當政者抱持着一個開明民主的態度及具有強烈的政治意志，否則難以作出很大的政策變化。但是它們的倡導行為，卻使社會政策的制定者不斷面對一個意識形態的挑戰。起初，這個新的意識形態並沒有鮮明的旗幟，而是在不同的社會角落，此起彼落地強調政府要尊重公民的各種權利，鼓勵着當

時仍比較沉默的普羅市民發出聲音，以及要求政府的政策更符合市民的利益。後來，這些不同社會角落的力量逐漸匯集，推動着更深更大的民主及公民權利的社會改革。

人口數量的改變，也影響着不少社會政策。1971 年政府進行了人口普查，全港人口已接近四百萬，其中近一百萬人居住在港島，九龍及新九龍為二百二十萬，新界的人口只得六十六萬人，城市發展的空間方向開始移向新界。1966－1976 年是中國內地的文化大革命時代，香港面對不少從中國內地偷渡而來的難民，直至 1974 年 11 月，香港政府與廣東省政府達成協議，推行一個名為「抵壘政策」的偷渡者移民安排，將被拘捕的中國偷渡者，即捕即遣返中國，但是對能夠成功進入市區範圍，並能夠與香港親友會合的偷渡者，則可以收容，並隨之發給香港身份證，成為香港居民。這個協議訂立之後，引致內地大量人口湧進香港，從 1976－1980 年這五年間，大約有五十萬內地居民非法或合法來港定居，引致勞動市場競爭劇烈，收入差距也因此拉開。這個龐大的難民潮雖然增加了勞動力，但同時也對公共及社會服務產生了很大需求。

在社會福利政策的供應方面，香港市民的期望開始逐步提升，而龐大的難民潮亦增加了需求數量。然而，在經濟方面，香港的市場卻經歷相當急劇的起伏，出現龐大的失業人口。1972 年，在全球石油危機下，香港經濟迅速下滑。到 1975 年，恒生指數下跌到 150.11 點，而在二百多萬勞動人口中，估計失業人數超越二十五萬。石油危機亦使政府財政收入與支出估計有很大的誤差，原先估計 1974/75 年度財政盈餘 1,200 萬元，但後來卻錄得 3.78 億元赤字。這是戰後最大的財政赤字危機，以致財政司夏鼎基在 1977/78 年財政預算案中極度強調收支平衡的重要性，將預算案的社會目標放在甚為邊緣的地位。他說：「財政制度的目標是去合理地收取社會部分資源，支付公共開支，而不是追尋社會公義或是操縱，或嘗試操縱經濟增長的速度及規律。」

1979 年，第二次石油危機出現，使政府原先估計的盈餘再次出現極大誤差。1982/83 年估計有 23 億元盈餘，但卻錄得近 8 億元赤字；

1983/84 年估計的 31 億多元赤字，最後總結為 25 億多元。不過，在面對經濟危機的情況下，香港政府仍然開展各項公共及社會政策計劃，決心推行九年免費教育、十年建屋計劃、社會福利五年計劃、醫療服務擴展、籌建集體運輸等等。雖然有些計劃未能達標（如十年建屋計劃），但是麥理浩有相當強的政治意志使這些計劃順利進行，亦使市民對這個殖民政府的改良主義增加信心，因此亦加強了市民對政權的信心及歸屬感。

民生政策

1971 年 10 月，港督戴麟趾在立法局的臨別演辭中，宣佈了民生福利新時代的開幕詞。他說：「香港將脫離應急服務的時代，而可逐漸向公眾提供不同類別和較高級的服務。」香港已經有足夠的條件邁向「最大多數人的最大幸福」方向，而非狹窄地單是處理最貧窮及有急需社群的困境。

該年 11 月麥理浩就任港督，在短時間內開展了教育、醫療、房屋、社會福利這新時代的四大支柱。以往所採取的「剩餘模式」，已換上了新衣裳，從單純危機處理的救濟模式，轉向全民和全局性的計劃，使整個社會踏上一條比較均衡的發展道路。不過，有不少人都提出疑問，為什麼麥理浩在香港這一個極端資本主義的土壤上，要推行這些「社會主義」式的政策？麥理浩在 *Hong Kong Remembers* 一書中解釋說：「（在任內）我盡力及快速地擴充社會服務與房屋，對我來說，這些都是正確的及必要的。這是一個英國殖民政權為它的人民應該做的事情。不過，在我的思慮背後，一個戲劇性增長的社會政策群，是會協助我們抵擋那些限制我們出口的人們說我們的社會狀況難以接受。這些批評對香港人產生極度危險及傷害。」[35] 表面上，他似乎只是回應英聯邦在六十年代對香港那

35　Lord MacLehose, "Social and economic challenges", in Blyth, Sally & Ian Wotherspoon, *Hong Kong Remembers*.

種低工資競爭手法的譴責，消除「血汗工廠」的污名。有些學者認為，他其實是身不由己，背後的政治動機是英國撤離殖民地前的「非殖民化」舉措。筆者對這些政治動機難以作深入的舉證或反證，但不得不承認，在改善市民生活上的確是跨越了一大步。

　　在 1972 年的施政報告中，麥理浩總結了以往的發展，並展現將來的藍圖：「⋯⋯房屋是各社會服務中最需要檢討的服務。它是很多元素的關鍵 ── 健康、行為標準、家庭凝聚、社區精神、勞工分佈、溝通的需要等等⋯⋯香港人口壓力使這個問題比其他問題更形緊張，亦是政府回應得最着力，因而得到國際讚許。一百六十萬人已入住廉價的房屋，⋯⋯雖然做了很多功夫，但是問題仍在，仍有三十萬人居住在木屋區，居住在擠迫又沒有獨立浴室與廁所徙置區的仍有很多人。如果將居住在分租的私營房屋⋯⋯要另加三十一萬人。⋯⋯（在教育問題上）提供免費的小學教育目標已經達到⋯⋯七十年代將來的重點大前提是在中學及技術教育，當然不會忘記擴大中學教育會帶來增加專上教育設施的必要⋯⋯。（在社會福利上）⋯⋯為着一個有秩序的擴展，我們首先需要一個全面的計劃，其次是需要一隊有訓練的隊伍去執行。（在計劃方面）建議展望四個範圍的發展，前兩個是與現金援助有關，後兩個是與服務有關。第一個範圍是現金支援那些難以控制外在因素而遭貧困人士⋯⋯第二個範圍是現金支援那些『弱勢人士』，受惠的社群是嚴重傷殘及耆老人士，不過其他社群，如長期病患者或照顧孩子的寡婦，也可能遲些包括在內。⋯⋯第三個範圍是為傷殘人士提供設施，希望能夠提供全面的服務去滿足他們的需要⋯⋯使他們可以成為獨立及自助的社會一份子。⋯⋯最後，我們的計劃包含全面的建議，將目前由社會福利署有限的社區中心網絡，擴展到全港範圍。」

　　麥理浩的社會政策有甚強的擴張性。他的福利觀並不局限於扶貧與解困，而是針對民生保障的普及性，為勞動階層提供廉宜的基礎服務，例如教育、醫療、房屋這三大項目，一般勞動階層都可以得到某些程度的政府津貼，使他們有更高的儲蓄能力及更多創業機會，增強社會流動

的可能。其次才是針對弱勢社群，為老人、家庭、青少年、傷殘人士等社群提供福利服務。比起以前的港督，他打破了以往的實用主義，使社會發展開展了具體的新方向，而這四個政策亦構成了穩定香港的四大支柱。

公共房屋政策的改變最令人矚目，從以往的救災扶貧改為提供比較有質素的居所。在 1973 年前，公共房屋牽涉三個不同部門：徙置事務署興建的徙置大廈，屋宇建設委員會興建的單位，以及工務局興建的廉租屋。徙置大廈佔公屋單位的大多數，它起初的扶貧觀念甚強，為火災災民提供緊急居所，興建成本甚低，大廈質素亦甚差，後來轉換了功能，安置受政府遷拆及開發土地所影響的居民。工務局興建的廉租屋也主要是為低收入人士而設。至於屋宇建設委員會所興建的單位，是為「夾心階層」，即低中產階級而興建，不過興建的數目不多，受惠者也較少。

這三個機構各自為政，為了統一管理及拉近不同類型公屋的質素，政府在 1972 年重整架構，成立了房屋委員會，負責管理已有的單位並興建新單位。自始，房委會將公共房屋分為兩類，甲類包括質素較高的公屋，如廉租屋、屋宇建設委員會所興建的單位，以及 1973 年後興建的公屋。乙類是質素較差的前徙置事務署的徙置大廈，它在城市建設的過程中逐步淘汰，在十五年內重建最舊的第一及第二型徙置區。政府同時亦宣佈了一個龐大的十年建屋計劃，在十年內為一百八十萬人提供公共房屋，使公屋以往的扶貧作用減少，普及性增強，更多市民可以受惠。在 1976 年，政府推出「居者有其屋」計劃，為一部分中產階層服務對象提供出售的公共房屋，服務的範圍更形廣闊。

為了安置龐大的公屋人口，政府亦同時宣佈開始擴展新市鎮計劃。不過，這個大計劃在提出的時候卻遭遇世界性的石油經濟危機，在 1975/76 年財政預算案中，財政司夏鼎基預計赤字高達 9 億元，該年宣佈實行四大類二十六項加稅措施，同時將剛開始龐大數量公屋興建的速度放慢下來。所以，到了八十年代中期，政府不得不宣佈十年建屋計劃未能達標，仍有不少人在排隊等候上樓。

　　為了提高勞動人口質素及增強社會流動，對教育制度亦作出了很大改善。直至 1971 年，香港政府只提供六年免費小學教育。麥理浩上場後，提出在 1978 年開始實施提供九年免費教育，教育經費因此增加了一半多。政府在 1977 年發表高中及專上教育綠皮書，擴展專上教育，又在 1985 年發表香港未來十年之中等教育白皮書。可以說，在七十年代對加強社會流動打下了一個堅實的基礎。

　　另一項改善的民生問題是醫療服務。1974 年，政府公佈了醫療服務白皮書，訂立另一個十年計劃，再次提出低收費公共醫療服務的長遠發展，使公共醫院的發展步伐加速。除了擴大服務外，醫療服務亦開始進行分區化管理，以便適應新市鎮的發展。每一個分區有一間「龍頭」醫院，外圍的有輔助醫院與分科診所，有更詳細的分工（醫療服務白皮書，1974）。

　　勞工保障也漸趨成熟。七十年代初，石油危機使香港失業率在 1975 年 9 月飆升至 8.5% 的高峰，政府統計處因而加強編製有關失業的統計資料，以便能更準確反映各行各業的勞工供應情況。另一方面，在 1973 年，政府成立了勞資審裁處，專職審議勞資糾紛，1975 年更通過《勞資關係法》，在勞資雙方利益對峙時，政府可訂立一個月的冷靜期，促使更彈性的協商安排。在 1978－1987 年這十年間，政府在勞工保障方面做了不少工作，有 135 項勞工法例獲得通過。

　　在七十年代，民間的參與甚為活躍，除了正規的諮詢政治外，與民生有關的社團也配合政策作出了不少專業建議，而壓力團體也在建制外提出了基層的訴求。當時的政府亦從善如流地回應，四大支柱逐步得到了市民的認可及接受。同期，麥理浩推動一個「基層社會」（grassroots society）概念，希望將社會福利背後的關係 —— 政府與人民 —— 凸顯出來，使人民不單得到福利，還可積極及正面地參與社會發展。他在 1974 年的施政報告中談及政府與人民的關係時說：「確實，確實有一個（政治）空隙。這個空隙對政府來說十分危險，對人民來說不可接受。人民在他們的家門之外，並沒有什麼方法影響任何外在的情況。」他言下之意，

是在市場與政府之間，人民除了家庭之外了無依賴，因此他在任內着重推動一些社會運動，例如藉着清潔香港運動和反罪惡運動，建立「互助委員會」（mutual aid committee）增強社區參與，以及「分區委員會」（area committee）協調各政策。在 1976 年，他提出了「社區建設」（community building）的概念，他說：「我們的目的是要建立一個不會產生『壞』因素的社會，一個包含互助及責任的社會。我們的社會計劃切合人民，因為社會如果不關心人民，人民便不會關心社會。」

當時的民政司黎敦義（Dennis Bray）也說：「我們的舊社會鬆散，但獲益於一個穩固的宗族制度，是由一些着重個人利益而非社會意識的人而組成。人們可以欣然接受短暫性的公共服務，只因為他們只需要安全。我們不斷被提醒，戰後出生孩子的期望提升了，以往父輩接受的那套短暫服務，在目前的繁榮社會已經不夠好，服務要改善，也要推展長期計劃。不過，近來我們愈來愈清晰，社會轉變的關鍵之處不在於財富的增加和對政府服務表現的期望提升，而是在乎意義（sense of purpose）的改變。新社會已不會要求一個父權政府為它做所有的工作，它是一個有動力的社會，能夠回應社會問題，就像以往的難民社會追求私人財富一樣。」[36]

在六十年代後期，雖然戴麟趾已經推行社會保障改革，以及引進不少勞工福利，但是沒有人會將這些措施視之為一個新時代，只認為是在舊制度作修修補補。反之，從社會服務的角度來看，港督麥理浩所開展的卻是一個全民的「好社會」，全面性地推動着社會資源的再分配，使「最大多數人的最大快樂」邁進一步。他向香港市民所展現的，是一個新的福利觀，雖然有一些政策未能達標，但是在他任內所建立的社會及福利政策，已經成為了社會服務界別津津樂道的黃金年代。

36　Dennis Bray, Secretary for Home Affairs, Address in the Legislative Council, 29 November 1973, *Hong Kong Hansard*, Reports of the sittings of the Legislative Council of Hong Kong, session 1973.

為弱勢社群而建立的社會福利政策

七十年代也是保障弱勢社群的黃金時代。在 1973 年，政府公佈了第二份社會福利白皮書，然後陸續推出各項程序計劃，如社會保障、老人服務、青少年服務、康復服務。到 1979 年，第三份社會福利白皮書又告面世，將以往的工作繼續深化。香港社會福利制度的基本方向及架構，都在這短短的五年之內完成。

在 1973 年的福利白皮書中，政府首先確立它在社會福利上擔當着重要及長遠的角色及責任，並認為政府的首要任務是去維持社會的法紀和公平，而因為社會福利是與社會公平有關，所以福利工作的重要性是無可置疑的。這種態度，比起以前的「頭痛醫頭、腳痛醫腳」實用主義有很大分別。

其次，政府承認志願機構在福利制度中的價值及作用，並且願意與志願機構分擔不同的角色。政府認為它的角色是去提供與政府本身有關的服務，例如：一、與法例有關的工作，如感化及領養等服務；二、由於太廣泛，開支龐大，而須由政府推行的援助，如社會保障；三、涉及不同政府部門的服務，如恩恤徙置等。

至於志願機構的角色，政府認為它們應當是政府的夥伴（partnership），原因有四項：一、雖然志願機構所提供的服務與政府有重疊之處，也是可以接受，因為可以互相比較，從而提高服務質素；二、志願機構比政府部門限制較少，能夠多作新試驗，對資源的調動也比政府較富彈性。政府主要是提供現金援助（in-cash）形式的社會保障，志願機構則可因時制宜地提供多些先驅性的具體服務（in-kind）；三、志願機構在推動義務工作方面比政府出色，能夠拓展社區資源和動力；四、一些志願機構的特點是難以取代的，如果政府提供這些服務，反而可能增加成本，令開支增加，始終由志願機構承擔這些工作比較適合。自此，夥伴關係使非政府機構與政府產生互補長短、和諧協同的效果，而且前者還可以平起平坐地參與五年計劃及程序計劃的制定及檢討。

當時，香港社會服務聯會成為了推動福利服務討論政策的社會平台及聯絡樞紐，協助非政府組織匯聚意見，使政府與福利組織產生一個良性的互動關係。七十年代被認為是福利服務的黃金時代，其實並不只是指政府對社會福利的重視及推動，亦是指非政府機構對福利有樂觀的期盼，因此採取積極及互讓互諒的合作態度，從而建立起這種關係。雖然其中仍有不少非政府機構對政策作出批評，但雙方都採取協商的方法去解決問題。這個時代的福利運動，可說是吻合着一個殖民地改良主義的策略，雖然貧富不均問題仍然存在，但在政府的積極態度、主動干預，以及配合志願機構的投入之下，不少對抗性的社會矛盾都得以紓緩。就是在這個基礎之上，香港終於建立起一個現代化的福利制度。

首要的福利任務是扶貧。社會保障制度逐步擴展保障範圍，除了支援貧窮人士基本需要的公共援助之外，政府設立了一項非供款也無需計算入息的老弱傷殘津貼（俗稱生果金），以確定政府對老人的尊重。在石油危機爆發後，公共援助亦開始接受失業者的申請。可以說，七十年代公共援助的申請範圍覆蓋面，差不多已囊括了大部分致貧的意外事故。

除此之外，不同的程序計劃展開，福利服務其他的任務（照顧、保障、培育、發展）也逐步加強。在青少年方面，在每五萬名青年的社區中，各設立一個青年及兒童中心，使兒童及青年得到康樂及文化服務，增強培育及發展的可能，而最終目標是將人口對中心的比例減至每兩萬人一個中心。另外，政府重視社區工作，在各區設立社區及青年事務主任，協調各項工作，並在不同人口比例的社區設立社區會堂、福利大廈、社區服務中心。此外，政府還推展「鄰舍層面社區服務計劃」，在一些特殊需要的社區工作，服務木屋區及鄉郊地區，使匱乏的社區得到更深入的服務。再者，家庭服務也脫離以往以基本需要為主體的做法，工作重心轉移到一些預防性及社教性活動，例如家庭生活教育。康復服務的服務範圍有更闊的拓展領域，從肢體傷殘問題擴展到弱智人士。這種種變化，都看到政府對福利服務的闡釋，已經超越了救災扶危的層次，上升到一個解決生活困難，照顧更多社群類別需要的境界。

在發表白皮書的同期，一個有關老人服務的工作小組也完成了研究任務，並且公佈了一份報告書。對於老人服務來說，這份《老人未來需要工作小組報告書》可說是一份劃時代的文件。八年前的《社會福利白皮書》對老人服務很有保留，只是提供緊急救濟，常設服務被視為有違中國文化精神，但從 1973 年開始，觀念有很大的改變，從以往的輕度介入變成積極主動。雖然政府一方面仍然強調家居照顧的重要性，但另一方面採取了一個較為全面涵蓋的政策範圍，增加了不少服務如家務助理、日間護理、康樂及輔導、老人宿舍、護理院、療養院、安老院等等。老人這個年齡組別再不是一個被忽視的組群。政府的積極主動，使志願機構也積極配合。在 1975 年，香港社會服務聯會與社會福利署合作，進行一項對老人服務需要的全港性調查，使政府在 1977 年發表《老人服務綠皮書》時，得到更深入及豐富資料的支援。

在港督麥理浩的支持下，為弱勢社群而設的程序計劃也陸續發表。1976 年，政府發表了《香港復康服務的進一步發展綠皮書》，經諮詢後在 1977 年易名為《群策群力 —— 協助弱能人士更生》白皮書，服務的方向是使弱能人士重投社會。在同年，《青少年個人輔導社會工作》、《為最不能自助者提供援助 —— 社會保障發展計劃》等綠皮書也相繼發表。

到了 1979 年，政府發表了《進入 80 年代的社會福利》白皮書，綜合 1973 年的白皮書與其他三份綠皮書（青少年、老人、社會保障），訂下福利服務大方向、具體計劃及一些推行的方針，其中較重要的建議是為特殊需要人士擴大特別津貼範圍及金額。在 1980 年，政府成立了傷殘補助金，使傷殘人士可以得到額外的現金援助，例如特別的器材及膳食開支，同時亦將深度失聰者囊括在特別津貼的受助範圍。後來在 1988 年又新增了多項改善，例如引進深度傷殘津貼，以及將老齡津貼分為老齡津貼和高齡津貼。除此之外，1979 年成立了交通傷亡援助，在 1980 年改善了罪案及執法傷亡賠償計劃。踏入八十年代，扶貧與解困兩個福利任務全速推行，使香港的社會福利制度在短短十年之內全面改觀。

在這個社會福利的黃金時代，福利服務的發展可以說是一日千里，

不過卻隱藏着一些潛在危機。首先，社會工作開始專業化。政府對社會福利服務隊伍提出了資格提升的要求，使從事較為複雜的服務工作者必須具有專上學院學士學位，以別於一般的福利服務員。專業化引致社會工作的地位有所提升，福利工作走向規範化及標準化，好處是建立一定的服務水平，但壞處是逐步形成框架，一方面限制着創意，另一方面是逐步建制化，福利運動失卻了改革的鋒芒，尤其是針對社會不平等的現象。在這個趨勢下，有一些社工開始感到專業化的限制，在建制之外推動社會改革，從福利恩澤主義邁向平等的社會權利觀念，使福利的發展方向不致停滯於純粹服務的提供。

其次，政府的夥伴關係也影響着非政府機構的自主性，尤其是在行政及財政運作上的改變。以往的福利機構財政來源比較廣泛，但是在六十年代，海外捐款減少，以至福利機構對政府的財政支援增加了依賴。從七十年代開始，由於政府提供大量的財政資助，福利機構逐步被納入政府的行政及財政規矩中，政府亦對它們有更嚴格的問責要求，要作統一性管轄。在經過了幾個財務模式的改動後（Model Cost, Modified Standard Cost, Unit Rate Subsidy），不少行政及財政規距逐步收緊，使志願機構漸趨官僚化，自主性開始削弱，不單社會改革的角色淡化，而且有些服務變得刻板交差了事。這種官僚化趨勢被一些外國學者評價為政府的「行政代理」（executive arm of the government），只是另類的外判服務，着重成本控制多於服務的提升（Yukari, 2002）。

這個黃金時代維持了大概十多年。到了八十年代中期，新的政治及經濟形勢出現，社會福利也無可避免面對挑戰。

政治不穩定、政策不連貫的
八十及九十年代

福利政治的社會背景

如果說麥理浩的管治帶來一個安定繁榮時代的話，八十至九十年代後期可以說是一個充滿政治動蕩的時代。在這段時間內，香港的主權問題正式提上政治議程，而政治、社會及經濟各方面都面對前所未見的挑戰。1981 年，港督麥理浩造訪北京，探討香港前途問題，帶回來的訊息是鄧小平叫香港的投資者放心，這個訊息難以使一般市民釋懷。麥理浩在 1982 年初卸任，港督尤德（任期由 1982 年 5 月至 1986 年 12 月）上任，開始周旋於英國與中國有關香港前途的談判。在這階段內，社會福利也變成了政治爭議的一個重要部分。

經過兩年多兀岩起伏的談判，到了 1984 年，中英兩國簽署了聯合聲明，香港將會在 1997 年正式移交中國，由此香港開始進入一個相當長的過渡期。中英雙方都要求在這十三年內穩定香港社會的民心，不過兩者對穩定的看法有着南轅北轍的理解。英國政府想推動一貫的非殖民化過程，作一定程度的還政於民，體面地撤退，好向國民及國際社會交代。但是中國卻要求維持一個行政主導的政府，只是換國旗換領導，盡量減少權力結構的變化，保護既有精英集團的利益，以求穩定政局。1985 年，兩國成立中英聯合聯絡小組討論過渡安排，不過 560 萬港人卻摒除於決定他們前途的討論中。中英雙方雖然逐漸接軌並達成了一些共識，然而這個決策過程卻撒下了民間很多的不滿及埋怨的種子（許家屯，1993）。

港督尤德在 1986 年 12 月因心臟病猝然去世。他死後，英國遣使衛奕信（任期由 1987 年 4 月至 1992 年 6 月）繼任，執行英國的撤退計劃。

他剛接任便面對兩個政治及經濟的大考驗，其一是 1987 年的股災，股市短期內蒸發了 2,200 億元，令國民生產總值增幅從 1987 年的 14% 減至 1989 年的 2.8%，通貨膨脹上升至 10.1% 及 9.8%。其二是香港人的民主訴求迅速提升，不少政團提出 1988 年直選立法局議員的要求，加上其後 1989 年天安門事件爆發，一方面使人才急劇流失，另一方面更使民主訴求有增無減。這兩件事件，都使政府的角色逐漸改變，引致政府擱置了一向引以為榮的積極不干預政策，採用了擴張性財政政策來穩定局面。港督衛奕信迅速地通過了 1,600 億元赤鱲角新機場的興建計劃、制定人權法、發展高等教育等等，希望通過這三項行動，紓緩政治及經濟的信心危機。

政府在處理政治危機之餘，卻又面對經濟極度不健全的炒賣風，尤其是物業炒賣，使政府再重新估量它在經濟發展中的角色以及社會政策的作用。1991－1993 年間，香港年均生產總值增長率只是 5%，但是物業價格與股市升幅超逾 100%，市民的工資與非工資收入（尤其是房屋價格）距離愈拉愈遠，泡沫經濟響起了警號。樓價高企使只靠工資收入的小市民捉襟見肘，供樓的中產階級叫苦連天，令政府也不得不表示它應有的糾正角色。當時的財政司麥高樂在 1992 年明確地指出政府在走鋼索，相信市場機制之餘，也要注意市場機制在諸如地產市場的表現，中產階級的中下層負擔日重。他在 1995/96 年財政預算案中，更提出「共識資本主義」的概念，他說：「這種共識，是我們明白到必須鼓勵自由進取及競爭，同時促進公平及扶助有需要者。」歷屆財政司主要是管理財務而對民生福利抱持較為疏遠的態度，但在九十年代他們也看到，市場效率與社會公平這兩個管治原則正埋伏着愈來愈對立的情況，一個尖銳的社會矛盾逐步成形。

1992 年 7 月，港督彭定康上任。他的主要任務是使英國可以體面地離開香港這個殖民地。他加速推動香港的民主化，因此引來中國政府的強烈反對，以至中英雙方劍拔弩張，就連社會福利這些內政也成為政治角力的戰場。1995 年底，中英聯合聯絡小組中方代表陳佐洱公開批評香

港福利開支增長過高。他指斥，從 1990 年開始，香港的福利開支在彭定康上任後大幅增加了 66.5%，尤其是社會保障增幅遠超經濟增長率。他憂慮英國在撤出香港的時候大搞「福利主義」，搞垮經濟，猶如高速駕車，不用多少年便會引致「車毀人亡」。其實，香港人口在八十年代增加了二十多萬新移民，工業北移產生了不少失業者及低收入人士，又因家庭結構的改變出現了很多單親家庭，亦因政府當時大力推動康復服務使殘疾人士得到更好的照顧，福利經費的增加是可以理解的。但因中英交惡，陳佐洱的批評使福利蒙上了一層政治陰謀的幕紗，亦使人疑慮中方是否只着重工商集團的利益而妄顧港人的福祉，嚴重地窒礙着香港內部政策的理性討論。

「福利政治」的角力

在麥理浩就任時，非殖民地化已逐步開展。政府在 1981 年公佈《地方行政白皮書》，成立區議會，使市民在百多年殖民統治下第一次獲得一個有全民選舉的制度。到 1984 年，政府公佈了《代議政制進一步發展白皮書》，不單開放地方行政，還討論立法局將來的組成結構，人民對政治參與也因此逐步提高，使民間的非建制力量開始組合。在當時，社會工作者擔當着一個民間參政先鋒的角色。

1985 年的區議會選舉，不少社會工作者積極參政，而且得票率相當高。在二十二名候選人中，勝出者有二十名，成功率高達九成多，而且得票率更是各行業之冠，一些初出茅廬的社工竟然以大比數壓倒傳統的社團領袖及專業人士。社工參政的勝利，引起不少擁護自由市場人士的恐懼。雖然區議會只是社區的諮詢組織，沒有實際權力，不過這股新興力量嚇怕了不少社會精英，他們譴責社工參政，強調政客為爭取選票，必然會引致福利主義，將會迫使政府財政緊絀，引致政府擴大稅基和提高稅率，導致經濟增長受損（林行止，1984）。這是從六十年代末以來社

會福利第一次面對的政治攻擊，「反免費午餐」言論不斷重複，要求政府捍衛自由市場。不過，在 1988 年區議會選舉中，社工的成功率下降（在四十九個社工候選者中只有三十人獲選），反對免費午餐派的言論失去攻擊的對象，開始轉移到其他論政團體身上（馮可立，1994）。

社會工作者參與區議會選舉，只是引起了小量政治漣漪。畢竟，他們對整體政局難以構成影響力，只不過他們的福利觀使奉市場為圭臬的人士受到挑戰而已。不過，在中英談判期間，很多民間論政團體紛紛成立。這些團體大多提出「香港往後發展前景」的問題，並要求在「民主回歸、社會改革」這個大方向下系統地改善社會政策，例如公共援助、房屋及教育政策、醫療服務等。有些政團的成員除了評論時政外，還進入基層，希望發動市民力量參與制定社會政策，因此從八十年代中期開始，與福利有關的社會運動已經超越了志願機構的思維及行動範疇，成為整體政治的一部分。

這些政黨政團的社會政策理念，很難一概而論，不過大多接受香港繼續維持資本主義制度，很少會自稱為社會主義者。它們的社會政策理念並不鮮明，有些甚至在不同政策間充滿矛盾，不過大多介乎自由民主與社會民主派之間，要求政府對市場作適當的干預，以及作適度的再分配政策，只是程度各異而已。

雖然這些政團只是要求作某些程度干預市場的措施，但是市場主義擁護者不斷地譴責這些政團為「福利主義」或「免費午餐派」鳴鑼開路，而且上升到意識形態的層次，逐漸將社會福利制度說成是破壞經濟增長的最大障礙，兩者難以相容。對於正在撤退的殖民地政府來說，社會穩定及民眾支持是最重要的統治策略，對這些意識形態處理得比較審慎，並沒有隨着市場主義者的曲調而起舞。因此，政府對社會福利制度並沒有作出嚴厲的打擊，亦沒有上綱上線地矮化，只是推動公共管理改善及財政效率，減少浪費。不過，到了特區政府成立後，社會福利發展卻受到了史無前例的窒礙，甚至面對不斷倒退的困境。

福利行政的政治：新公共管理主義

　　1989 年，一個靜悄悄的革命出現。2 月，香港政府公佈了《公營部門改革》（Public Sector Reform）文件，自此展開了「大市場、小政府」的管治制度及文化，對社會政策做成相當大的打擊。起初的重點是關注政府的組織及工作效率，只是要求公務員認清成本效益的重要性；後來進一步縮減政府在經濟分配中的角色，將很多原是屬於公共服務性質的工作轉而以商營及私營化的方法推行。從 1989 年開始，這種管理主義逐漸成為了政府的管治理念，要在甚少或沒有市場的社會政策中製造市場競爭，引進優勝劣敗的競爭焦慮，使以謙和恬淡態度為窮人服務的社會福利制度面臨極大的文化挑戰。

　　「公營部門改革」提出了三大改革任務：一、組織和架構改革，二、資源管理改革，三、公務員的角色和行政文化的改革。首先是政府組織和結構的改革。公共服務執行結構分為四類，其一是傳統政府部門（Traditional government Department），受着較高程度的公務員規則管轄；其次是營運基金部門（Trading Fund Department），可以用商業原則經營服務；其三是非部門性公共機構（Non-departmental Public Bodies），可擁有若干的行政與財政彈性及自由；其四是公共公司（Public Corporation），有更高獨立的行政和財政安排，政府只是保留若干基本的控制權。

　　在資源管理及公務員角色和文化改革方面，政府將公共服務分為：（1）核心服務：如法律、治安、社會福利、教育；（2）支援性服務：如印刷、運輸、物料供應；（3）商業性服務：如機場、隧道等。這三類服務各自訂立不同的財務收支策略，有些是不收費（例如治安服務），有些是收回部分成本（如簽證、汽車登記、教育、醫療、社會福利），有些是回收全部成本（如市區重建、公共交通、物業管理服務等）。

　　另外，政府在 1992 年成立了效率促進組（Efficiency Unit），開始推行三個 E（效率 efficiency，效益 effectiveness，節約 economy）的改革。首先，政府部門要向市民訂下服務承諾指標，例如救護車要在多少分鐘

內到達現場，以及成立顧客聯絡小組掌握顧客的反應。其次是「效果為主的管理」（outcome management），要求政府部門檢討業務運作，訂下服務具體目標及果效，加強工作表現的量度（measuring performance），後來更推行最佳管理實務（Best Practice），作為同業模仿的標準。再其次是「改善生產力」，要求政府部門及受資助的非政府機構在「增加生產力計劃」（Enhanced Productivity Program）的要求下提高生產力，亦因加強人力資源彈性而增加了不少非公務員的合約職位。不過，這三個 E 的改革仍未能夠滿足「小政府」的要求，繼而引進私營企業參與公共服務的運作，例如外判（Outsourcing）、合約管理（Contract Management）、公私合作（Public-Private Partnership）等等私營化手法，減少政府直接管理的責任承擔，達到壓縮政府規模的效果。

這些市場導向及商營化新措施，使整個公營部門產生了很大變化。社會服務機構包括房屋、教育、醫療、福利等服務，也同樣受到這股公共管理改革風潮的影響。不過，因為它們都是以人為本的服務，難以作全面的商營化，因此主要的改革有三點比較顯著。其一，使用者收費（user pay）開始廣泛使用，首當其衝的是教育制度。1991 年初教育署宣佈大幅增加專上院校學費，使學費佔專上教育的總開支從 1993/94 年的12.1% 上升到 1997/98 年的 18%，而在九年免費教育外的中學學費佔總開支的比例提升至 20%。後來公共醫療服務也引進「用者自付」的概念，建立藥物名冊要病者自購一些較為昂貴的藥品。在社會福利方面，非政府機構也開始在某些服務上增加收費。從財務管理角度來看，使用者收費當然使政府的財政負擔有所減輕，卻將這個負擔直接轉嫁到普羅大眾身上。

其二，在服務管理層面上，全面推行績效管理制度（performance management），在服務投入方面着重節約（economy），在產出方面注重效率（efficiency）與效益（effectiveness）。這些要求使服務轉向量化的處理，以「多、快、好、省」等工業產品標準來衡量工作質素，從「以人為本」服務原則轉化成為生產線標準品質管理，這項改變使社會服務的

性質產生了很大變化，引起無數爭議及抗拒。

其三是最重要的一點，政府在制定政策時退後了一大步。政府以往的角色是撥款者（funder）及提供者（service provider），面對社會問題時除了提供財政支援，還多些了解受眾的需要，因此在政策回饋流程當中較為掌握問題的複雜性，也樂於修訂政策的漏洞。但是，在新的制度下，政府主要是做撥款者的角色，然後做後座指揮（backseat driver），要求服務提供者主動調節工作流程、模式及手法，以應付複雜的社會情況。這個做法除了要求福利機構審時度勢地滿足「消費者導向」（consumer-oriented）的要求，還要前線服務人員不斷適應時勢，革新及自身重組，有彈性地彌補政策的不足之處。政府退而變成袖手旁觀的第三者，可以責成前線機構未能隨機應變，而對政策改善毫無幫助，直至問題爆發為止。

在回歸過渡期間，「免費午餐」派對福利作出的意識形態攻擊及政府的管理主義仍未匯合，所以仍未使社會服務機構文化及運作模式作決定性的轉向。不過，在回歸之後，亞洲金融風暴的狂飆使這兩者迅速匯聚。政府面臨嚴峻的財政赤字，要動員一切社經力量來恢復經濟活力，因此要求一向憑愛心及服務態度推動的社會服務，採取衡量成敗得失的心態來計劃及執行服務，愛心及關懷開始轉為「剛愛」（tough love），催促案主或學生達到由上而下所訂定的目標，顯示成效。[37] 這些短期效果的達標要求，使不少社會服務工作者感到沮喪甚至爆發不滿的情緒，更因此播下了不少憤懣的種子。

---

37   Jordan, Bill & Charlie Jordan *Social Work and the Third Way: Tough Love and Social Policy* (London, Thousand Oaks and New Delhi: SAGE Publications, 2000).

經濟與民生情況

在八十年代中英談判的過程中，經濟大起大落。1982 年 10 月，當談判陷入僵局時，港元匯率下滑，經濟信心暴跌，政府宣佈穩定港元措施之後，才使經濟逐步回復正常。1987 年又出現股市風暴，令不少市民財富一夜蒸發掉。1989 年的天安門事件，又一次使香港在其後兩年經濟增長率下降至 2.6% 與 3.4%。1991－1996 年間經濟回復穩定，增長率維持在 4%－6% 之間，不過隨之而來的是高樓價高通脹問題。八十到九十年代出現的幾場經濟危機引致政府出現財政赤字，使政府在處理社會政策時採取了相當保守的態度，也使七十年代的民生福利黃金時期開始淡化下來，麥理浩所建立的社會宏圖也因此放緩了速度。

從八十年代中期開始，香港經歷了大約十年的工業轉型期。當時，製造業生產力仍然十分高，年均增長率 11.5%，而且從 1986－1989 年間，工廠從 4.6 萬多家增加到 5 萬多。不過，在鄧小平南巡後，香港的廠家從 1992－1995 年減少了 2 萬多，而工業就業人數也從 1987 年的 86 萬下降至 1995 年的 37 萬多，降幅接近 60%，佔工作人口大概 17%。另外，生產成本急劇上脹，工業租金方面，1981－1990 年的十年間，私人工廠廠房租金上升了一倍有多。從 1985－1994 年十年內，住宅的價格更上升了 4.3 倍，樓宇炒賣之風甚盛，令受薪階層負擔着極高的租金及供樓開支，叫苦連天。在工資方面，每天名義工資從 1982 年的 73 港元上升到 1990 年的 184 港元，不過實質工資只是上升到 101 元（香港統計處，香港統計年度各期）。在九十年代，香港的通貨膨脹上升得十分急劇，1992 年通脹錄得 9.4%，到了 1995 年才回降至 8.5%。

在八十年代中期至九七前的十年間，製造業萎縮了近五十萬個職位，這些工人的出路不多，教育水平較高的找機會轉入服務業，仍留在製造業的工友以「吊鹽水」狀況領取微薄工資，而失業工人只好長期領取失業綜援，或是倚賴微薄儲蓄提早退休。在九十年代初，一份香港的勞工狀況研究認為，香港似乎面對着一個新興的「工業無產階級」。報告

書說：「無可置疑地，這是處於較惡劣環境下工作的一群勞動者，（這些勞工）約佔所有工人總數的三分之一。一般而言，他們收入低微，欠缺任何職業保障，並且鮮有僱主為他們提供任何具體實質的福利條件。似乎，這個勞工市場次層的工人，主要是來自製造業那些技術水平較低的從業員，而且主要是集中在那些小型、由本地廣東人所經營的商號裏工作。」[38] 從八十年代中期開始，勞工市場兩極化的問題逐步明顯化。「次等」勞動市場的來源，有五分之二是來自中國內地的合法移民，有五分之二是本地小型企業的中老年工人。對於他們來說，階層流動的可能性愈來愈少，他們將會在轉變的經濟狀況下面臨淘汰。

這個次等勞動市場出現了兩個主要問題，其一是低收入水平人數的增加，其二是失業。在製造業中，男性工人從 1987－1995 年的平均實質工資增幅為 8%，但女工的平均實質工資卻下降了 7%。在電子業，男工有 15.7% 的增長，女工工資卻下降了 4.3%。勞工市場內的性別差距逐步拉開。工資差距的不斷擴大，使貧富懸殊的情況持續惡化，堅尼系數從 1986 年的 0.453 上升到 1991 年的 0.476，再攀升到 1996 年的 0.518。即使在經濟旺盛的九十年代初，香港的貧窮問題的上升趨勢已相當明顯。1991 年，當時二人住戶的入息中位數是 9,000 元，如以入息中位數的一半 4,500 元來定義貧窮的話，大概有 190,788 住戶月收入低於 3,999 元，佔全港住戶的 12%；有些人推算低收入住戶數目約有 23 萬，佔全港住戶的 14.9%，大約每七個住戶中有一個是貧窮家庭。[39]

在失業方面，領取綜援失業人數也大幅上升，由 1989 年的近 3 萬人增至 1995 年的 9 萬 8 千人，女工的失業問題尤其嚴重。1986－1991 年五年間，製造業人口減少了近 18 萬人，其中有 11 萬 5 千是女工，佔了差不多三分二的比例。就算能夠留在製造業的勞工，有 30% 表示開工不

38　Turner, H. A., Patricia Fosh and Ng Sek-hong, *Between Two Societies: HongKong Labour in Transition* (HongKong: Centre of Asian Studies, University of Hong Kong, 1991), p.92

39　徐承恩：〈基督教與香港貧窮問題〉，《中國神學研究院期刊》，第 35 期（2003），頁 117－204。

足，而有 57% 表示在實質收入方面也較以前為差。失業成為了立法局議員的政治議題。從 1995 年開始，不少立法局議員提出動議辯論，包括失業援助金計劃、人力資源培訓制度的檢討、失業統計方法的問題、反對擴大輸入外地勞工計劃等等。

除了勞工就業問題外，人口變化也構成一個威脅。在八十年代前，香港政府容許內地非法入境者來港，一方面是基於人道和政治理由，另一方面也由於非法入境者可提供廉價勞動力，所以政府沒有施加阻止。不過從 1976－1980 年短短數年間，大概有五十萬人非法到港。這個急劇增長數字，使政府取消了「抵壘政策」，並與中國政府達成協議，規定每天只容許 75 個合法來港定居的單程證移民定居，其後到了九十年代才逐漸增至 150 人。

這個龐大的移民人數引起幾個主要的社會問題。首先是居住。新移民因沒有資格申請公屋，只能入住城市內的舊區，使市區內出現了很多籠屋、天台木屋及僭建物，也出現不少露宿者及流浪者。其二是就業。在八十年代初期抵港的入境者仍可憑着當年仍有的工廠找到職業，但是在九十年代卻開始發覺職業配對上出現很大的差距，因為服務業已經到達飽和程度，難以再吸納更多新的勞工。其三是醫療服務，新移民對公營醫院服務產生很大的壓力，公共醫院的床位供不應求。這些問題亦同樣困擾着九七後成立的特區政府。

民生政策

從 1981 年中英談判的前奏到 1997 年英國撤出香港為止，香港的民生福利政策出現了很多不啣接的現象。在意識形態方面，國際潮流新右派的「小政府」思想正在萌芽，私營化的政策在英美等國家逐步成熟，使香港政府不得不跟隨着大趨勢的變化，對麥理浩以往的發展藍圖作出修訂及調整。但在政治方面，回歸前政治局勢的急劇變化，使香港政府

在制定社會政策時，也面對很多新的挑戰，例如在八十年代開始蓬勃發展的民意與輿論，論政團體的湧現等等新興的力量，它們積極參與政策的討論，因此亦增加了政策制定過程的變數。另一方面，英國也希望從香港「有體面地」離去，尤其是在中英兩國的爭持下，市民生計的滿意度也是一個戰略性的考慮點。統治意識形態的「右」，民意的「左」，政權交接的「體面」，這三者構成了八十及九十年代民生福利政策的複雜性。

港督尤德主要的任務是處理中英談判，他在社會政策的制定方面並沒有像麥理浩那樣提出一個全局計劃。反之，在他任內的四年半中，他面對着嚴峻的政治與經濟危機，所以只是沿着麥理浩以往計劃作進一步的開展與補充。在他任內，政府推行了兩項擴展性的社會政策（教育與醫療）以及一項收縮性政策（房屋）。在教育方面，麥理浩政府邀請了國際顧問團作研究，1982 年公佈報告書並成立職業訓練局，1984 年通過教育統籌局的建立，擴張官津學校及改善教師質素，增加升讀大學的機會，在改革中投放了不少資源。在醫療服務上，政府接納了史葛顧問報告書，建立類似英國的國民健康服務模式，將以往的輔助醫院與政府醫院統一起來，成立醫院管理局為全民提供公共醫療服務。這個改革使政府的醫療開支從 1986 年的四十多億元增加到 1999 年的二百多億元，是一個高速擴展的服務。

不過，麥理浩的公共房屋大計，卻以房委會自負盈虧的財政制度，採用了一個市場化及私營化的選擇。1985 年 9 月政府公佈《公屋住戶房屋資助綠皮書》，提出公屋資助新建議，要求「能者多付」，推行了富戶政策。另外，雖然出租公共房屋仍然是房屋政策的主導方案，但是居者有其屋逐漸從以往的補充角色，提升為一個平行政策考慮，內含不少私營化影子，使房委會的財政更穩定，而政府的角色也可以逐步淡出。從歷史回顧角度來說，尤德在任期內的社會政策發展比較夾雜，有一些長遠的擴張計劃，有些卻是收縮或是向市場傾斜，難以用一個簡單的形容詞來敘述社會政策的總方向。

　　衛奕信是在尤德猝死的情況下接任港督一職，他在接任後經歷天安門事件的震盪，要應付大量人才急劇流失的問題。在他任內，專上教育經費大量加碼，大學學額在短期內增加了三至四倍，科技大學急促地建立，理工學院及城市理工學院迅速升格為大學，後來浸會學院、嶺南學院、樹仁學院等地位亦相繼獲提升。天安門事件意外地使專上教育膨脹，也使香港迅速地向知識經濟轉型，提供大量較高級的生產力要素。在衛奕信任內，大學學位的增加，使一個新型的專業中產階級迅速抬頭，社會流動性質及規模也隨着專上教育的擴展而有所改變。

　　其他社會政策只是按本子辦事，沒有什麼方向上的變化。在衛奕信任內，房屋政策進一步私營化，在 1987 年推出了《長遠房屋策略》，將以出租公共房屋為主導的政策，改變為以自置居所物業為主導，並且採取了兩個主要策略：其一是延續「富戶政策」，希望能夠製造「旋轉門」效應，將富戶引向居屋；其二是將出租公屋轉為出售居屋。由 1988 年起，政府為房委會提供一筆 270 億元「永久資金」後，房委會的財政便須自給自足，獨力支持興建公屋的責任。到了 1997 年，第二個長遠房屋策略文件再進一步確定了物業主導的政策，再加上「出售公屋計劃」將一部分出租公屋出售，使資助性的出租房屋政策逐漸改變成置業投資，而政府的角色則收窄為處理貧窮及低收入住戶的問題。

　　醫療服務方面卻增加了再分配功能。協商多年的醫院管理局終於在 1991 年成立，接管所有公立醫院與輔助醫院，政府在醫療服務的開支亦隨之大幅提升。另外，1990 年政府發表《人人健康、展望將來》基層健康服務工作小組報告，同時開展基層健康工作。雖然政府並沒有明文表示，但不少國家所鼓吹的全民健康意念，在香港開始有着充足的資源及制度基礎。

　　彭定康在任期間，香港的經濟開始回復正常。雖然他後來在政治改革上面對中國政府的責難，但是在推展社會政策方面卻仍然相當順利，主要的原因是，如他所說：「……對於一個歐洲政治家來說，第二個滿足感是我發覺我是在一個不需要考慮資源問題的香港。我不用削減一個

重要項目的錢來增加另一個重要項目的撥款。只要政府所增加的開支與經濟增長相若，我們便可以很自由地及合理地用錢……我早期有一個印象，認為香港的經濟活力缺乏一個旗鼓相當的社會福利與教育制度。傷殘人士服務十分薄弱，儒家價值似乎並沒有建立足夠的老人服務。以往的中小學教育只重視數量，比較少注意質素。作為國際商業中心，……我覺得應該在這些方面用多些錢，不用太謹慎。有些商人認為我們這些計劃太社會主義，不過公共開支只是佔香港總產出的二成罷了。」[40]不過，在彭定康任內，同樣地出現了衛奕信年代的矛盾現象：一方面，新右派的「小政府」及「新公共管理」意識形態開始逐步佔據主流民意，要求一個「少管閒事」、「衡工量值」及「減少浪費」的有效率政府，收縮政府規模，以及減少干預；另一方面，在後過渡期內，政治信心出現危機與財源充足的情況下，政府卻要採取一個擴充政策，積極地投資於經濟及社會建設，保障民生，穩定民心，爭取民意支持。

在他任內，政府一方面繼續推展英國保守黨的一套，通過管理改革控制公共開支及提高公共服務的水平，提出了「服務承諾」（service pledges），要求公共服務確保在指定時間內提供一定標準質素的服務。另一方面，政府慷慨地擴展各項社會政策，使社會服務的開支急促上升。在社會福利政策方面，彭定康在 1992 年的施政報告中提出了一個五年計劃，從 1992－1997 年增加 26% 實質福利開支，主要是針對三個福利範圍：復康、老人與社會保障。他答允在五年內增加近 4,000 個宿位給肢體傷殘及心理殘障人士，這是超過一倍的增幅。在老人方面，政府增加 5,000 個護理安老院與安老院宿位，以及興建 14 間多元服務中心和 70 間老人中心。在兒童方面，政府增加 5,600 個託兒所名額、1,200 個日間育嬰院名額、200 多個寄養服務名額、45 間兒童之家與 60 個學校社工等。在社會保障方面，以往的公共援助計劃也在檢討後改稱綜合援助計劃，標準金額由 820 元增加到 950 元，老人所得的金額由 1,238 元上升到

40　Patten, Chris, *East and West* (London: Macmillan, 1998), pp. 46-51.

1,420 元。不單如此，除了綜援改革外，政府終於處理了長達四十年的老年退休金問題的爭議，在 1996 年通過了強制性公積金制度。

各項社會服務開支亦相應增加。在醫療開支方面，政府答允在五年內增加實質開支 22%，這等於增加 4,200 張病床、13 間新的公共診所和擴張 11 間現存診所。政府亦在心理健康方面增加近 1,700 張病床，還答允滿足所有中途宿舍與長期照顧宿舍需求的要求。

在房屋政策方面，政府允諾在五年內每天平均興建 100 個新公屋單位，在 1996 年 3 月將會拆卸所有官地上的木屋，而四分之三的臨時房屋區居民將會在 1997 年前可以上樓。到 1997 年，全港將會有近 60% 市民擁有房屋物業。

在教育政策方面，政府在 1984－1997 年發表了七份教育報告書和多份文件，提出超過數百項教育改革建議。在彭定康年代，進行了一連串的教育改革，例如在 1993 年成立了家庭學校合作事宜委員會、教署支援取錄第五組別學生的學校計劃，在 1994 年的目標為本課程（Target Oriented Curriculum, TOC），1995 年的教學語言指引，1996 年的第六號報告書，1997 年成立優質教育基金等等。

在勞工及失業問題上，在 1995 年當失業問題逐步顯現時，政府召開了兩次失業高峰會議，巨細無遺地列舉了十三項短期、中期、長期措施，但是在熱潮低降後，這十三項措施卻不了了之。1996 年香港政府發表了《就業政策大綱》，提出政府在勞工政策方面的整體目標：「善用香港的人力資源；促進工作場地的安全和工人的健康；使香港擁有受過優良培訓的工作人口，並提高他們的技能；建立和維持融洽的勞資關係；保障和改善僱員權益，以激勵他們的士氣；促進工作人口的福利，以及協助求職者尋找工作。」這個政策大綱到特區政府的年代仍然維持，不過意義已南轅北轍，出現了很大的差異。

弱勢社群的社會福利工作

在八十年代，以社會援助為主要模式的社會保障制度漸趨成熟，財政開支逐步提升，到後來更成為香港社會福利制度中最龐大的項目。它成立的第一年（1971/72）只有 13,500 多宗個案，支出約 1,200 萬元，後來因世界石油危機而擴闊資助範圍，開支增加，從 1978/79 年的 3 億 5 千萬元上升到九十年代後期的近 200 億元。

1991 年 3 月，政府公佈了《跨越九十年代香港社會福利白皮書》政策文件。首先，它認為九十年代各種變化對社會福利有下列的影響：一、人口變化：人口老化的情況將會逐步浮現。六十歲或以上的老人佔全港人口的比例，將由 1990 年的 13% 增至 2000 年的 15.4%；中小型家庭將會逐步取代較大型的家庭。人口老化將會成為一個關鍵因素，影響着社會福利。二、社會變化：都市化、工業化，以及外來文化挑戰着傳統的價值觀，提高了香港人對社會福利的期望；婦女就業人數的增加提高了家庭及兒童服務需求；醫療及衛生服務的改善也使家務助理與家務指導等支援服務需求增加；分居及離婚問題漸趨嚴重，1986 年的單親家庭已上升至 36,000 多個；青少年犯罪問題也稍為惡化。三、政治變化：1997年回歸產生極大的政治疏離感，移民外地人數急劇增加，而一些老人及傷殘人士更被子女遺棄，這些自私行為使社會福利在「建設一個健全而彼此關懷的社會方面，須要扮演重要的角色」；而且，民主化也使政府增加了責任等等。

在這些人口、社會及政治的變化下，白皮書提出了一些新的觀點。首先，它認為社會福利的宗旨與社會發展息息相關，並非只是照顧傷殘老弱：「社會福利擔當一個重要的發展角色，透過有組織的服務及體制，協助個人及各組別人士充分發展自己的能力，建立良好的人際關係，達致美滿的人生，並切合家庭與社會的需要及期望。」（頁 13）它的服務範圍「不應被視作專為經濟及社會條件較差的人而設的慈善服務。其實，凡有需要的人，都應該獲得福利服務」（頁 14）。本港亦「已從單為有需

要的人士提供基本救濟，發展到為有需要照顧、保護及經濟援助的人士提供各方面的服務」。其次，它將「志願機構」這個名詞改為「非政府組織」，不單包括受資助機構，還包括非受資助機構和非牟利機構。其三，白皮書開始強調「社會網絡」的重要性，它重視家人、朋友、鄰居、義工等的功能與作用，以及強調這些網絡的照顧功能。其四，它提出一個新的服務提供（service delivery）方法，重視服務協調及綜合模式，「以綜合方式提供服務，顯然有助解決分由不同部門處理服務對象的需要，以及分散提供服務所出現的困難」。

這些良好願景與新觀點，可以使社會福利有更廣闊的發展空間，不過它們卻是在一個緊縮經濟下誕生。在 1989 年天安門事件影響下，隨後兩年經濟增長率下降至 2%－3%，政府為了挽救經濟，提出了新機場計劃，將不少公共資源調配到基礎建設項目，使社會福利開支遭削減。政府在 1991 年宣佈，在 1992/93－1994/95 這三個財政年度中，政府需要節省各部門開支 1%、2.2% 及 2.6%，總共是 5.8%。在社會福利開支來說，第一年開支便要面對 6,100 萬元的削減。不過，這個建議遭到二千多名社工和社工學生大遊行反對，最後政府終於讓步，只削減了 1,700 萬元。

到了 1993 年，經濟恢復了動力，政府也改革了公共援助制度及特別需要津貼，將這些項目都集中到「綜合社會保障援助計劃」，使政府在處理社會保障時行政上更便捷。不過，綜援金額遠遠追不上通貨膨脹。相對於製造業工人的入息中位數來說，以往公援水平所佔的比重，由 1982年的 30% 下降至 1992 年的 15%。另一方面，相對於香港的平均個人所得，公援水平的比重，也由 1981 年的 13% 下降至 1992 年的 7%。可以說，倚賴社會保障的窮人生活水平，愈來愈與一般生活水平出現更大差距。很多非政府組織都觀察到這個情況，所以從 1992－1994 年間不斷要求政府調整綜援金額，以免脆弱社群生活水平持續下降。政府也明白這個差距會愈拉愈遠，所以也做了少許改善。1996 年是聯合國扶貧十年的起動年，在社會服務聯會的促進下，不少民間團體也組織起來，進行了

第一次「貧窮高峰會議」，要求政府正視傷殘人士、婦女、老人、兒童貧窮等等問題。

從 1993－1997 年，港督彭定康在社會福利上的實質開支比以往寬鬆，增加了 26%。他的重點是在為傷殘人士及老人提供服務。從 1990－1995 年這五年間，整體的社會福利開支只是上升了 115.2%，但是康復服務的開支則上升了 163%，而長者服務的開支更增加了 177.8%。

在八十及九十年代這二十年內，福利機構也有不少變化。在新右派用「工業模式」來管理福利服務之下，民間的福利機構也開始將服務標準化。以往「以人為本」的專業態度及做法本來是盡量減少社工的預設及偏見，才可以使服務產生信任及有效的互動，但現在已開始改為一個「資源管理者」的角色出現，以成本效益的角度來篩選受助者，以達致更高效能。功利主義的成敗得失計算方程式，以及建制化（institutionalization）的思維，已侵蝕「利他主義」為主導的福利服務。非政府機構逐漸被政府的財務規則局限，難以再用以往的先驅者及倡導者角色推動福利服務的發展。

九七後新經濟下的民生福利：「小而彈性政府」（1997－2012）

政治經濟及民生情況：反福利主義浪潮高漲

從 1997 年到 2012 年，香港的民生福利政策處於一個十分吊詭的情況，一方面是意識形態上反福利論述成為主流的管治思想，但另一方面特區政府卻在福利財政資源的投放上以倍數增長，來應付貧富懸殊所

激化的社會矛盾。在意識形態上，政府要求香港市民在經濟不景之下採取自力更生的自救措施，鼓勵市民減少倚賴政府，用個人意志來抗貧脫困；但在政治層面上，剛成立的特區政府根本不能享受蜜月期，而遭到一浪又一浪的政治及經濟衝擊，使政府在陣腳未穩的情況下，難以像美國總統克林頓那麼豪情壯志高調地提出要「消除既有社會福利觀念」（end welfare as we knew it），將福利（welfare）轉化為「工利」（workfare）。在香港，福利觀念上的右轉，面對需要政治安定的左彎路，構成了這十五年錯綜複雜及矛盾的政策。

誘發這股反福利主義的主要因素，是亞洲金融風暴所引致的經濟泡沫爆破。1997 年 7 月 2 日，在特區政府剛剛成立後一天，泰銖因國際金融炒賣貶值了 20%，此後菲律賓、馬來西亞、印尼、台灣等地的匯率相繼失守，金融風暴終於在 10 月吹到香港，恒生指數從 8 月頭的 16,820 點下挫至 10 月底的 9,059 點，香港在兩個多月內蒸發了 48% 的財富。起初特區政府仍未覺察問題的嚴重性，財政司司長曾蔭權在 1998 年 2 月財政預算案中還積極地公佈了刺激經濟計劃，削減 18 億元利得稅和薪俸稅，在四年內總共削減 129 億元稅款，還公佈了一個 300 億元的五年建設計劃。

1998 年 8 月，恒生指數下降至 6,660 點，不少公司宣告破產，失業率上飆。回歸前，香港的失業率只維持在 1.3%－2.0% 的低水平，但在金融風暴後逐步上升，從 2002 年的 7.4% 上升至次年的 8.7%。勞工處接獲的投訴個案由 1997 年的 20,404 宗上升至 2002 年的 34,821 宗，投訴主要內容都是與公司關門、倒閉與欠薪有關。除了投訴外，勞資糾紛案件也增加了，從 1997 年的 161 宗增至 2002 年的 433 宗。在就業市場中，失業、欠薪、工資削減已經成為了一個普遍現象。

經濟泡沫的爆破也加速了職位結構的變化。在風暴的肆虐下，很多企業及商店都用壓低勞動成本的方法求存，減少長工，以致半職受僱者、自僱者、散工、短工人口數目迅速增加。自僱者的數目從 1993 年的 13 多萬人（總工作人口的 4.8%）增至 2002 年的 22 萬（6.8%），他

們的收入大概維持在 7,000 元左右（統計處，2007）。2006 年統計處的報告指出，在勞工人口中，臨時僱員有 69,100 人，部分時間制僱員有 150,900 人，他們大多是因工作量不足而沒有固定職位，工資並不穩定（統計處，2006 年 3 月）。在這 40 多萬自僱、臨時工及非全職工人中，不少人生活在收入不穩定的狀況，而且沒有資格享受社會保障及有關的福利津助，使他們陷於貧窮困境當中。到了 2015/16 立法會秘書處研究辦公室的調查，這些彈性工作的人數已達 52 萬多人。以往香港人對貧窮的理解，主要是針對鰥寡孤獨傷殘老弱這些福利弱勢群體，但自從特區政府成立後，在職貧窮已經逐步成為一個重大的社會議題。

在大量失業及低收入勞工的情況下，貧窮的成因被重新解讀。市場主導的新右派要求港人按照市場規律來解決問題，從而提出兩個觀點，其一是針對福利受惠者，其二是針對政府。新右派認為，市場經濟的興衰是自然規律，在衰退期市民不應怨天尤人，反而應該抱着自力更生的態度來面對困境。社會福利的存在製造了「搭便車」心態，強化倚賴感，打擊工作意欲，以至勞工難以提升生產力，甚至可能導致拖垮公共財政，所以福利的範圍只可收窄為對弱勢社群的津助。對於失業者及低收入勞工，他們必須在經濟困境時不計較工資的下降及生計困苦，任勞任怨，接受僱主差使及提升生產力，才是保持正確的生存態度。市民要自食其力，一些高官也鼓勵香港市民憶苦思甜，應該重拾六十及七十年代獅子山下的拚搏精神，倚賴自己、家人及朋友，總之盡量不要倚靠政府，使政府可調撥資源改善營商環境。在針對政府方面，新右派認為市場交易的「看不見的手」將會自然地作出調控，政府的干預不單歪曲了市場規律，還因官僚的自私行為使政府不斷膨脹，缺乏效率，成為「大白象」，浪費社會資源。政府已經成為了效率失靈的代名詞，它並非解決問題的制度，而是問題的源頭，因此必須以市場競爭來打破官僚主義的框架。這種「重市場，輕政府」的理論，將公共及社會服務看作缺乏效率的主要批評對象，亦使效率及成本效益差不多成為評核服務的主要標準。

然而，來自左面的抨擊也不乏人，主要針對政治權力的傾斜及重商主義。首要的矛盾針對點是立法會的直選議席與功能組別議席，分組點票制度產生了代表性高的議員反遭代表性低議員的阻礙，使一些有關調動社會資源的政策改革來得十分緩慢，很多重要的民生課題如最低工資、綜援檢討、公共房屋、醫療融資等等，都被傾斜政制的束縛，就算作客觀理性的討論，也只是得到偏見及漠視的回應。第二個矛盾是特區首長董建華的商人背景。因為特首是通過一個代表性甚弱的選舉團選出來，市民們都不相信這小圈子內沒有潛規則的操縱和交易。尤其是在經濟衰退期間，社會分配是在一個零和遊戲中運轉，特區政府本應強政勵治地帶領市民脫離厄困，但因為政府太着重維護商界利益，惹來強烈的民意反抗，管治威信受到很大的打擊，很多公共及社會政策都飽受批評，以至不少政策都處於「議而不決，決而不行」的狀況，遲遲未能落實。

正如歷史學家波蘭尼所述，在大規模貧窮人口的出現，及在政治經濟學的分析下，人們「發現」了社會（discovery of society），使民生福利成為社會制度研究的重點，亦成為政治辯論的重要議題。

小政府及節約政策全面推行

政治經濟的危機使特區政府產生了一個「範式轉移」（paradigmic shift），向着私營化全面轉型。回歸前，香港政府本來已經推行一些公共服務的私營化措施，但是當時還是比較片碎地執行，並沒有緊迫性要在短期內全面推展。在 1998 年的施政報告中，政府要應付的危機還只是針對樓價的暴跌及資產萎縮，所以應變重點是穩定樓價，凍結賣地，停止興建居屋和夾心階層住屋等，亦透過多種自置居所計劃協助市民買樓。在保障民生方面，政府的政策措施如提供稅務優惠、退還差餉、凍結公屋租金和公共服務收費，都是應付中產及基層所損失收入的應變措施。

起初，政府還未採取大規模開源節流的全面私營化政策，不過這些樂觀態度敵不過持續的經濟衰退及上升的財政赤字，使政府不得不重新考慮下一步的經濟發展模式。以往政府的適當不干預政策開始被揚棄，政府重新界定自己的社會角色，換上「大市場、小政府」的新衣，公共及社會服務不單是加速私營化，還要全面推行。

特區政府緊縮開支，踏出了「小政府」重要的第一步。起初是在1998年推出一個短期節流措施「資源增值計劃」（Enhance Productivity Programme, EPP），要求所有政府部門及公共服務從1999－2002年這四年內減少5%開支，這些部門雖然減少了撥款，但仍要保持既有服務量及水平。後來這種開源節流的要求，發展成為四項更根本的改革要求，包括：基本開支檢討（fundamental expenditure review），服務發放（service delivery）的改革，支援服務（support service）之改善，以及制度改變（institutional changes）。在這些政策要求下，公共服務的成本效益成為了衡量工作成敗的主要指標，增加了「產量」（output）及「效益」（outcome）的標準化量度。其次，政府收縮公務員人數規模，要將十八萬公務員降至十六萬，在1999年頭提出公務員退休方案，希望削減一些「用途不大」的公務員。同年2月，政府公佈了一份檢討公共房屋管理文件，在外判、私營化、合約制等方法下削減長期職位，裁掉房屋署多名屋邨管理工作人員。在2000/01年財政預算案中，財政司司長宣佈了「自願退休計劃」（voluntary retirement scheme），政府認定五十九個有「冗員」的職級，鼓勵多餘的人手提早退休。

削減人手、節省資源、增加工作量這三項「小政府」應急政策同時推動，使公務員叫苦連天。1999年是公務員表達怨憤的一年，該年5月23日，有逾萬名公務員上街遊行，抗議政府引進合約制與私營化措施。再者，房屋委員會將九千名員工逐步改以合約制或外判等方法裁掉，亦引致超過一千三百名房屋署員工到房委會請願，反對公營房屋管理私營化。政府這些節約措施不單影響公務員，還牽連到受政府財政資助的公共服務機構，如學校、醫療衛生機構、社會福利機構等。新的財

政及管理模式開始進佔這些機構，一方面要求節約，另一方面要求提高生產力，其中最重要的做法是將一些社會服務人員的薪酬與公務員薪酬脫鈎，製造了很多半職職位，但同時在服務表現方面則增加要求。這種「多、快、好、省」的大躍進引起了無數的抗爭行動。從 1999 年開始，有數次上千名社會工作者的遊行，抗議政府推行的一筆過撥款制度。教師們對這些強迫提高生產力措施甚為不滿，以至在 2005 年 12 月，因教師自殺事件引起上萬名教師抗議教育改革所帶來的壓力。醫院管理局的醫生也抗拒超時工作毫無補償，最後採取法律訴訟與醫管局對簿公堂，要求取回公道。

公共及社會政策：私營化、商品化及開源節流

除了小政府等以上措施外，政府亦將公共及社會服務拋給市場，推動私營化政策，包括出售公共產業（selling out）、公共機構分離化（hiving off）及服務商品化（commercialization）。首先，特區政府開始出售公共產業，亦逐步減少對這些企業的干預。2000/01 年，地鐵公司局部上市，政府出售 24% 股權，套現 100 億元。2004/05 年，「五隧一橋」證券化，套現 60 億元。同年，政府公佈機場管理局局部私有化諮詢文件。2005/06 年，財政預算案提出透過地鐵與九鐵合併，進一步將鐵路私有化。不過，因為交通費用十分昂貴，影響市民生計，政府於是訂立一個「可加可減」的收費機制，希望在企業利潤與民生之間，得到一個平衡。但是，在利潤保障的大前提下，公共服務的加費使民生困苦更形惡化。

在社會服務方面，最明顯的商品化例子是房屋政策。初期行政長官董建華對民生福利是有一套鴻圖大計，希望在以往政策基礎上訂立一個整體發展綱領，尤其是在房屋方面。他在 1997 年第一份施政報告中宣佈，從 1997 年開始每年興建 85,000 個住宅單位，包括 50,000 個公營單位及 35,000 個私營單位，在十年內總共興建 250,000 個公屋單位，

並將輪候公屋的時間縮短到三年。不過，在經濟持續低迷的情況下，這個建設大計不單被截停，後來更是不了了之。再進一步，因地產業陷入萎縮，按揭壞賬影響銀行體系的穩定性，政府開始承擔起托市責任，於1998年5月公佈七項緊急措施，一方面放寬炒樓的限制，另一方面推行出售公屋計劃，鼓勵公屋租戶購買租住單位。不過，因這些措施反應冷淡，政府再公佈九項措施，包括暫停一切土地拍賣，增加「首次置業貸款計劃」兩倍撥款，增加「自置居所貸款計劃」的名額等，並在1999年推出勾地表，試探地皮底線價，但是這些措施仍然未能刺激樓市。於是，政府從2002年開始減建公屋和停止出售居屋，代之以提供置業貸款，然而這些幫助仍然缺乏力度，直至2005年經濟恢復元氣，樓市才回復正常。不過，因為這八年以來政府對樓市放鬆了束縛，地產商購買及囤積了不少土地，到後來經濟回復期中，政府在控制樓宇炒賣活動時已大不如前，減弱了操控的能力，尤其是新界土地的發展用途。另一方面，房委會重新檢討公共房屋政策的運作架構，開始將180個屋邨商場及8萬個停車場車位的管理徹底私營化，在2004年將這些服務賣給一間上市的領匯公司（後來改名為領展），獲利320億元。這個做法惹起相當強烈的反響，一個居民抗議出售公共資產而與政府對簿公堂，不過在2005年敗訴。這種種變化，顯示了政府不單減少對房屋市場的干預，還主動地退到最低防線，坐大了私營市場的勢力，尤其是壟斷性產業。一般市民在房屋政策上失去了政府的屏障，以往港督麥理浩所提的「安居樂業」政策目標，已成為地產業賺錢的囊中之物，亦引致後來劏房、物業價格及房租暴升種種問題的出現。

　　本書所劃定的回顧期限只是到2012年為止，所以在此不評論第三任特首梁振英「重中之重」的房屋政策，但前兩任特首在面對經濟危機下採取了一個很明確的商品化政策，維持有限的較低廉出租公屋供應量給低收入階層，但在扶貧目標以外，則放手讓市場接管，尤其是取消了興建居屋，使「三文治階層」（中中及中下層）失卻政策保護的屏障，在缺乏選擇下被推入私營市場，在需求與供應失衡下任由市場宰割。董建

華及曾蔭權的房屋政策主導思想是將社會分成兩個明確的階層，一個是缺乏購買物業能力的低下階層，政府通過出租公屋使人們有安居之所，而另一個階層是可以將房屋轉化成為私人物業的中產人士，不單可以安居，而且還可以作為投資致富之用，要自行承擔一切選擇的後果。從保障民生的角度來看，房屋政策只是退居至扶貧責任，政府訂下公共屋邨的編配及租金政策，對並非窮人的一般市民，再沒有什麼值得它的擔憂及掛慮。

董建華的房屋政策從起初的 8 萬 5 千個單位向後退，着重救市安排，到經濟回復正常後，卻迎來一個樓宇炒賣局面。在曾蔭權初任特首時，豪宅的價格被炒起，他還很高興這只是局部現象，但後來才覺察普通市民的樓宇也面對炒風，私營房屋的供款與入息比例上升到41%，劏房的問題成為了輿論焦點，於是在 2010/11 年的施政報告中一反常態，用了三十段落來解釋要推動新政，宣佈增加土地供應、研究是否提供資助置業貸款、推出置安心計劃、活化居屋第二市場、監察銷售，以及市區重建、樓宇安全等政策措施。不過，這些措施已經來得太遲，在房屋供應及需求嚴重失衡下，房屋政策可以說已成為最主要社會矛盾的爆發點。

教育改革是董建華的主要社會政策寵兒。教育改革其實在九十年代開始已逐步推行，不過到了後期卻進展緩慢。在亞洲金融風暴之後，特區政府確認了知識經濟的重要性，所以對教育政策採取十分積極的態度。在第一份施政報告中，董建華用了二十四段篇幅來訴說他對教育的承擔，包括成立優質教育基金、推展母語教育、小學全日制、增加校內的文職支援等。另外，他更針對一些邊緣社群，如新移民和傷殘人士的教育問題，為新移民學童興建小學和中學，以及為傷殘人士而設的特殊教育建立長遠政策。到了 2000 年，政府發表了「終身學習、全人發展」的教育制度改革報告書，展現二十一世紀的教育發展藍圖，包括母語教學、教師語文基準評核試、改革中學及大專學制、津貼幼稚園、教育署架構改革、校本管理、課程改革等。起初，教育政策的主要目標仍是以

全面教育為主導，但是在經濟持續不景的情況下，教育與就業問題愈來愈拉近，以往「樂、善、勇、敢」口號的調子逐漸息微，換來的是人力資源培訓概念。雖然教育開支增加甚大（2005年已達50多億元），但是重視教育的經濟作用程度也愈來愈高，其一是與知識經濟掛鈎（2003年施政報告，20－24段），其二是社會流動的願望，政府的脫貧觀主要是勞動質素主導，冀望通過生產力培訓，推動展翅、毅進、青訓、再培訓等等計劃，以促進社會流動為依歸（2004年施政報告，47－52段）。

雖然增加了大量資源，不過教育市場的競爭也不斷升級，政府鼓勵直資學校作較自由發揮的教學方法，使教育的「效益」（outcome）要求也提升得很快，產生不少爭議，例如引致教師的工作量大增，及使教育變成了一盆生意的投資，競逐名利而失卻教育目標。教育改革其中一項紛爭事件，是教統局認為很多教師的英文水準低，在2000年推行教師語文基準試，引起教師抗議和罷考，在該年5月更有一千五百名教師上街遊行，到2003年更發展成為六千名教師的「爭取進修，反對語文基準試」大請願。2003年是改革的抗爭年，在人口老化、適齡學生人口減少的情況下，超過八千名教師在該年舉行公共集會要求小班教學。但這股民間的聲音卻踫上了政府開源節流的冷處理，只是在數十所小學的初小班級中試行一項短期的小班教學試驗。同年9月，兩個教師因工作壓力自殺，在教育署長的冷漠淡然處理下，引起上萬教師上街遊行要求她下台。這種種改革引致的問題，也使後來的特首明確地表示，在他任內教育改革將會有一段長時間的冷靜期。

醫療服務改革也提上了社會議程，不過卻遲遲不作決定。1999年8月，政府委託哈佛大學對醫療融資做了一個研究，研究報告建議對公共醫療服務作一個徹底的改革，通過「錢跟病人走」的醫療保險制度，減輕公私營醫療的落差。不過，在經濟不明朗前景下，政府很難說服市民願意供款，最後報告書被束之高閣。但是醫療價格的上升始終是一個大問題，所以自後政府亦公佈了幾份諮詢文件，研究如何改革醫療制度。從1997－2012年，雖然政府在醫療融資方面仍沒有推行結構性的改

革，但醫院管理局在增加收費與削減開支方面做了不少功夫。在開源方面，醫管局推行了藥物名冊，不再承擔一些「昂貴但效果不顯著」的藥物，用者需要自購自付，除此之外在診所、藥物和住院方面都加了一些費用。在節流方面，醫管局重新編訂財政預算，務求人盡其材，物盡其用，以最高效率達致成果。不過，這種做法挫傷了士氣，使不少高級醫生離開公共醫療系統，亦使大量醫生超時工作，引發員工埋怨、投訴及集體談判。

節流成為了醫療服務的主要矛盾。據公共醫療醫生協會的調查顯示，實習醫生每週平均工作超過九十小時，初級醫生達七十小時，就算是高級及顧問醫生也超過六十小時。醫管局對這問題視而不見，反而引入合約制，削減新入職醫生的薪酬福利。本來合約訂明醫生每週工作只是四十四小時，但在提高生產力的大前提下，有些醫生在法定假期工作而不獲補假。在立法會的質詢下，醫管局不得不承認觸犯了勞工法例。正如當時的醫學界別立法會議員勞永樂所述，醫療服務很難說什麼長遠政策，因為在「十個煲，九個蓋」情況下，任你如何調撥資源也無濟於事。

在房屋、教育及醫療這三項社會服務中，特區政府在某些程度上都採取了私營化、商品化、公共機構市場化及開源節流的策略。一方面政府要控制及削減開支，將原有的社會政策交予市場競爭，以便降低價格及提升服務質素；但另一方面要保障這些服務競爭不會劣質化，於是訂立不少市場監管方式，例如服務合約、服務標準及行政指引，因而出現了「後座司機」（backseat driver）的後場指揮症候。這兩項目標加起來，便產生了「又要羊兒好，又要羊兒不吃草」的要求，使服務提供者在資源缺乏之下，仍不斷提升吻合政府要求的服務效率及效益，於是衍生出無數的矛盾及衝突。社會服務已經變成了不是政策出了問題，而是服務人員在薪酬下降之際，能否維持苦幹精神及不斷地提升拚搏質素的問題。

在社會福利的提升管理及服務質素方面，政府推行服務表現監察制度（Service Performance Monitoring System）、服務競投（service bidding）

及一筆過撥款制度（Lump sum grant，後來改稱整筆過撥款）等等措施。這些管理及財政制度在下一章有詳細介紹，在這裏只是很簡單地指出，這些措施貫徹着政府開源節流的財政目標，在一個「沒有市場競爭的服務環境中製造市場競爭」，將改善服務的責任推給直接提供服務的福利機構，讓競爭迫使機構及前線工作者提升質素，以及減少政府財政責任的承擔。這是一個很大的改變，以往政府在提供社會服務時，是與民間分擔政策及財務責任，訂定職務制度及薪酬表，權責分明。但嶄新的管理制度講求彈性，美其名是減低官僚主義，其實是制定政策及控制資源的權力集中在官員手上，而在資源短缺的情況下，管理及優質服務的責任便落在民間的福利機構手中。

於是，福利機構一方面受着財政資助不足的壓力，另一方面卻面對經濟不景影響下民間困苦的訴求，可以說是左右為難，只是要求得到最基本的開支，確保員工的安全感及服務質素。面對着龐大的社會需要，例如失業者輔導及劇增的家庭糾紛，不少機構提出了很多新計劃，但在缺乏公帑的大力支援下，它們開始向商界募捐及作公眾籌款。政府在「大市場、小政府」的政策方向下，十分欣賞這種做法，甚至樂於促成商界的參與。但是，這個做法使政府愈來愈在福利政策上往後退，亦使不少社會工作者在向商界募捐的過程中變成了推銷員，增加了福利服務商品化的味道。更為甚者，不少福利機構都將它的工作人員換了稱號，改稱為經理，而服務使用者改稱為顧客。在短短數年間，商業文化進駐了社會福利，雖然為貧苦大眾提供福利服務的機構很難商品化，但起碼在機構文化上已產生基本的改變。顧客口味及滿意度大多成為了非政府福利機構的服務目標，至於其他的社會目標如公義、社會平等、公民權利、政策參與等等，都只屬個別機構的自行選擇。

失業及在職貧窮問題

在董建華治下的八年間，失業問題可說是要處理的最重要社會民生問題。1997年，在320萬就業人口中，失業人數大約有7萬人，失業率只是2.2%，但到了1999年，失業人數已超越20萬人，失業率上升至6.3%，到了2003年更升到8.6%的高點，達28萬人。在其中，青年失業率持續上升，在2002年高達35.1%，而低學歷青年的失業情況更形嚴重。在整體失業人口267,200人中，20-29歲的人數是72,144人，佔整體失業人數的27.0%。40歲以上的失業人口則有約13萬人。

中老年工人失業，是經濟轉型的重災區。統計處《人力資源預測報告書2003》指出，第一產業（漁農業）人手凋零，在2007年的340萬總就業人口中下降到只得8,400人左右。第二產業（製造業）從2001年到2007年損失了53,300職位。雖然第三產業（服務業）的職位增加了，但是在新興知識經濟的服務體系中，不少中老年工人因為教育水平及科技適應力的緣故，很難作垂直式社會流動，大多只能作水平式流動，如果能勉強保持以往生計，已屬難得。另外，勞工階層的收入近似停滯，低技術工人在1997年的平均日薪由379元輕微上升到1999年的390元，兩年間多了11元，而從2000-2006年這六年間日薪維持在401元至419元之間，增加了12-29元。反而較多白領的中等技術工人月薪由2001年的11,487元下降至2004年的10,569元，服務業勞工的入息受到更大的打擊。

不過，1998-2006年這八年間，政府對有關勞動市場的主要政策不是處理工資下降問題，重點仍是應付失業，處理方法主要分為兩大類：（1）職業訓練，及（2）創造就業機會。董建華認為工業技術結構是決定失業問題的關鍵，而在全球化及知識經濟的挑戰下，結構性失業是一個要嚴峻面對的問題，香港面對的是結構轉型下的陣痛，需要盡量提升生產力及生產質素。在這個理念下，特區政府在1998年中成立了由財政司司長唐英年任主席的「就業專責小組」，希望能夠提供一些解決方案。就

業小組的整體策略主要是「開拓市場、培訓人力資源與管制外勞」，不過這些長期工作遠水救不得近火，並未能遏止失業率的上升。1999 及 2000 年，政府調撥了 9 億元給職業訓練局，協助失業者在廉價勞動市場之間流動，例如家居傭工、屋邨管理等。但這些勞動市場的職位不多，對中老年失業工人幫助不大，使大量失業者及低薪工人流向綜援制度尋求援助，以至綜援個案數量大增，從九十年代的 10 多萬個案上升到 2000 年中期的 26－28 萬。在青年失業方面，就業培訓亦是一個重點。政府在 1999 年推出了為 15－19 歲青年的入職訓練服務「展翅計劃」，在次年亦推出了為較年長的青年提供持續進修機會的「毅進計劃」，其後更推動了「青少年見習就業及自僱支援計劃」。除了這些入職培訓之外，董建華重視生產質素的提升，在 2000 年推出政策要求，要在十年間將專上教育的入學率從 16% 提高到 60%，使香港的勞工有更高的國際競爭力。

在創造就業機會方面，政府認為中小企業是復興經濟和創造就業機會的一股重要力量，所以處理失業問題的重點是扶助中小企業，於是在 1998 年提供了一個 25 億元的特別信貸計劃，協助中小企業應付資金周轉不靈的困難。據政府的報告，這個計劃一年內幫助了 5,000 多家中小企業應付困難，減少裁員，不過政府也誠實地表示這只是短暫的幫助，因為它不會增加就業機會。在失業率持續攀升的情況下，政府開始轉向基礎建設的投資，於該年宣佈一項 2,400 億元的五年基礎建設計劃，增加 100,000 個職位。不過，在 89,000 個私營及非政府界別職位中，只有 22,000 個職位是長工，其餘的 67,000 多個職位是短工，職期只有 18－20 個月。短期就業成為紓緩失業問題的止血藥，在 2000 年政府又用 6 億多元增加 15,000 個兩年期限的臨時職位，例如反吸煙運動、環境衛生、社區建設、病人服務、婦女服務、新移民服務、單親家庭服務等，在次年再加多 33,730 個相關的臨時職位。這種救災式的創造就業措施，在 2003 年的沙士狂飆也提升至頂點，政府用約 11 億元為 34,500 人提供為期兩個月的職業訓練。

這兩項紓緩失業困境的政策措施，勉強起到止痛的作用，但因香港

缺乏產業政策，難以帶動就業需求，政府只能做一些補漏的工作，直至2003 年中央政府與特區政府簽訂了《關於建立更緊密經貿關係的安排》（Closer Economic Partnership Arrangement, CEPA），加強內地與香港的貨物及服務貿易、人員流動及專業資格互認等安排，亦制定港澳個人遊（通稱自由行），准許內地 49 個城市超過 2 億 2 千萬中國內地居民以個人旅遊方式到港澳地區的計劃。這項措施，使消費市場在經濟不景時仍然保持活躍，到了 2009 年，自由行的範圍有所擴充，合資格的深圳戶籍居民可以申請一年多次訪港（俗稱一簽多行），用以挽救因全球金融海嘯下香港面對的疲弱消費市場。內地訪港旅客從 2002 年的 638 萬開始，到2013 年暴升至 4,075 萬，自由行佔年度訪港旅客總數比例，由 41.2% 急升至 75%，帶來 2,000 多億元的消費量，減低了失業率。

不過，這項「消費量輸入」政策引起了不少問題。其一是帶動通貨膨脹，在旅客密集之地帶動租金上升，亦使香港的消費市場傾側於內地旅客口味，零售業迎合客源趨向單一化。其二是內地旅客也開始消費公共及社會服務，例如交通運輸、醫療、房屋與教育，使這些服務不堪重負。回顧這段解決失業問題的歷史，自由行雖然解決了失業問題，不過也帶來不少中港矛盾，後來更產生文化衝擊，成為諸社會政策矛盾之總匯所在。

2005－2006 年經濟開始復甦，但勞工階層的生計並沒有改善，甚至有惡化的跡象。從九十年代開始，大量工廠北上所產生的「空洞化」情況下，勞工組織早在回歸過渡期間提出了最低工資的要求。不過，亞洲金融風暴對經濟的打擊，使政府認為失業才是勞動市場的關鍵所在，所以勞工應該抓緊就業機遇，不應計較工資高低，而應該提高個人的生產力，適應市場需求。但是，當時在製造業緊縮下，就業機會勉強補足但勞工薪酬只是作水平流動，低薪服務業工種的職位產生了「向下競爭」（race to the bottom）的情況，使民怨不斷提升，逼迫着政府面對最低工資的政策要求。在 2004 年尾政府終於答允作初步研究。次年，政府統計處指出在職貧窮人口約有 35 萬人，佔總勞動人口的 11%，其中自僱人士約

84,000 人，低薪全職及半職僱員 26 萬人。如果加上外傭的話，人數可達 55 萬人，這是一個相當龐大的比例。無可置疑，在職貧窮已經成為一個結構問題，政府不能再逃避處理這一個社會議題。

在工會倡議及輿論壓力下，政府起初只是作出相當薄弱的回應，鼓勵僱主自願參與一個「工資保障運動」，付予某些低薪行業（如清潔工及保安）不低於統計處調查所得的市場平均工資。不過，這種自願性質措施並不提供激勵動機，以及毫無法律和政策約束力，根本難以解決低薪工人的苦況。2007 年 8 月初，紥鐵工人罷工行動將勞動市場的不公及剝削表露無遺。當時，紥鐵工人在「沙士經濟」惡劣情況下，被二、三判從中削價，由日薪 1,131 元減至 450 元，起初他們為了「共渡時艱」而忍受，但最終不得不爭取加薪及更多休息時間，要回復十年前日薪 950 元水平。這事件顯示自願性質的「工資保障運動」在外判制度下毫無保障可言。當經濟逐步回復正常時，政府已經難以採用這種勸籲手法來保障勞工福利，終於在 2008 年尾決定立法制定最低工資，並於次年成立委員會，向行政長官作出具體建議。雖然商界及擁護自由市場的學者們紛紛反對，但立法會終於在 2011 年 5 月正式通過法案，最低工資訂定為時薪 28 元，每兩年調整水平，後來更提升至 30 元，甚為勉強地干預勞動市場。

扶貧解困與社會排斥

在董建華與曾蔭權這兩位特首任期的十五年內，他們對紓緩及解決貧窮問題採取了不同的姿態。一般的社會印象認為，董建華是一個仁慈長者，但不懂玩弄政治手段，而曾蔭權卻是一個幹練的公務員，推動一些不過不失但缺乏想像力的政策。在扶貧解困的問題上，兩者的分別顯露無遺。

董建華在 1997 的施政報告中，提出要建立一個慈愛關懷的社會，並

且將重點放在長者、傷殘人士和新移民這三者身上。他對長者問題特別着重，成立「安老事務委員會」，要求推動三項長者政策：老有所養、老有所屬、老有所為。第一項是在社會保障方面，執行以往在九十年代通過的強制性公積金制度，以及增加少許綜援的長者津貼。第二項是「在家照顧」，減少長者入住昂貴的院舍，反而是增加家務助理、外展醫療隊及在房屋政策上鼓勵與長者共住，但這仍是以往多年訂下的政策安排。第三項是推動長者義工計劃，鼓勵長者參加活動，為社會作出貢獻。這三個政策沒有什麼新意，主要是延續以往的措施，以居家安老的目標提供有限度的服務供應量，使特區政府節省開支，以應付在經濟衰退下人口老化所帶來的壓力。

　　不過，從 2000 年開始，他的政策重點轉移到福利與就業的關係，並在施政報告中提出一個「社會政策理念」，認為政府有四個重要的責任：一是提供一個人人可參與公平競爭的社會環境，特別着重青少年教育及在職者的知識和技術更新；二是對老弱傷殘人士提供基本安全網；三是增強失業、低收入和弱勢社群自力更生的意志；四是鼓勵個人和群體投入志願工作。在這個「以仁愛與平等機會為基本價值的社會政策，與我們強調的自由經濟政策是相輔相成的」（2000 施政報告）大理念下，社會福利與醫療衛生事務開始脫鈎，走向支援勞動力，到後來勞工及社會福利局的結合。社會福利的觀念，已經從照顧及保障的方向轉向人力資源及生產能力的培養，強化了自力更生的「反依賴」意識，雖然沒有強調將「福利」（welfare）轉向「工利」（workfare），但在制度的佈置方面已經內含實踐目標。

　　作為一個仁慈長者，他的其他福利政策是以培養為主，包括在 2000 年較為凸顯兒童貧窮的議題，津貼有關數碼貧窮的兒童及青年，以及培訓弱勢社群重新回到勞動市場。2003 年，他成立了 3 億元的社區投資共享基金，並且改組社會福利署的管理架構，推動福利服務及資源管理地區化。2004 年的施政報告中，福利重點是跨代貧窮，對兒童及青年的健康及培訓作較多的投資，在長者及殘障人士方面也作少許改善。後來，

在貧窮問題極受輿論關注的壓力下，他在 2005 年成立扶貧委員會及 2 億元的攜手扶弱基金，展開了一些新發展。

不過，這些福利基金的成立，卻是在一個社會排斥政策下而推動，而內地婚生及非婚生子女的居留權是一個矛盾點。從九十年代開始，每年有五萬多新移民到港。起初，新移民問題只是引起關注，還未成為一個尖銳的矛盾，不過謠言傳出在九七年會進行大赦非法入境者，不少「小人蛇」被偷渡入境，使在過渡期的後期產生相當大的張力。在《基本法》第 24 條第 3 項中規定，所有在特區成立以前或以後在香港出生的中國公民，或在港連續居住滿七年以上的中國公民，其在香港以外所生的中國籍子女，均可享有居留權。為免回歸後有大量內地持居留權的人士來港，當時的臨時立法會在 1997 年 6 月修訂條例，規定三類人士的子女不可享有居留權：（一）出生時父或母一方在港未住滿七年，（二）港人在內地領養的子女，（三）港人在內地的非婚生子女。

臨時立法會的決定，使大批港人內地子女在 7 月 3 日湧到入境處，要求按《基本法》的規定獲批居港權，結果在一個星期內有 400 名無證子女自首。在 7 月 9 日，臨時立法會一日內三讀通過《1997 年入境（修訂）（第五號）條例草案》，規定港人內地子女必須先取得居留權證明書方可申請來港定居，而在港者必須返回內地申請居留權證明書，並追溯至 1997 年 7 月 1 日生效。這個規定使一些在港的內地子女提出法律訴訟，認為臨時立法會的決定違反基本人權。不過，這些訴訟在高等法院全告敗訴。直至 1999 年 1 月，終審法院的法官一致裁定人民入境條例違反《基本法》，更以兒童權利的原則，強調港人在內地的非婚生子女，均可享有居港權。

特區政府不服判決並作出回應。一方面，政府通過統計處公佈一項可信性備受質疑的「雪糕筒」估算方法，認為終審法院的判決會為香港未來十年帶來 167 萬新移民，將會耗費高達 7,400 億元，甚至推高失業率達 17.8%（下表）。雖然有一些學者質疑這個估計的準確性，但是公佈已經使很多香港人對新移民充滿反感，社會排斥氣氛濃厚。另一方面，

特區政府向全國人民代表大會尋求解釋《基本法》，提交了兩項規定：（1）港人在內地所生子女在出生之時，其父或母必須在港居住滿七年，並為永久性居民，方可擁有居留權。（2）在港擁有居留權的內地子女，仍需返回內地申請居留權證明書及單程證。1999 年 6 月 26 日，全國人大通過了這兩項規定。

估計需求的增加（1999－2009）

服務	估計十年內增加之服務需求	估計財政負擔
房屋	533,700 個單位	2,880 億元非經常性開支
教育	136 間小學及 106 間中學	280 億元非經常性開支及 76 億元經常性開支
醫療及衛生	11 間醫院，更多診所、牙科診所及健康檢驗中心	272 億元非經常性開支及 87.8 億元經常性開支
社會保障	不適用	每年經常性開支 84 億元
社會福利服務	更多家庭服務中心、家庭生活教育、日間託兒所、老人中心、護理院舍、家務助理、青少年服務及康復服務	23.2 億元非經常性開支及 16.4 億元經常性開支
就業服務	73,800 個基本技術訓練學額、50,000 個職業先修訓練、增加兩間學校及 823,600 個再培訓學額	55.26 億元

Data source: Government Service. Estimate to the Legislative Council, 1999.

　　內地子女居港權的爭議，產生出很多負面後果。其一是本地人對來港的新移民產生極大的厭惡感，甚至敵視，認為新移民搶走了他們的飯碗及社會資源，因而使社會產生嚴重的分化。其二，人大釋法使香港終審法院的權力形同虛設，使港人對法治精神失去信心，並有數百名律師披上黑袍在中區遊行示威，靜默抗議。其三，在政府漠視人權的情況下，不少社會倡議者開始用司法覆核的方法來挑戰政府的公共及社會政策，以至其後終審法院首席法官李國能作出呼籲，希望政府及市民用社

會政策的處理方法，而非通過法律的解釋途徑來解決社會問題。

自從該事件之後，香港市民對內地人的排斥是相當明顯的，亦因此使 2004 年《人口政策報告書》建議削減新移民的福利權益。該報告書分為三部分，第一部分提出人口老化問題，以及新移民對人口的組成所產生的負面影響。在第二部分，報告書重視知識型經濟，將人口政策的主要目標與經濟發展掛鈎。到了第三部分，報告書提出了有關移民的建議：（一）維持單程證計劃，嚴加控制來港人士，而且訂立一個七年居港期為享用公共福利的資格；（二）改善輸入內地專才和優才，以及擴大投資移民。本來人口政策最關心的部分應是人口老化，這是各國在過去十多年的憂慮，但這份報告只提問題而不提解決方法，反而向新移民開刀，政策方向甚為明顯。其後，在 CEPA 及自由行的帶動下產生了不少糾紛，包括內地孕婦來港產子、內地富豪買賣樓宇炒高樓價、水貨活動等更使群情高漲。起初香港居民只是排斥內地的窮人，但當內地的消費群湧入後所引致的擠迫及爭奪資源，這已不是傳統社會排斥所指的弱勢社群受欺壓問題，而是中港兩地市場消費所產生的文化及社會資源侵蝕的危機問題。

到了曾蔭權（2005－2012）管治的年代，香港經濟逐步復甦，社會政策的財政壓力也逐步減少。曾蔭權在董建華的年代曾任財政司司長，所以他的七年任期都是以財政穩定作為社會政策的大前提。他的首任期只得短短兩年（2005－2007），對社會政策及福利措施沒有什麼大舉動，主要是強調就業與以往扶貧工作的持續，鼓勵失業者自力更生，推出了一些短期的社會津貼及稅務寬減等安排。在 2006/07 年的施政報告中，他曾經提及希望通過一個雙軌制的取向，投資於經濟發展與人力資本，從而建立一個關顧的香港社會。

2007 年是他連任五年的開始。接續以往的承諾，他在 2008 年提出了一個名為「進步發展觀」的施政理念，首先以基建帶動發展經濟，然後帶動社區發展，以助人自助方法推動社會和諧。不過，他主要的視野仍是在推動經濟發展，對社區發展並沒有什麼具體計劃（例如麥理浩的

社區建設），亦對社會和諧的建立缺乏清晰的政策目標。在連任的首三年（2008 年 7 月－2010 年 9 月），他仍是着重失業及有關的問題，扶貧政策與就業連結在一起，例如推動社會企業「伙伴倡自強」計劃及就業交通費津貼，在扶貧方面放寬綜援豁免計算入息的安排，以及兒童發展基金等的短期津貼。

另外，他在福利服務方面也只是作些小規模的改善，例如 2007 年建議的長者醫療券，成立家庭事務委員會（後改稱家庭議會）；2008 年因食品價格上漲而為窮人提供的一億元食物援助，也將生果金加至一千元；2009 年增加長者護養院宿位；2010 成立關愛基金，開始檢討人口政策等等。

在這眾多短期措施中，較為新穎的政策是有關家庭政策及服務的重要性，他剛選任特首時便成立家庭事務委員會，希望以家庭為主導，集中資源從跨政策角度處理社會問題，協調各部門工作。他說：「香港在福利規劃方面，一直是以受助對象來界定提供服務的方式，沒有從整合的家庭角度去考慮。本港人口以華人居多，家庭是社會的核心價值觀念，政府應該從強化家庭的角度出發，制定社會政策和籌劃不同的服務，以滿足婦女、兒童、青少年及長者與家庭有關的需要……今年正式實施，成立家庭議會，由政務司司長領導，並會以兩年時間全面落實。」（2007/08 年施政報告）不過，差不多所有的公共及社會政策都與家庭有關，包括食水、能源、就業、衛生醫療、房屋等，如何落實這一個宏大的政策，是否能夠成立一個程序計劃貫穿及橫跨各部門，卻是問題的所在。這在本書第四章家庭與兒童福利有更詳細的描述及分析。

另外，從 2007 年開始，青年的社會流動機會也開始成為一個重要的社會議題。香港在六七十年代充滿社會流動機會，只要努力，總有出頭天。但是到了香港踏上金融中心的道路後，社會流動的機會變得愈來愈少。首先是產業單向化，使向上流的機會漸趨狹窄減少。其次是流動途徑走向制度化，學歷成為了個人能否晉身中產階層的關鍵，對不少青少年造成沉重壓力，在正規教育或公開考試遇到挫折的，更加感到無奈和

鬱悶。曾蔭權很清楚這一點。他說:「香港社會競爭激烈,由學前教育開始,不少父母已細心為子女安排,希望子女通過教育向上流動。這種競爭的壓力,由小學開始持續到中學及大學。一個十六七歲的青少年能否考入大學或入讀所選擇的學系,似乎決定了他往後三四十年要走的路,他們承受的壓力之大,可想而知。」(2009/10 施政報告 88 段)尤其是教育制度鼓勵競爭,學校間競爭激烈,一個小學二年級生的課程,可以提升至四五年級甚至更高,學生要通過無數的補習來應付功課及考試,難以估計競爭對兒童身心的各類摧殘。特區政府不是不知道問題的所在,但是仍然依循物競天擇的政策主辦教育,而將紓緩壓力及困境的方法委之於教育及家庭的培育。青少年一方面在求學期間面對嚴峻的學習壓力,另一方面在畢業後卻發覺出路狹窄,向上流動的階梯遙不可及。不少青少年對他們的可發展空間抱持疑慮,由此種下了不安感及憤怨,甚至成為政治矛盾的一個主要因素,對社會和諧沒有半點好處及成效。

　　貧富懸殊亦是一個極為棘手的大問題,產生嚴重的政治對立,使特區政府的管治面對更大的挑戰。2011 年,在 350 多萬工作人口中,高達 61.1% 即約 215 萬人的月主要收入低於 1.5 萬元。貧窮與貧富懸殊是兩個不同的概念,貧窮只是牽涉基本生計的問題,但貧富懸殊卻是一個向上社會流動收窄的困境,影響的範圍並非單指窮人,而是使部分中產階級覺得他們的努力不單得不到適當的回報,社會流動結構變成了「上窄下闊」的漏斗,中產階級的下層被推向貧窮,擴大了生計不安的人數,亦因此增加了政治壓力。不少市民認為貧富懸殊其實與社會不公有密切關係,尤其是政府財政高度倚賴賣地收入,更令反對「地產霸權」的呼聲此起彼落。曾蔭權政府醒覺到如果再不採取行動的話,有效施政將會面對嚴峻的困境。於是在房屋政策方面,政府成立「房屋用地供應督導小組」,統籌各部門的工作,優先處理與建屋用地相關的問題,亦保證平均每年可興建約一萬五千個公屋單位,以維持平均輪候時間約三年的目標;並且推出「置安心資助房屋計劃」,政府提供土地予房屋協會興建中小型單位,租約期最長為五年,期間不會調整租金,以援助中低收入組群。

起初，曾蔭權對是否重建居屋還是較為猶豫，但在最後的一份施政報告中已改弦易轍，務求干預正在瘋狂升值的樓宇市場。

但這些措施都是在曾蔭權管治的後期才出現，只能說是遲來的春天。在董建華及曾蔭權這十五年的管治下，香港市民的政治觀出現了一股甚強的權益感，將反福利及反民主的陣營稱為建制派，而將支持福利及民主的陣營稱為泛民主派。建制派與泛民主派的對立十分明顯，前者譴責後者為免費午餐派、民粹份子、打擊經濟發展；而後者抨擊前者為官商勾結、特權階級，以及不理民間疾苦。這兩派的矛盾在董建華年代開始局部浮現，起初還只是在經濟及民生環節中展露，到經濟開始復甦的曾蔭權時代更形政治化，不少市民覺得他們處於一個零和遊戲的棋局，雖然經濟仍然穩步增長，但政商特權的所得，卻是基層市民的所失。經濟分配變成了政策爭拗的熱門議題。

特區政府於 2013 年 9 月 28 日在扶貧委員會高峰會正式公佈利用計算家庭入息中位數的一半定為貧窮線，以作為量化貧窮的工具。低於界線的家庭則屬貧窮戶，而當中成員便定為貧窮人士。用這計算方法，政府得出 2012 年貧窮線如下：

一人戶	二人戶	三人戶	四人戶	五人戶	六人或以上
3,600 元	7,700 元	11,500 元	14,300 元	14,800 元	15,800 元

報告中提及在除稅及福利轉移前，約有 54 萬戶被列為貧窮戶，涉及 131 萬人，貧窮率約為 19.6%。雖然此計算方法中可能包含了一些「低收入，高資產」人士，但當扣除恆常現金福利如綜援金、高齡津貼及學生資助金後，仍有 40 萬戶為貧窮戶，涉及人數約 102 萬人，貧窮率為 15.2%。此 102 萬人當中約 49 萬人，即約一半人數是屬於在職貧窮，並且超過八成是來自三人家庭或以上。

2012 年，梁振英獲選特區首長，他的政策穿插着不少有關民生及弱勢社群的保障，不過這些保障是否來得太遲、太少、太狹窄，已超越了本書研究的範圍，但願其他的研究能補足本書的不足之處。

綜觀九七回歸後的民生福利情況，可以說私營化使政府重新訂下自己較為狹窄的福利責任，讓市場競爭有較大的空間尋找自己利益之餘，為民生福利做點事。至於實際可以做到多少，則須要更詳細的分析。不過，政府的後退卻難以逃避市場兩極化的情況出現，在「大市場、小政府」的政策方向下，大財團愈來愈容易侵蝕着市民的收入，使貧富懸殊的距離更難倒轉過來，扶貧工作當然要處理，社會融和減少排斥亦是面對社會撕裂的必須任務，但普羅大眾（亦即中產階級的中下層）所面對的民生困境如何解決，卻是特區政府在未來歲月中務必要解決的問題。

參考書目

元邦建：《香港史略》。香港：中流出版社，1987。

呂大樂：《凝聚力量：香港非政府機構發展軌跡》。香港：三聯書店，2010。

呂大樂：《香港模式：從現在式到過去式》。香港：中華書局，2015。

李建正、趙維生編：《新社會政策》。香港：中文大學出版社，1998。

周永新：《香港社會福利的發展與政策》。香港：大學出版印務，1980。

林順潮：《香港醫療面面面觀》。香港：博益出版集團有限公司，2003。

林萬億：《福利國家：歷史比較的分析》。台北：巨流圖書，1994。

金重遠：《二十世紀的世界：百年歷史回溯》。上海：復旦大學出版社，1999。

《香港社會福利工作之目標與政策》。香港：政府印務局，1965。

《香港醫療衛生服務的進一步發展》。香港：香港政府，1974。

張少強、崔志暉：《香港後工業年代的生活故事》。香港：三聯書店，2015。

許家屯：《許家屯香港回憶錄》。香港：香港聯合報有限公司，1993。

陳明銶主編：《中國與香港工運縱橫》。香港：香港基督教工業委員會，1986。

曾銳生：《管治香港：政務官與良好管治的建立》。香港：香港大學出版社，

2007。

馮可立:〈社區發展與政治〉,載《社區發展資料彙編》。香港:香港社會服務聯會,1986。

馮可立:〈議會政治與社會工作〉,載周永新編:《社會工作學新論》。香港:商務印書館,1994,第 315－328 頁。

馮可立:〈社會工作與政治〉,載周永新、陳沃聰編:《社會工作學新論(增訂版)》。香港:商務印書館,2013,第 280－294 頁。

新力量網絡／本土論述編輯委員會:《本土論述》。台北:漫遊者文化事業股份有限公司,2009,2010,2012,2013－14。

葉健民主編:《從九七算起:公民社會的第一個十年》。香港:進一步多媒體,2007。

廣角鏡主編:《香港與中國:歷史文獻資料彙編》。香港:廣角鏡出版社,1981。

蔡榮芳:《香港人之香港史》。香港:牛津大學出版社,2001。

盧兆興、余永逸等編著:《董建華政府:管治危機與出路》。香港:明報出版社,2002。

盧錦華:《香港基督教社會工作初探》。香港:基督教循道衛理聯合會,2001。

羅金義、鄭宇碩編:《留給梁振英的棋局:通析曾蔭權時代》。香港:香港城市大學出版社,2013。

Bruce, M. *The Coming of the Welfare State.* London: B. T. Batsford Ltd, 1979.

Castells, M. *The City and the Grassroots.* Berkeley & LA: University of California Press, 1983.

Census and Statistics Department. *Self-employed Situation since 2003, Half-Yearly Economic Report.* Hong Kong: Hong Kong Government, 2007.

Census and Statistics Department. *Special Topic Report no. 43: Casual Employment and Part-time Employment.* Hong Kong Government, March, 2006.

Cheng, J. ed. *The Second chief executive of Hong Kong SAR, evaluating the Tsang years, 2005-2012.* Hong Kong: City University of Hong Kong Press, 2013.

Endacott, G. B. *A History of Hong Kong.* Oxford University Press, 1964.

Faure, D. *A Documentary History of Hong Kong: Society.* Hong Kong: Hong Kong University Press, 1997.

Faure, D. *Colonialism and the Hong Kong Mentality,* Hong Kong: Centre of Asian Studies, University of Hong Kong, 2003.

Faure, D. with Lee Pui tak, *Economy, A Documentary History of Hong Kong.* Hong Kong University Press, 2004.

Fung, H. L. "The 'Right of Abode Issue' : A test case of One Country Two Systems" in Wong Yiu Chung ed., *One Country Two Systems in Crisis – Hong Kong transformation since the Handover.* Lanham Maryland: Lexington Books, 2004.

Ho, P. E. *Times of Change: a memoir of Hong Kong's Governance, 1950-1991.* Hong Kong: Hong Kong University Press, 2005.

Hodge, P. "Expectations and dilemmas of social welfare in Hong Kong" , in Leung Chi Keung et al, *Hong Kong: Dilemmas of Growth.* Research School of Pacific Studies, Australian National University; Hong Kong: Centre of Asian Studies, University of Hong Kong, 1980.

Hong Kong Annual Report. Hong Kong: Government of Hong Kong, 1951, and various years.

Hopkins, K. "Housing the poor" , in Hopkins ed., *Hong Kong: the Industrial Colony.* Hong Kong: Oxford University Press, 1971.

Lee, D. "Release and Rehabilitation" , in Sally Blyth and Ian Wotherspoon, *Hong Kong Remembers.* Hong Kong: Oxford University Press, 1996.

Leung, B. "The Student Movement in Hong Kong: Transition to a Democratizing Society" in Stephen Chiu Wing Kai & Lui Tai Lok, *The Dynamics of Social Movement in Hong Kong.* Hong Kong: Hong Kong University Press, 2000.

Patten, C. *East and West.* London: MacMillan, 1998.

Piven, F. & Cloward, R.A. *The New Class War: Reagan's attack on the Welfare State and Its Consequences.* New York: Pantheon Books, 1982

Scott, I. *Political Change and the Crisis of Legitimacy in Hong Kong.* Hong Kong: Hong Kong University Press, 1989.

Smith, C. "The contribution of missionaries to the development of Hong Kong", in *A Sense of History: Studies in the Social and Urban History of Hong Kong.* Hong Kong Educational Publishing Co, 1995.

Welsh, F. *A History of Hong Kong.* London: Harper Collins Pubisher, 1993.

Yukari, S. "Hong Kong: Uneasiness among Administrative Agents", in Shinichi Shigetomi, *The State and NGOs: Perspective from Asia.* Singapore: Institute of Southeast Asian Studies, 2002.

第二章

社會福利政策規劃、行政及財政的演進

政策規劃（policy planning）有兩個截然不同的含義。第一個是從民間由下而上的角度出發，認為當政府作出規劃，承諾用社會資源處理或解決公共及社會問題時，在某程度上類似政府與市民訂下一個契約，內含一種「與民立約」的意義，一種滿足民間政治期望的諾言（political promise）。另一個含義剛剛相反，是政府由上而下地作為一個執行主體，理性及科學地考慮各種需求及可能出現的限制，技術上如何將政策方向具體化，應付各種外在及內在困難及障礙，使政策成為可以執行（deliverable）的具體安排。可以說，前者與政治需求有關，當然可以公開討論，但後者涉及供應方面的執行細節，尤其是政府要面對甚為棘手的社會權力集團利益時，更是心照不宣難以啓齒。

因為有這兩個含義，查爾斯・林德布洛姆（Charles Lindblom）在理論層面上將它分為兩大模式，其一是「全面理性」（rational comprehensive），其二是「片斷性增長主義」（disjointed incrementalism）。他認為前者是一種「提綱式」（synoptic）計劃，政府與民訂約，作出承諾，採用科學方法掌握社會需要，作出果斷決策去管制或解決某些社會問題，在總策略下要求各部門協調工作，使政策能夠順利推行，例如房屋、醫療、教育、福利規劃。不過，這種全面規劃雖然十分重要，但它並非是常態政策運作的模式。理由很簡單，首先，政府掌握的資訊雖然已經相當豐富，但永遠都不足以做全面及長遠決定。其次，社會形勢與經濟資源不斷變化，以往的規劃很多時候都受到突發事件的影響。其三，要做果斷決定與協調並非易事，因為社會不同利益集團與政府部門並非處於被動位置，而是同時在爭奪資源。

所以，他提出了全面理性模式的對立面，認為在常態情況下，「片斷性增長模式」規劃反而大行其道，這是一種「反應式」計劃，「頭痛醫頭、腳痛醫腳」地含混過關（muddling through），對問題只是作出些許改善，不推動大改革。它採取的不是宏觀科學理性，而是片斷式經驗理性，大原則是維持現狀，「穩定壓倒一切」，當社會爆發政治壓力時，政府便修正政策。這種做法是回應短暫問題而非徹底解決問題，雖然比較

片面，而且有時候甚至使政策之間充滿不協調、錯配以至矛盾的情況，但是它的片面性卻是靈活變通的一劑靈藥。不過，這個模式卻難以徹底滿足市民需要，產生不少怨憤，市民認為政府只是對一些過時的政策修修補補，做表面功夫，敷衍了事，毫無長遠視野，社會政策只是官僚機會主義者的遊樂場，歪曲政策規劃的意義，市民應該給予政治壓力才會出現制度上的改變（Lindblom, 1977）。

林德布洛姆的這個二元對立模式雖然受到不少批評，後來亦作了修訂，但是他的立論仍可提供一個很好的分析架構，使社會政策規劃的討論，環繞着科學理性與政治實用主義之間所作出的優次及取捨。

在香港，頭痛醫頭式的實用主義長期佔據着福利規劃的主導地位。官方一貫以來的主要論調是因為香港是一個小型飛地，受到很多外在及國際社會、經濟和政治因素所影響，例如移民潮、貿易市場、中國內地政治及經濟變化等，這些因素變幻不定，政府不能控制，所以很難用全面科學理性來規劃運行，只能以短期行政及財政措施來回應社會變化的需要。這些理由相當合理，不過，雖然外在因素變化難以估計，但是香港政府也面對兩個內在因素，難以純粹用「摸着石頭過河」的措施來制定福利政策，逃避全面科學理性規劃的要求。

第一個內在因素是政府本身結構的成長。從五十年代開始，經濟發展促使政府擴張人手來管理社會經濟事務，移民潮也使政府不得不增加很多公共服務，例如教育、房屋、醫療等。到了六十年代中期，「小政府」已經很難應付日益複雜及繁瑣的管理事務。政府規模開始擴大，內部分工愈來愈走向精細及專業化，要採用整全及長遠發展取向，才能協調各政策間的罅隙。各種公共服務的專業化使政府規模壯大，內部協調不斷增加，政府難免要走上一條全面理性計劃模式的道路。

另一因素是民間及非政府機構的倡導及推動。在香港，超逾九成的福利服務是由非政府機構提供，它們對社會福利充滿了使命感及專業信念，希望能夠成為政策夥伴，與政府共同合作政策規劃，建立良好的福利制度。在過去數十年中，這些非政府機構不滿政府官僚見步行步的實

用主義，主動對社會問題作出調查，引起社會關注，要求政府正視問題的重要性，並且對政策作出評價及制度改革的建議。這些倡導工作，使「片斷性增長」的實用主義顯得片碎及落後，政府亦難以逃避作更長遠發展的社會訴求。

　　上述這些因素，包括外在的宏觀政治社經情況、政府內部規模及結構發展，以及民間和非政府機構參與的要求，都顯著地影響着福利規劃、行政與財政的發展軌道。

四十及五十年代：
福利服務開始成為一個獨立部門

　　四十及五十年代的社會福利，可以說是由附從地位邁向獨立地位的一個階段。在二戰結束時，政府為着應付戰亂傷殘者的需要，在醫務署下成立了一個救濟部，提供食物與短暫住宿安排。那時，社會福利是與醫療政策連在一起，仍未成為一個獨立的部門，可以說它在功能上處於一個重要位置，但是在結構上仍未成形，沒有自身較為完整的一套政策軌跡、運作方向、結構、財政與行政系統。

　　到了 1947 年，當政府穩定下來後，華民政務司轄下開始成立了社會福利辦公室。該司的管轄範圍比較闊，牽涉不同類別的民生問題，福利服務已不單是指保命復殘工作，而是有更寬闊的拓展空間。然而，這個辦公室人手甚少，而且在戰後資源限制下，不得不依賴與非政府機構的合作以回應龐大的社會需要，例如提供緊急援助、保護兒童及婦女、使貧困及傷患者得復康，以及提供感化服務。不過，雖然人手甚少，辦公室仍逐步將零散的民間福利服務集中統籌起來，使工作得以結構化和系統化。

　　1949 年後，大量移民流入，福利需求量大增。辦公室在 1952 年開始作更專門化的分工，以保障婦孺為工作重點，將婦女及兒童部分拆為兩個組，一個是處理未婚懷孕的道德福利組（Moral Welfare Section），另一個是保護兒童的兒童組（Children's Section）。在龐大需求下，辦公室在 1954 年及 1956 年再重組，建立七個分組（包括賑災、監管行為、青年、兒童、婦女及少女、社區發展及特殊福利），福利的範圍擴闊到社區及社群服務，尤其是新移民。在戰後短短十年內，社會福利的觀念已跨越了救濟工作，除了扶貧濟弱外，也處理一些與人禍有關問題，例如針對可能墜入罪惡深淵的青年及少女，使福利服務增加了預防的工作。

　　到了 1958 年，福利辦公室終於成為一個獨立部門，改名為社會福利署，接收以往的工作及任務。獨立後，社會福利署才有它自己的財政結算，而且再重新改組，由以往的七組改為六組：（1）救濟組；（2）兒童福利組；（3）監管行為組，即感化部；（4）青年福利組；（5）特殊福利組，聯繫志願機構處理傷殘弱智長者；（6）婦女及少女組，處理需接受保護的少女、年輕妓女與未婚母親。結構鞏固着功能的運作，隨着改組過程，社會福利署的工作開始有明確的發展空間。不過，它的發展仍然受到財政資源的限制。

　　在福利財政方面，從香港開埠到目前為止，「審慎理財」原則成為了經典的財政管治傳統，是香港政府一個不可或缺的政策。在二戰前，香港的公共財政在開支上受到英國的直接管轄，沒有彈性動用的權力，但另一方面，英國作為殖民地母國卻不願意承擔財政責任，香港政府必須在財政上盡量做到自給自足。在這個限制下，香港政府在諸如管治制度、社會及福利政策，以及推動社會進步的發展政策方面，都被束縛於一件緊身衣當中。二戰後到五十年代中期，香港的貿易與工業發展得十分快速，財政方面也逐步充裕起來，本來可以增加多些福利經費，不過，財政司歧樂嘉（Arthur Clarke）卻是一個錙銖必計的官員，據當時財務科書記何鴻鑾憶述，在 1957/58 年剛成立的社會福利署，署長 David Baron 提出財政預算，要求有足夠經費推行工作，但被財政司削減經費。

當時 David Baron 很氣憤地表示，要是財務科不退讓的話，他將會直接向港督柏立基請示。[1] 從這事件可以看到，社會福利署成立初期，面對着一個並不友善的財政政策，它在資源緊絀情況下，不得不倚賴志願機構及慈善捐獻的充分支持，才能正常地運作。

之後，1953 年石硤尾大火產生甚大壓力，使政府強化了民生福利規劃的優次。當時，香港政府懇求英國給予財政援助來處理災後危機，但無功而還，不得不使用大量公帑來應付災後的住屋需要。在眾多社會政策（教育、房屋、醫療衛生、社會福利、勞工）中，社會政策的優先位置放在房屋、教育和醫療衛生這三項，而勞工與社會福利的開支只是敬陪末座。公屋興建使社會服務開支大幅提升，一年內從政府總開支的20% 上升到 27%，到 1957/58 年更高達 36%。在港督柏立基的六年任期內，社會服務的實質開支有明確增長，從 1958/59 年的 1.8 億多元增至1963/64 年的 4.6 億多元，六年內增加兩倍多。不過，大多數的開支是給予房屋、教育及醫療衛生。在眾多社會服務之中，社會福利開支只佔政府總開支的少於 2%。如表 2.1 可見，在 1963/64 年的 4.6 億多元社會服務開支中，福利開支只是佔 1,600 萬元，是一個極低的比例。

在微弱的政府支援下，當時社會福利的財政來源主要是來自民間。政府自己所訂的福利財政角色甚為狹窄，只是集中處理已挑選的危機社群，或者通過廉價批地的方式協助志願機構，而志願機構則只能四出籌募經費。有些機構得到來自海外教會及本地信徒捐獻，有些則是從本地慈善社團及商界所籌集，如東華三院及保良局等。在七十年代之前，社會福利的主要財政來源，就是來自這兩方面的捐獻。

1　Ho, Eric Peter, *Times of Change – A Memoir of Hong Kong's Governance 1950-1991* (Hong Kong: Hong Kong University Press, 2005).

表 2.1　1958/59 至 1963/64 的社會服務開支（百萬元）

社會服務開支	1958/59	1959/60	1960/61	1961/62	1962/63	1963/64
教育	76（12.97%）	93（13.29）	115（13.56%）	140（14.64%）	160（14.35%）	180（13.88%）
醫療衛生	69（11.77%）	75（10.71%）	93（10.97%）	99（10.36%）	124（11.12%）	134（10.33%）
房屋	27（4.61%）	30（4.29%）	54（6.37%）	58（6.07%）	79（7.09%）	135（10.41%）
社會福利	8（1.37%）	10（1.43%）	12（1.42%）	17（1.78%）	14（1.26%）	16（1.23%）
勞工	1（0.17%）	2（0.29%）	2（0.24%）	2（0.21%）	2（0.18%）	2（0.15%）
總數（佔總開支）	181（30.89%）	210（30.0%）	276（32.55%）	316（33.05%）	379（33.99%）	467（36.01%）

註：（　）指總開支百份比

六十年代：低度的福利政策規劃

在 1965 年以前，香港政府毫不諱言其訂定的社會政策思維，是以經濟發展為大前提來制定優先次序。不過，雖然政府堅持這個大方向，但是經濟增長帶動着各項公共服務走上社會分工專門化的道路，政府亦難以逃避這個挑戰，行政規模與運作因此起着翻天覆地的改變。

從戰後到六十年代初期的十多年間，香港政府的組織規模仍是相當細小，人手有限，專業分工並不精細，很多角色都混淆在一起，局限了個別單位的發展空間。別說民生福利問題，就算是緊急救援的消防工作，以前也只是在警務處管轄下的一個單位，在 1941 年才改名為消防隊，直至 1961 年才正式成為一個專業部門。處理移民問題也是一樣，人民入境事務處在 1959 年才脫離警務處，到了 1966 年才確認獨立運作

的必要。統計工作也沒分別，政府在 1967 年才正式成立統計處，使它可以集中處理及運算整體統計數據。從六十年代開始，政府忙於掌握急劇的發展步伐，逐步擴大着政府規模及結構。更精密的分工、財政資源的充裕、人力資源的增長、訓練需求的增加等變化，正在催生着一個更全面發展的政府，社會福利因而也不例外。這正正反映在 1965/66 年的社會福利署年報中，它聲稱這年的報告與以前有很大的差異：「在過去這年來，社會福利的字彙中經常看到兩個字 —— 計劃與發展。只是過去這幾年內，我們才將資料收集、分析、預測等工作擺在重要的優次秩序。」以往較粗糙的公共行政體系開始有所改變，各部門在更仔細分工下，開始在它們所管轄範圍作較為前瞻性的規劃，社會福利進一步的發展也因此被提上了社會議程。

1965 年，《香港社會福利工作之目標與政策》白皮書公佈，臚列數據，介紹當時的經濟發展與社會需要，並同時承認福利服務的落後。可以說，當時政府對貧窮情況並非缺乏認識。不過，它考慮的主要是誰來負責的問題。白皮書開宗明義地表明，政府的福利責任只是為最缺乏援助的人提供服務，中國傳統家庭仍應該承擔養育及照顧等責任。白皮書用「儒家文化論」解釋政府不應破壞這個優良文化傳統，它認為中國的傳統價值及義務觀念，在香港只受到極有限度的破壞，因此，政府不應空讓福利服務加速破壞這些傳統責任感、「不應鼓勵家庭將照顧老弱的責任，委諸政府或其他志願機構」。亦即是說，政府的角色極其有限，所以避免了作進一步的社會規劃。

白皮書將政府的福利角色訂得相當狹窄，政策優先次序原則包括以下幾點：

（1）政府應繼續賑災扶貧，以及照顧及保障未成年者，執行法庭付託之感化及監護工作。在這個政策原則下，政府的主要服務對象包括：喪失正常家庭生活的人，如身體殘缺、精神不健全、罪犯、患病人士，以及失去家庭教養的青少年人。

（2）政府應透過福利服務協助個人「使成為自立有生產能力之公民，

並迅速由依賴別人而轉變為自給自足者」。社會福利角色只是短暫地保障公民的生計，只要回復生產能力，公民便須脫離福利的保障。

（3）政府應協助家庭保持完整，並協助團體及社區聯繫起來，建立社區精神（意思是說，家庭與社區這些自發自生的單位，應該擔負保障民生互助福利的重要任務）。

（4）政府亦應設法提高社會工作人員的效率，鼓勵有關研究工作與資料的搜集，並與志願機構保持緊密聯繫，給予適當的指導和協助。

因此，白皮書推崇志願機構的福利責任及角色，「志願服務是自由社會的一項要素。假如市民能夠發展及維持為他人福祉的責任感，志願服務可以作為一種途徑將市民的慈善熱誠引至適合方向，吸引未經利用的財政資源，在一個相當程度上減輕了公共財政負擔」。社會福利署 1966 年的年報中也說，「香港十分幸運，得到教會及慈善會社在社會需要中貢獻了金錢、貨品、時間、思想、禱告和服務。社會福利署再次鳴謝這些為社會而作的服務，沒有它們，官方的福利服務沒可能面對目前的社會需要，不用再說面對將來的需要」。

這個福利屬「私人及社會領域」和「是家庭及社會的責任」論述，受到社會各方面的嚴峻批評。如果當時的香港經濟仍是低迷不振，公共財政入不敷支，市民無話可說，但在經濟開始起飛的情況下，政府仍嚴格控制社會開支，卻難辭其咎。二戰結束到 1960 年初是香港嬰兒潮的高峰期，在缺乏避孕措施的當年，一般家庭平均有四至五個子女，要為他們供書教學，如果再加上要負上供養長者責任，勞工必須胼手胝足加班加時工作才能夠養活一家人。家庭所負擔的福利責任，其實已經極為沉重。當時的社聯亦認為政府不應將福利責任推往家庭，應當負責為市民提供一個全面及長遠的政策。

市民要求長遠發展的呼聲得到海外專家的回響。在 1965 年福利白皮書發表的同時，政府委託了一位英國學者威廉斯博士（Gertrude Williams）來港，研究福利服務進一步發展的可能。她在 1966 年提交報告，提出了一些與政府相異的看法，認為香港傳統的家庭制度已在瓦解中。在傳統

家庭中，婦女的確負擔起照顧老弱稚幼甚至傷殘病患的責任。不過，在高度緊張的都市生活中，當婦女要出外工作負擔家計，她們便面對在職婦女的雙重角色，難以兼顧照顧其他家庭成員。「儒家文化論」及「家庭責任論」的福利觀，已遠遠落後於社會形勢的發展。

瓦解中的家庭需要長遠及全面政策的支援。在掌握到以往福利觀的缺失下，社會福利署終於與社聯合作，成立聯合策劃小組，制定社會福利發展五年計劃。這是香港政府第一次從「技術性」規劃轉化成為「提綱模式」，可以說是一大轉變。不過，因為政府以往只是重視經濟發展，缺乏基本社會數據，如貧窮人士的數目及生活情況這些基本資料也付之闕如，因此小組工作進度甚為緩慢，要在四年後，即 1969 年，才發表一份參考文件。這可以說是第一份全面分析社會需要的文件，包括家庭、兒童、青少年、傷殘人士和老人等各種社會類別。據當年社聯助理總幹事華元博牧師指出，1964/65 年，政府發表第一份社會福利白皮書，志願機構立即作出反應，提出改善政策的批評及建議，結果政府作出二十三處重要的修改，由此，亦奠定政府與志願機構相互合作的關係，共同為檢討及改進社會福利服務而努力。經過志願機構漫長的爭取，政府終於肯定了 1969 年由社會服務聯會與社會福利署共同協議的《對社會福利服務及需要的承諾》所提出來的五年計劃構思。由下而上的「與民立約」福利政策參與過程，終於踏出了第一步。

1967 年騷動後，政府對福利規劃的重要性及迫切性有明顯的改進，行政結構也因此重組。在該年 7 月，社會福利署又再重組，從六組減為四組，工作重點亦從微觀擴展至宏觀層次，增加了社區工作，開始推動地區工作的發展。這四組包括：（1）家庭服務組，整合以往的救濟、兒童福利、特殊福利、婦女與少女福利等工作，將分散的服務統籌在以家庭作為單位的主軸；（2）小組及社區工作組，包含青年工作及社區活動；（3）監守行為及懲教組，負責與當時的監獄署（即現在的懲教署）合作；（4）總部，處理中央行政工作，以及加強聯繫志願機構。

在福利財政方面，港督戴麟趾執政近八年當中，經濟發展的速度十

分快,社會服務的總開支也隨着經濟增長而上升,從 5 億元增加至 11 億元。在政府的整體開支中,社會服務仍是佔 35%－40% 左右,主要的優越位置仍是教育、醫療、房屋這三類服務,而弱勢社群與勞工的財政開支,仍然敬陪末座。

表 2.2　戴麟趾的七年社會服務開支

年份	社會服務的開支(百萬)	社會服務開支佔總公共開支(%)	與去年的差距(%)
1964/65	512	35	-1
1965/66	586	33	-2
1966/67	628	35	+2
1967/68	649	38	+3
1968/69	718	38	0
1969/70	799	39	+1
1970/71	966	39	0
1971/72	1,134	39	0

七十及八十年代:
全面規劃的大變化

　　七十年代是社會服務(教育、房屋、醫療、福利)的黃金年代,香港政府放棄了以往片斷性規劃模式,換來與民立約的全面規劃,亦推動了一套名為「程序計劃財務制度」(Programme Planning Budgeting System, PPBS),將以往相對獨立的政府部門,通過跨部門協調合作方式,取得更大的工作效益。這是美國政府在六十年代中期提出的一個政策規劃

運作模式，它牽涉五個項目：（1）一個程序結構（Program structure），訂定服務目標及作具體分類；（2）一份確認文件（Programme Objective Memorandum, POM），將社會需要、輸入資源、服務產出等問題及作業目標具體化；（3）一個決策過程（decision making process），訂定服務的功能、規則及時間表；（4）一個分析過程（analysis process）來量度工作效益；（5）一個為完成工作而建立的資料系統（information system）。這個制度希望建立一個「矩陣網政府」（matrix government），除了有傳統垂直的部門架構上下關係，還有橫向的跨部門合作關係。它的好處，是減少了部門的山頭主義，使一些較大規模的計劃更系統化地推行，不需要重組部門職能，亦使財政政策與社會目標掛鈎，減少執行障礙。

在香港，程序計劃分為十個步驟。（1）港督的一些委員會首先負責訂立一些程序範圍，建議初步考慮，但未作任何政策承諾。然後程序計劃的官員負責第二至第五項工作；（2）預測需求；（3）決定服務量所產生的資源供應，例如人手、物料、財務等；（4）了解目前服務情況；（5）掌握政策及服務短缺之處，例如政策空隙；（6）在掌握服務需求及短缺後，政府的諮詢委員會、行政局與官員展開討論，可能訂定新選擇、新目標、新標準或新方法。然後交給官員去（7）訂立決策及執行時間表，（8）重新考慮新選擇所產生的短期及長期影響。然後交給（9）行政局及財務委員會做最後決定，及（10）政府有關部門訂定執行的工作、時間表、短期可達成的目標。這十個步驟，使政府將各種有關工作統籌在一個大主題之下，一方面減少重複浪費，另一方面也減少政策空隙的形成。自此，社會規劃、行政、財務資源三者之間的安排減少了內部的不協調，主要問題只是在執行上遇到的外在變化。

以往，政府各部門在政策大方向下可自行策劃工作發展計劃，然後交由布政司（現易名為政務司）負責統籌。這種做法對布政司署產生了過量的工作，也積壓了很多重要決策。七十年代初，政府檢討施政運作，1972 年 11 月，《麥健時顧問報告書》公佈，建議中央要做好政策總規劃，每一個部門雖然有自身的計劃，不過部門之間也應建立程序計劃

的運作模式。

在《麥健時顧問報告書》發表的同期，政府發表了《香港福利未來發展計劃》草擬書，在諮詢市民意見後，政府在 1973 年中公佈了《社會福利白皮書》。相比於 1965 年的白皮書，這份白皮書有三點明顯的差別，或者可以說，有明顯的否定。

其一，新的白皮書是「提綱式」規劃模式的典範，否定了以往「見步行步」的實用主義。1965 年的一份是羅列數據，只談問題，但對政府解決問題的角色盡量保持低調，要社會承擔起大部分責任。新的白皮書是一份有關福利的政治承諾，提出了服務總綱與方向、各種服務的需要與供應、服務模式、開展具體五年計劃及定期檢討機制，以及一些執行上的安排，例如多少人口需要設立一個社區中心、老人中心、青少年中心等，並列明在財政資源的許可下可提供的供應量。又在社會保障方面，除公共援助現金津貼外，政府亦計劃設立老弱傷殘津貼，擴大援助範圍。在家庭服務方面，工作重心轉移向一些預防性服務，如家庭生活教育。在青少年服務方面，青少年及兒童中心是重點，每五萬名青少年設立青少年及兒童中心各一個，而長遠目標是把這人口比例拉低至兩萬人，使更多青少年及兒童得到服務。在康復服務方面，弱智人士會得到更多的照顧。在社區服務方面，政府在設立不同人口數目的社區會堂、福利中心及社區中心等。

其二是與志願機構建立夥伴關係（partnership），同心協力推動福利服務，否定了將福利責任拋給家庭。首先，新的白皮書是在社會福利署與社聯互相合作之下的成果，至於五年計劃也是雙方同意下而訂定，是在共同合作基礎上作不斷的檢討。政府邀請志願機構參與政策的制定過程，具體落實諮詢政治，亦因此建立了互信基礎。其次，政府訂定與志願機構的分工，認為官方最主要責任是維持法紀及社會公正，所以社會福利署首要處理的工作是與法例有關，例如保障婦孺條例、有關離婚與子女撫養權、青少年罪犯感化令等問題。而公費開支龐大的項目如社會保障，亦必須由政府負責。另外，一些服務涉及多個部門，例如恩恤徙

置，應由社會福利署去做協調。政府應集中重點做好這些工作，將其他福利服務如青少年、老人、復康、社區工作等交給志願機構。在白皮書中，政府確認了志願機構的角色及位置，也信任後者因為沒有官方身份的掣肘，對資源調動又有較大的彈性，可以作多些創新服務，發揮先驅者角色及功能。社會福利的舞台責任屬於兩個演員：政府與志願機構，以往高舉家庭的福利責任角色，已經變成了接受服務的受眾。

其三，除了訂立發展計劃外，白皮書還列出三個重要的支援系統，建立諮詢制度、訓練及志願機構的財政來源，以鞏固與志願機構的合作關係。在 1948 年，政府早已成立了一個「社會福利諮詢委員會」，不過只是當時政府在對某些問題作最後決定前的意見諮詢，作為漏洞的補充，因而缺乏規劃所牽涉的前瞻及預防功能。由於這次白皮書確立了政府與志願機構的合作關係，社聯被邀請參與定期的檢討會議，在這種安排下，志願機構不單是負責執行白皮書及五年計劃的規劃，而且還平起平坐地參與社會福利的決策過程，這是一個突破點。至於在訓練方面，白皮書建議成立社會工作訓練學院（後來在 1977 年合併到香港理工學院，更在後來發展成為理工大學社會工作系），增加受訓社會工作者人數，推展着社會工作專業的發展。

在志願機構財政來源方面，政府積極地增加補助和津貼，使計劃得以順利完成。政府的津助增加，當然對志願機構有很大的幫助。不過，公費的支持也逐步帶來對公帑的問責，因而使政府對志願機構增加了運作上的控制。起初，政府還強調志願機構有很大的自主性，所以只是作一些基本的財政監督。不過，到了八十年代中後期，當政府的財政管理轉向「產出導向」（output-oriented）的責任模式後，政府不斷要求服務走向標準化的表現，使志願機構的掣肘愈來愈大，反而使志願機構開始要求減少干預及增加彈性，到後來更發展成為極具爭議的一（整）筆過撥款體制。

在福利白皮書公佈後，各項程序計劃陸續展開。1975 年復康服務策劃工作開展，在 1976 年公佈了《香港復康服務的進一步發展》綠皮書，

後來成為《群策群力：協助弱能人士更生》白皮書，使醫療、福利、教育與房屋這幾方面的服務在復康政策下統籌起來。1977年是一個收成年，除了復康政策外，在這一年公佈的福利程序計劃有三份：《老人服務》、《青少年個人輔導社會工作》、《為最不能自助者提供援助 —— 社會保障發展計劃》。起初，這三份程序計劃本來可以各自獨立成為白皮書，但是後來都一併納入了1979年的社會福利白皮書之內。

程序計劃的推動，使福利服務在一個相當協調的政策環境下進行。政府的行政制度也作出了不少改動，例如作人力資源需求的估算，訂立人手編制、跨部門協作會議、財務安排及與志願機構訂定檢討時間表等等。不過，當時社會福利署的人手並不多，因為它的直接服務範圍比較狹窄，主要是執行與家庭法例有關的婦女、兒童及青少年問題。反而社會保障發展迅速，很快便成為一個相當龐大的部門。社會保障成立的初期（1971年），公共援助只是處理少數個案，但短短的數年間，社會保障組的規模及地位迅速上升，成為了社會保障部。1974年的石油危機使香港經濟受到嚴重傷害，次年失業情況極為惡劣，估計有超過25萬人失業，申請公援的個案上升到超過55,000宗，後來為了處理及分發大量的公共援助及傷殘津貼，還設立分區辦事處。社會保障因為與經濟變化及人口趨勢息息相關，處理貧窮及主要的意外事故，所以迅速地成為社會福利署最龐大支出的部門。

在福利服務行政方面，政府開始用分區化方法來處理地區上的差異。社會福利是一種以人為本的服務，必須因地制宜服膺於地區的人口分佈特色，例如年齡、性別、收入分配、教育水平等，以便制定適切的服務。以往，分區化並沒有系統協調的需要，一來是因為缺乏全面規劃，沒有統籌機制，二來是志願機構亦各有目標，比較散漫。這種情況，使感化及康復服務、老人服務、小組及社區服務與社區特性脫節，甚至出現服務重複及資源浪費。政府需要統籌及協調服務。在1977年，社會福利署進行了全面性行政管理制度檢討，報告書於次年發表，建議全面分區化。報告書建議將全港分為四大區（港島、東九龍、西九龍、

新界），每一區由一個福利專員統籌，職權範圍相當廣泛，轄下有區主任與副主任，彈性地統籌各項服務的執行。

在財政方面，港督麥理浩在任的十一年中，社會服務開支的增長直線上升，從 13 億元增加到 111 億元。

年份	社會服務的開支（百萬）	社會服務開支佔總公共開支（%）	與去年的差距（%）	公共開支佔國民生產總值（%）
1972/73	1,358	32		13
1973/74	1,820	35	+3	13
1974/75	2,431	39	+4	15
1975/76	2,638	44	+5	14
1976/77	2,649	40	-4	12
1977/78	3,730	41	+1	13
1978/79	4,754	43	+3	15
1979/80	5,738	41	-2	15
1980/81	8,368	35	-6	16
1981/82	10,202	37	+2	18
1982/83	11,107	34	-3	19

至於志願機構的福利經費津貼，其實某程度也可說是一個官民關係問題，因為津貼背後包含着志願機構與公務員這兩者的地位分別。在七十年代前，海外教會捐款是志願機構的一個主要財政來源，政府的津貼開支不大。但在六十年代後期，海外這些捐款大量轉向越南等遭戰亂影響的國家，以至志願機構開始面對財政緊絀的困難，所以一方面在社聯的推動下成立了公益金，希望聚集民間捐獻，另一方面與政府商討加強支援。到了 1973 年，當政府推出社會福利白皮書時，一種新的關係開始出現，政府向志願機構購買服務，倚賴它們提供九成以上的福利服務，變成了後者的主要財政來源。當時有四種不同的財政津貼模式：（1）

補遺津貼（deficiency grant）；（2）酌情津貼（discretionary grant）；（3）津貼指引（subsidy code）；（4）購買服務（purchase of service）。

補遺津貼（deficiency grant）是針對一些必須提供「不可或缺」（necessary）的社會服務，就算志願機構不提供，政府也有責任提供，所以確保有專項及長期撥款。如果一些機構已經獲取一部分捐款，政府會津貼餘下差額。不過，因為政府有較強承諾，所以問責要求也同樣提高，政府對機構的監督（財務事項、職員數目及資歷、薪金、人事任免權，甚至日常工作細節等）相當嚴格。這種津貼模式主要用於少數社會福利組織，如戒毒會。

酌情津貼（discretionary grant）是津貼一些政府「希望做」（wishes to provide）而對社會有用的工作。政府如果認為某些服務對社會有用，可以提供酌情津貼，不過因為不是「不可或缺」，問責性較低，批了錢後志願機構有較高的自主權去聘請職員及調動財政。不過，政府不會資助機構的行政開支，因為這些開支並非政府覺得須要提供的服務。酌情津貼是當時志願機構財政的主流模式，它的優點是具有彈性，但缺點是撥款不足，以至機構必須拉上補下，而機構雖然與社會福利署的公務員同樣提供福利服務，但是薪酬及福利也因此較為低。

津貼指引（subsidy code）嚴格來說並不是一種津貼，它是政府部門的一些行政守則，用津貼來鼓勵志願機構提供某類型服務。購買服務（purchase of service）則是政府與志願機構簽定合約，訂定服務目標、標準、效果等的條件下，支付這些服務的費用。在當時的福利服務中，這兩類津貼比較少見。

當時，雖然志願機構接受酌情津貼的財務安排，然而它們認為政府將福利放在一個「有用」但並非「必須」的地位，對社會福利充滿輕視，而且行政費用並沒有津貼，使行政層級十分薄弱，機構內部的升遷亦面對很大的問題。這些津貼模式引來很大的不滿，後來在 1980 年，社會福利署與志願機構終於達成協議，設計了一個新的財政津貼模式。社會福利服務可分為三類：（1）用以維持生命與健康的不可或缺（essential）

服務；（2）不是必然影響生命與健康，但是用以舒緩社會問題的必需（necessary）服務；（3）雖無必要但值得支持（desirable）的服務。對於前兩者，只要志願機構的工作達到社會福利署訂定的水平，可得到全部財政津貼。後者則可以申請酌情津貼。在員工薪酬上，志願機構員工與政府員工是在同一編制下，除長俸及醫療福利外，都享有同樣的薪酬。志願機構員工雖然少了很多福利津貼，但是仍知道自己是在政府的薪級編制表之內，與公務員看齊。制度逐步改良，到最後一個比較健全的「單位成本」（unit cost）計算方法也建立起來。單位成本是計算一項服務提供時所需的全部費用，並以服務對象的數量均分，例如一間老人院可收容100名老人，政府計算它在一定時期內的成本，除之以100，便可以得到一個老人得到住宿服務的津貼。

不過，政府對福利支出始終希望牢牢控制，因為很多福利服務都是為受惠者度身訂造，所以需要大量人手，員工薪金約佔總開支的八成，開支龐大。在1982年，政府推出福利職級檢討（welfare class review），福利開支分兩個系統：公務員及志願機構，提高受聘於政府社會福利員工的福利待遇，但後者的員工未能夠平等對待，尤其是後者員工在轉職時的起薪點不計年資。這種做法引起志願機構員工甚大反應，覺得這是極不公正，要求該檢討必須包括志願機構的代表，平起平坐地作公正處理，在經過了幾輪的福利職級檢討後才得到較合理的安排。這事件成為社會工作者總工會成立的爭取目標，基層的員工開始由下而上地捍衛着自身的利益。

從歷史回顧的角度來看，雖然政府一方面願意在財政上承擔志願機構的開支，但另一方面在財政上的問責性提高，使機構在人事管理及資源運用方面跟足規矩，限制着志願機構的靈活性，例如盈餘的扣除、款項的轉撥、員工資歷的審查及獎賞制度等等，令志願機構也愈來愈系統化、官僚化，慢慢失去了其應有的開創性及創新精神，在不少方面變成了官僚系統的一部分。在七十年代初，政府努力推動福利政策時，政府與志願機構還有短暫的蜜月期，不過很快便要求控制成本，在八十年代

逐步加強控制。到了九十年代初期，不少機構面對下列一連串問題：行政程序過度繁複、規則一成不變而且限制繁多、缺乏彈性機制調配資源以滿足社會及地區上不斷轉變的需要。因此，志願機構（到了九十年代統稱為非政府機構）要求政府放鬆管制，希望能夠得到行政及財政彈性，減少不必要的文牘及管理程序。然而，這卻給予政府一個理由，使非政府機構面對一個意想不到的津貼制度 —— 一筆過撥款。

九十年代至今：
規劃變為管理問題

　　七十及八十年代的福利規劃及行政財政，到了九十年代時面對一個想像不到的局面。在政府方面，麥理浩訂下各項服務發展的鴻圖大計，到落實時卻遇到不少障礙，其中經濟起伏是一個主要因素，使很多政策未能如期完成。七十年代中期開始的石油危機，使不少工商界人士質疑，社會服務的高速增長是否走向福利國家。財政司夏鼎基在 1976 年向立法局解說：「財政制度的目的是把社會資源的一個合宜比例，撥給作公共開支用途，而非同時去達到社會正義，……在一個低稅的環境下，追求公平的目的不但不需要，也不可能。」1974/75 年，預計財政赤字高達 6,000 多萬元，財政司更因此宣佈十二項加稅加費措施。在次年，財政司更預算赤字達 9 億元，該年宣佈實行四大類二十六項加稅措施，同時剛開始的龐大公屋興建數量及速度均放慢下來。到八十年代，政府不得不宣佈十年建屋計劃未能達標。另外，在一些福利五年計劃檢討報告中，很多其他的技術因素（如找不到適當的地點興建服務中心，自然災害的延誤等）也使白皮書所訂下的發展難以順利地開展。

　　非政府機構也面對官僚化的問題。在政府加強財政資助情況下，問

責的要求不斷提升，使非政府機構薄弱的管理層增加了不少行政及文書工作，因此亦向政府要求給予一些彈性，減少文牘管理程序。

以上兩個問題仍只是小泡沫，最主要的風浪來自思潮的改變。正當香港的社會福利剛踏上初級福利國家航道時，它卻踫着英美國家的福利退潮。在八十年代中後期，新右派意識形態崛起，認為政府規模及行為才是經濟問題的所在，批評政府濫用權力，苛捐雜稅，缺乏效率，與民爭利，是一頭大白象，並提出了「小政府」的口號，從此改變了社會政策的規劃模式。起初，新右派理論只是一個經濟學派理論，高舉市場效率為圭臬，不過到了九十年代，一套新的政府組織理念開始成型。在 Osborne & Gaebler（1992）的鼓吹下，「再造政府」（Reinventing Government）成為風尚，提出了十項管治與政策原則：（1）政府應發揮指導性作用，自己少划槳，多作指揮功能；（2）發揮社區自主性，政府減少作為；（3）政府用多種誘因發揮競爭性，提高生產力；（4）政府應該要有彈性，隨時調整政策優次；（5）重視政策產出多於投入；（6）發揮顧客導向；（7）推廣企業精神，注重公共資源的開發；（8）發揮預見性多於事後彌補；（9）下放權力，政策因地制宜；（10）發揮市場導向，鼓勵民間及市場去扮演政府的部分角色。

自此，新公共行政（New Public Management, NPM）開始主導公共及社會政策的思維。政府所考慮的已不是政策如何滿足社會需要，而是如 Lane（1993）所述，要政府做到「沒有組織失敗的風險」。這種「小政府」管治模式，不單是指減少公務員數目及減輕財政負擔，而是指政府的公共角色要往後退以求自保，而在另一方面提升公民社會的公共責任及服務標準。新的管治模式是減少「國家供應」（state provision），政府盡量減少提供直接服務，主要的任務是訂立大方向，做「舵手」而非划槳人，將決策與執行分開處理，以及外判執行任務。政府只需提出意念，把自己定位為「撥款者」（funder）及「後座駕駛員」（backseat driver），變身為監管者，而非政府機構成為了忠實的「服務提供者」（service provider）。在「小政府」政策意念下，受公費津貼的非政府組織需要盡

心盡力回應社會需要提高服務質量，另一方面組織要知慳識儉，負擔起問責責任，接受監管及面對懲罰。

這個做法最主要的問題，是執行者缺乏政策回饋（policy feedback）的有效正常渠道。以往在程序計劃的設計下，政府與非政府組織是夥伴關係，平起平坐一齊制定政策，所以要多些考慮社會的阻力及難處，而且政府與社聯雙方都同時承擔責任，建立配套，減少政策間的空隙缺失。但是新的模式卻使政府改變角色，撥款後就變成了一個抽離具體工作的後座駕駛員，冷眼旁觀地監督非政府機構的表現是否合乎標準。以前平起平坐的責任承擔，被撥款者與被監察者的關係取代了。這種情況使政策規劃與檢討顯得毫無意義。於是在九十年代中期，福利的規劃已逐漸淡出，到了 1996 年政府發表《社會福利五年發展檢討報告》之後，已再沒有與非政府機構共同合作策劃福利政策了。

非政府機構在政策制定過程中失去夥伴關係。它們面對着雙重壓力，一方面要面對政府在背後的嚴格要求，但同時又作財政緊縮；另一方面在克服社會阻力時孤軍作戰，缺乏政策支援。其次，在九十年代之前，當社會需要產生大規模變化時，政府雖然仍保留以往的分工形式，但也對政策作相應的改善，但是新的模式卻是在危機未爆發前，政府可不斷要求前線服務機構及人員多作彈性安排，去滿足地區差異、消費者需要，以及政府所訂立的標準要求。當然，政府也會因應新的社會需要及政治壓力而作一些短期財政津助，但是對福利長遠發展卻毫無制度運作上的安排，也沒有任何政策及時間表承諾，像是文首查爾斯·林德布洛姆指的「全面理性規劃」與「片斷性增長主義」一樣，以往「與民立約」的政策規劃模式已告吹，換來了含混過關的「片斷性增長」社會政策。在這個新關係中，政府官員是唯一的政策制定者，以往在政策策劃過程中的「夥伴關係」消失於無形，權力集中在政府官員身上。雖然政府仍然解說它會不斷地諮詢市民，但是持續、具體、平起平坐及有效合作的結構，已經不復存在。

如前所述，七十及八十年代的規劃、行政及財政模式，是建基於

程序計劃下的五年計劃與定期檢討，以及酌情津貼。但是，在九十年代所推動的新右派「再做政府」思維下，差不多是徹底否定了以往做法，轉而採用「購買服務」（purchase of service）的方式來推行社會服務。一連串的新福利行政措施出現，包括「服務表現監察制度」（Service Performance Monitoring System, SPMS）、公開競投制度（bidding system）及「一筆過撥款」（Lump sum grant, LSG）。

　　起初，在 1997 年回歸之前，政府採取的步驟仍是比較緩進，逐步又審慎地引進新措施，較少誘發社會矛盾的出現。但是，特區政府成立後出現了新局面，亞洲金融風暴使特區政府出現六年財政赤字，面對緊縮節約壓力，因而急促推動改革，一方面將社會福利總財政封頂及削減經費，但另一方面仍要求非政府機構保持服務質素，在經濟衰退下處理不斷提升的民間怨憤。原先非政府機構所要求減少不必要的行政程序，和可以自由動用資源的彈性，已經面目全非，變成政府在財政緊縮下有更大自由度減薪裁員，削減人手編制，增加工作量，甚至要求員工一薪兼多職等的「彈性」，使非政府機構的內部矛盾劇增，亦後來引致大量員工的流失。

　　「服務表現監察制度」包含兩個主項：「服務質素標準」（Service Quality Standard, SQS）及「津貼及服務協議」（Funding and Service Agreement, FSA）。前者從 1999 年分三期推出，政府為社會福利界制定一個架構，要求每一個受資助機構作很細緻的微觀管理，確立服務質素準則，以達致劃一的服務質素標準。它要求非政府機構遵守四項原則，其中包括十九項服務質素標準，再細分為七十九項準則。四項原則是：資料提供，服務管理，對使用者的服務，尊重服務使用者的權利。因為極其繁瑣，在這裏只作簡概介紹，例如在服務管理項目下，要訂立有效的招聘、發展、訓練、評核及調派守則，而在資料提供項目下，要存備服務運作和活動的最新資料等。這種微觀管理，小至每年有多少次消防演習、介紹機構服務的資料是否吻合使用者的語言、是否有一份現時及已離開服務的使用者名冊，大至理事會或董事局的職權、機構組織等

等。這些標準使福利機構的文書工作量激增，又因機構的行政階層薄弱，很多時候都要中下層專業社工兼任處理，他們一方面面對工作量增加，另一方面直接服務時間因而削減，影響服務質素。

「津貼及服務協議」是政府與非政府機構簽訂的服務協定，主要是產出管理（output management）。例如護理安老院機構必須確保三個服務宗旨及目標（為不能在家中居住的老人提供居所及院護照顧、協助老人的身體健康及日常生活需要、滿足院友社交及康樂需要），提供八項服務（宿位、三餐茶點、護理服務、二十四小時職員當值、註冊醫生定期探訪、起居照顧、康復及治療活動、社交康樂）等。這些標準是確保福利服務質素不致下降，不過在政府削減財政津貼的同時，要確保服務質素的要求卻彰顯着「又要羊兒好，又要羊兒不吃草」的不合理要求。

「服務表現監察制度」是一個由上而下推動的資源控制及產出管理機制。如政府的一份文件所說，「為了促進資助制度的改變，以加強問責、提高效率、增加服務成效和激發創意，我們……把更具體的中期計劃和全年服務計劃，與新的整筆過撥款資助制度掛鈎。我們會為每個服務單位制定中期計劃，更清楚列明服務目標、主要服務範疇，以及需要達到的服務質素標準……各服務單位每年都需要遞交服務計劃，闡述如何達到中期計劃所訂目標。服務計劃將由委辦服務兼撥款者（即政府）批准，與此同時，服務單位亦會修訂其周年財政預算。此外，政府和服務單位每年會議定單位所在地區或服務範疇的服務需求，如有需要，會修訂《津貼及服務協議》，以確保能夠顧及這些需求。上述程序讓服務單位可通過重新調撥資源去滿足不斷轉變的需求，而無須動輒要求增撥資源……我們會放棄控制投入資源的傳統做法，讓非政府機構可更靈活調配資源。建議的撥款安排須與中期計劃和全年服務計劃，以及社署根據服務表現監察制度所進行的評估工作互相配合……可鼓勵非政府機構有效率地管理資源，亦有助他們在未來幾年推行措施，達到資源增值的目標。」[2]

2　立法會福利事務委員會社會福利資助政策檢討，CB(2)286/99-00(04)。

　　如果孤立地來看,「服務表現監察制度」是一件值得做的事,不過另一方面,社署又推展公開競投制度,引進私營市場與非政府機構之間的競爭。1998 年財政預算中指出,政府從長者家居服務實驗計劃開始,在「價格及質素基礎上」(price and quality basis)要建立一個競爭制度。這個實驗計劃將服務分拆為合約制的家居膳食服務與家居照顧,公開競投。很多非政府機構都恐怕這是一個價低者得的惡性競爭遊戲,對服務質素有極壞的影響。在 2001 年立法會福利小組報告中指出,政府說它的競投考慮比重是六成在服務質素,四成在價格。不過,競投後的結果,是服務價格比競投前低了兩成。這份報告還強調,差不多所有長者服務,從家居照顧到院舍,都可以邀請市場中的牟利機構公開競投。除長者服務外,兒童的學前與託兒服務有「極大的市場」,不過因為與幼稚園服務的融合啣接未經詳細檢討,所以未能成事。

　　社聯其後提出關注,質問公開競投背後的政策目標與動機,並認為如果政府重視服務質素,其實是可以通過一個「定額質素競投制度」,而非將價格與質素混而一談,社會福利引入私營市場,將會導致惡性競爭,成本下降,質素敗壞。社聯質疑引進私營服務競爭的效果,尤其是在長者院舍服務,非政府機構提供着 19,000 個床位,而私營服務卻已提供了 40,000 個床位,再進一步市場化後果難料。有一些非政府機構急不及待已採取壓抑成本措施,每一個案的成本的最低價壓至 4,800 多元,比私營買位的 6,700 元便宜得多,使受薪的工作員士氣大受打擊,流失量大而入行者驟減。社會福利署長林鄭月娥只是強調競投的作用是要達到「物有所值」(value for money),這引起社工界的不斷抗議。面對服務提供者的質疑,社會福利署最終將競投標準訂為八成質素考慮,兩成是價格考慮,但實際執行時是否如此,則不得而知。

　　另一個新制度是「一筆過撥款」,政府通過它來緊握非政府機構的咽喉,因而與後者產生極大的矛盾,激發起 2002 年二千多名社工的大遊行,其後又有多次的抗議行動。簡單地說,一筆過撥款(後改稱整筆過撥款)是由社會福利署採用一個基準撥款的方法,統一對同類服務單位

的資助水平。每間非政府機構的撥款基準計算方法如下：非政府福利機構在 2004 年 4 月 1 日所有認可職位均可全面獲得撥款，不過要乘以當時薪級表的中點薪金，再加上僱主平均須承擔的 6.8% 公積金供款的總和。最關鍵的是在 2004 年 4 月 1 日的「定影期」，它是以當日機構員工的人數及薪金中點而計算，從而決定機構的受撥款的基準，亦即是說，政府是在當天將福利財政封了頂，雖然政府承諾這「定影」將會按照公務員每年的加薪額與其他費用可作適度調整，但是社會福利將會自此減少發展的可能。當然，新的社會需要最終也會迫使政府增加新的職位，但在這個財政制度下，非政府機構的首要工作，是去「彈性」處理社會需要及機構效率之間的取捨。因為就算面對新的社會需要以及必須產生新的計劃，並不等於政府必然會增加撥款，反而會要求機構研究資源調配是否適當，通過增加工作量或是修改編制重新分工等等管理措施來解決新增計劃的需要，工資有可能削減或維持不變，但工作量的要求卻應上級的要求而增加，「物有所值」於是變成了剝削員工的漂亮口號。

這種種新措施，使福利界感覺到政府正引進一個基本制度的改變，並非純粹是管理方式的轉變，而在背後更反映政府與非政府機構關係的再定位，以及權力的重新劃分。首先，政策規劃的協作權力已被收回，政府是啟動政策議程的唯一機構，以前的「夥伴」（partnership）關係已蕩然無存。其次，整筆過撥款與服務表現監察主要是重申由上而下規則的確立，非政府機構只是執行者，而競投服務只是建立比拼的一種方法，業界要不斷提供價廉物美的服務，不單增加工作量，而且還處處遭受指責。這兩個變化，都使社會福利的工作人士意氣消沉，覺得福利不單不受尊重，而且還在政府及消費者雙方的夾攻下左右為難，一方面政府不單控制資源供應，還要求機構靈活變通，而另一方面市民作為消費者提高了期望，對機構產生甚大的壓力。在這局面下福利界作出反撲，推動了兩個運動：檢討整筆過撥款，以及重回福利規劃的討論。

從 2000 年開始，政府透過薪酬調整、資源增值計劃及整筆過撥款，已經將社會福利開支削減超過 20%。當時福利界雖然不滿，但在經濟不

景的形勢下也勉強接受。但在財政赤字下，衛生福利食物局又在 2004－2009 年的五年內要再削減 10% 開支，在十年內差不多削減 30%，但工作質量的要求並未減少，甚至增加。福利界因此作出強烈反應，在 2005 年開始推行了數次示威，包括遊行、簽名運動、罷工甚至絕食，要求取消整筆過撥款。在福利界的壓力下，2008 年政府委任了一個獨立委員會，啟動檢討整筆過撥款。委員會的檢討內容主要包括：撥款制度的實施情況；服務彈性、效率及成本效益；問責性及企業管治；福利服務質素；相關投訴的五個項目。不過，這個委員會又一次將福利服務提供的問題收窄為企業管理問題，所以無論是士氣不振、人才流失、服務質素下降等，都只是個別機構的管理水平未足以應付，所以在三十六點建議中，提議一些「機構如有需要可徵詢管理專家的意見」，以及政府撥出 10 億元設立發展基金，推行培訓計劃，提升機構的行政能力等等管理方面的改善。

另一方面，福利界要求政府重新回到政策規劃的軌道，尤其是香港正面對人口老化、貧富懸殊、大量新移民的進入、家庭凝聚力的削弱等等問題，這些都是長期的問題，不能單以頭痛醫頭、腳痛醫腳的「片斷性增長」計劃模式來解決，必須要制定宏觀及長遠的計劃。於此，福利界在 2003－2004 年向特首及衛生福利局提出要求，社聯並於 2004 年成立「社會福利藍圖」工作小組，就藍圖的內容提出建議，引發業界的討論及回響。在該年 8 月，衛福局作出回應，首先提出基本概念，認為面對社會的急劇轉變，新的知識型經濟正在形成，亦認為不同年齡組別都有某些「脆弱性」，不過這些脆弱性大多是可以克服的，所以社會福利的策略應該轉化為社會投資（social investment），通過提升社會資本和自助互助能力，提升他們的能動性，不倚賴政府，回到市場盡量自力更生。在這概念下，扶助貧窮不應只是政府，而是三方合作，包括政府、公民社會及商界。政府的角色只應限於核心項目如長者及殘障人士保障，公民社會要動員社區協作，商界可盡企業社會責任及推動家庭友善政策，使受助人在市場拼搏（Health, Welfare and Food Bureau, Strategic Framework

– Social Welfare, Expert Working Group, 2 September, 2004）。

這個整體策略本來可以進行深入探討，政府也可作宏觀的調配，使政商民三方在一籃子政策下共同合作，解決一些長期的民生福利問題。然而，在 2003 年及 2004 年的緊張日子下，衞福局局長楊永強因禽流感下台，他所提及的三方合作沒有進一步討論的空間，福利規劃（包括三方如何合作的規劃）一直被拖延，直至 2007 年的特首選舉，曾蔭權在他的競選綱領中提出要對社會福利作長遠規劃，後來政府才開始向業界收集意見。當時，差不多所有業界的回應都要求政府盡快回到正規的規劃，但在三年後的 2010 年，才再出現了一份由社會福利諮詢委員會發表的《香港長遠社會福利規劃》諮詢文件。

這份諮詢文件引起極大的鼓噪。首先，這是一份由福利諮詢委員會發表的文件，並非官方文件，政府可以隨時推卸責任。其次，在引言中，《文件》提出了兩點，其一是香港「需要一個更宏觀、更具前瞻性和互動性的規劃機制……迅速和靈活地回應社會不斷轉變的需要」，其二將來是要去探討「福利規劃應如何配合政府現行的政策規劃及資源分配程序」。但當時政府的規劃性質正是以「頭痛醫頭、腳痛醫腳」的方式來處理問題，對民生福利問題毫無長遠打算。再其次，《文件》列舉了七大影響福利的外在因素，如人口變化、經濟發展、社會轉變、全球化及科技發展、福利制度的可持續發展、參與提供福利服務的界別。不少人批評這些描述差不多已是業界內人所共知的問題，最主要是提出如何解決的方法，如：人口老化下的退休、房屋及醫療服務的供應問題；如何處理跨境人口流動對福利服務的影響；少數族裔的保障及照顧；低收入人士的各種保障和援助；家庭支援如何增強；精神健康就醫及社區照顧模式的提升；青少年身心發展等等。

這份文件最受批評的，就是只提問題而不談解決方法，充滿極其空泛的使命與信念，而缺乏具體的政策承擔及資源承諾，例如提出亮麗的「共融及以人為本的服務、使用者參與、預防勝於治療、共同承擔責任、可持續發展、具有彈性」方向，但又提不出投放多少資源、以什麼服務

形式、增加多少人手，因而牽涉增加多少資源，以及訂出時間表以評估得失成效。

政府收集了意見後，在 2011 年發表了《香港長遠社會福利規劃報告書》，仍然保持有「彈性」的計劃模式，採用了每年由社會福利署地區專員所統籌的福利調配安排為主導，配合着中央每年所作的修訂，訂之為長遠福利策略。其實，只要作細心分析，便會看到政府仍然採取 2004 年楊永強局長所提倡的「官商民」三方合作模式，政府只負責最基本的福利服務，例如社會保障及與法例有關的服務，並津貼當時已存在的服務，其餘的額外服務便交給商界及公民社會承擔，在後者的兩個界別，便要視乎「福利市場」的需求而提供供應，政府與商界只是擔當服務購買者的角色。這種角色定位，使政府對社會問題，尤其是如人口老化及貧富懸殊等缺乏全面的投入及規劃，亦不需要考慮長遠計劃紓解民困，而商界的介入有它自己的商業打算，只是高度選擇某些項目作甚為有限的支援。政府的政策責任向後退，商界高度選擇，這情況不利於整體的民生福利保障，正如一些批評指出，「社會服務是人力高度密集的專業，需要大量社工人手和福利從業員，而全份報告書沒有預計社工人員的需求，更沒有全盤的社工培訓計劃，以配合服務的發展，更妄圖以商界／義工來代替專業人手。其實，近來的醫護人員嚴重缺乏，大大影響醫療服務的質素，正是欠缺人力規劃帶來的惡果。」[3]

在這經濟不穩定的金融資本主義之下，政府要緊守穩健及可持續的財政政策，是可以理解的。商界提供短期及選擇性的支援，以表示企業的社會責任，也是可理解的。但是，市民面對着的，卻是一個趨向寡頭壟斷及動盪的金融資本主義市場，一方面製造業的流失及狹窄的產業結構使向上流的機會減少，引致小市民工資下滑，另一方面他們在私營化（房屋、醫療、教育、福利）政策下失去甚至減弱了公共支援的屏障。

3　社會工作者總工會：〈社會福利諮詢委員會 N 無報告書 —— 我們不接受社會福利諮詢委員會的香港社會福利長遠規劃報告書〉，2011 年 8 月。

這兩方面都增加了市民的焦慮及壓力，都使「社會可持續性」（social sustainability）出現極大的失望、無能感及憂慮，而政府只是堅守其財政可持續性（financial sustainability），可以說是「救了政府，苦了人民」。福利界一方面要求處理整筆過撥款的財政封頂限制，另一方面要求重訂福利規劃，使政府再次確定它在保障民生福利中的責任，是有一定的道理。

「官商民」的三角關係，是不少政府在過去二十多年摸索出來的結合，但如何組合及規劃，則各國的差異甚大。在香港，政府、商界、公民社會這三者的福利角色並沒有一個較系統的描述，遑論提出一份有份量的文件，建構一套令港人安心服氣的模式。在 2010 年，社會服務聯會、社工總工會及六間專上學院訂下了九個社會發展的首要行動，要求政府正視：貧窮與社會保障；人口老化；精神健康；家庭的功能、分解及家庭暴力；傷殘；可持續的社區發展；青年一代的全面發展，要求政府研究福利的優次，訂立重點及計劃，考慮「官商民」這模式如何面對及解決這些問題，才是對症下藥的方法。政府在社會再分配的領導角色十分重要，它如何指出方向、策劃、統一及協調商界與民間的力量去保障民生福利，是有無可推卸的責任。

此時此刻，香港正等待着一個關心社會再分配的政府。

參考書目

失明人士協進會：〈就香港之「中長期社會福利規劃」的立場書〉，2013 年 2 月 18 日。

李志輝、蘇文欣：《香港過渡前後社會政策及服務發展評論集》。香港：香港政策透視，1998。

林鄭月娥：《署長隨筆》。香港：明報報業有限公司，2003。

社會工作者總工會：〈社會福利諮詢委員會 N 無報告書 —— 我們不接受社會福利諮詢委員會的香港社會福利長遠規劃報告書〉，2011 年 8 月。

社會福利署：《社會福利津貼制度檢討詳細設計階段：摘要及主要文件》。香港：社會福利署，1996 年 2 月。

社會福利署：《社會福利制度檢討：改變資助非政府機構的方法》。香港：社會福利署，1996 年 4 月。

社會福利諮詢委員會：《香港社會福利的長遠規劃》諮詢文件。香港：社會福利諮詢委員會，2010 年 4 月。

社會福利諮詢委員會：《香港社會福利長遠規劃》報告書。香港：社會福利諮詢委員會，2012 年 6 月。

社聯季刊：《社會服務私營化》。香港：社會服務聯會，1988。

陳錦棠：〈香港社會福利機構面對之挑戰和未來發展〉，載 Daniel T. L. Shek et al ed. *Advances in Social Welfare in Hong Kong.* Hong Kong: Chinese University of Hong Kong, 2002, pp. 81-98.

馮可立：〈社會福利系統的融資與發展〉，於 2010 聯合世界大會「社會工作及社會發展之願景與藍圖」，香港社會服務聯會，2010。

黃子瑋：〈香港社會福利規劃的變遷及挑戰〉（2011 年 4 月 13 日）（http://www.hkcss.org.hk/c/cont_detail.asp?type_id=7&content_id=515）。

簡・萊恩：《新公共管理》。北京：中國青年出版社，2004。

Burns, J., *Government Capacity and the Hong Kong Civil Service.* New York: Oxford University Press, 2004.

Coopers and Lybrand. *Social Welfare Department, Review of the Social Welfare Subvention System Report of the detailed design phase, vol. 1 of 2*, Hong Kong: Coopers and Lybrand, 1996.

Coopers and Lybrand：《社會福利署社會福利津貼制度檢討改變資助非政府機構的方法》，1996。

Coopers & Lybrand. *Subvention Review – Phase C Final Report,* 1997.

Lane, Jan-Erik. *The Public Sector – Concepts, Models and Approaches.* London: SAGE, 1993.

Lee, C. Y. & Cheung, B. L. eds. *Public Sector Reform in Hong Kong*. Hong Kong: The Chinese University of Hong Kong, 1995.

Lindblom, C. *Politics and Markets: The World's Political-Economic Systems*. New York: Basic Books, 1977.

Osbourn, D. & Gaebler, T. *Reinventing Government – How the Entrepreneur Spirit is Transforming the Public Sector*. Reading, Mass.: Addison-Wesley Publ. co., 1992.

Scott, I. *The Public Sector in Hong Kong*. Hong Kong: Hong Kong University Press, 2010.

弱勢社群的福利

第三章

社會保障政策

社會福利的扶貧解困任務，主要是通過兩類政策措施——社會保障（in-cash）及具體服務（in-kind）——來推行。社會保障是一個極受重視的政策措施，因為它為窮人與遭遇困境的社群提供現金援助，使受惠者按自身的需要去購買商品或服務，方便實際而且可以刺激消費市場。它的特點是現金支付，受助者有充分的自由動用保障金額，不須倚賴供應甚為有限的公共服務。不過，現金援助容易引起貪便宜的問題，更要控制濫用公帑，申請的資格必須有些關卡（例如資格審查或受惠期限），所以引起很大的爭論，政府要在援助範圍及援助額是否足夠與資格控制（eligibility control）兩方面取得平衡，並不容易。至於具體福利服務，它的特徵主要是服務提供者的判斷、能力及工作態度，雖然在分工上有所謂的「普通科」和「專科」分別，但無論前者或後者的工作員，都是需要專業訓練來提供服務，尤其是後者面對的是相當複雜的弱勢社群（如思覺失調、雙失青年、有自殺傾向者等等），要更有耐性及細心掌握關鍵之處，所以具體服務需要龐大的人力投放，以便「度身訂造」地協助受助者解決問題。簡言之，社會保障及具體服務可以說是社會福利兩個基本的發放模式。

從全球歷史角度來看，社會保障已經發展了百多年，成為一個相當複雜的系統，包括了處理扶貧、退休、失業、疾病、分娩、工業傷亡等各項意外事故。它可以粗分為兩個主要體系，其一是社會保險（social insurance），其二是入息轉移（income transfer）。

社會保險起源於 1870 年代歐美的經濟大蕭條及壟斷情況，引致英美德法這四大工業國家的勞動階層組織起來，爭取勞動權利及收入保障，建構起 Scott & Urry 所指的「組織化的資本主義」（organized capitalism），經濟的上層形成利益集團，但下層亦因此組織工會捍衛自身利益。其中，德國在首相俾斯麥的領導下，為安撫勞工運動，推出醫療保險（1883）、意外保險（1884）、養老保險（1889）等法例，建立了收入保障基金的「儲備池」，英國與法國後來亦相繼推動社會保障的法例。這些保障主要是為因工業危機所引致的入息損失而建立，起初是以疾病

及工傷為主，後來擴展至年老、失業等範圍。社會保險的核心概念是危機集理（risk-pooling），以強制儲蓄保障勞工因失去勞動收入後的生計問題，是以生活事故（life contingency）為主的政策安排，以至有些學者甚至譏稱社會保險其實只是「勞工階層的維修費」而已。又因為它是解決勞工階層面對的職業困境，所以僱主僱員雙方都有責任，在財政來源方面僱主與僱員雙方都要供款，後來政府也確認在政策方面應承擔部分公共責任，例如照顧低收入勞工的困境，因而建立三方供款來確保有足夠的保障水平。

通過稅收分配的入息轉移可粗分為兩類，其一是社會援助（social assistance），其二是社會津貼（social allowances）。社會援助的主要功能是紓緩貧窮（poverty alleviation），政府負責使貧窮者得到最基本的生活保障。它與社會保險的分別，在於它是一個扶貧計劃，當人們跌入貧窮網時才採用，而非以積穀防飢的保險儲備預防入息的喪失。它的援助範圍十分廣泛，包括孤、寡、傷、病、殘障、長者、移民、在職貧窮等人士，政府主要的任務是確保合資格者都可以得到基本生活水平的保障。不過，因為財政來源來自稅收，不應濫用，所以社會援助最大的爭議是「如何定義貧窮」（how to define poverty）、「什麼窮人值得支援」（the deserving poor），以及「他們值得怎樣的生活」（deserving for what），尤其是當貧富懸殊的距離愈拉愈遠時，很容易會成為矛盾的引爆器。

社會津貼的目的有所不同，它是對某些社會類別或社群作一些金錢上的支援，但不一定有扶貧目標，亦不一定需要入息審查，例如英國在南非的布匿戰爭中才知道有三分之一徵兵青年身體孱弱，連步鎗也拿不穩，於是在戰後訂立給兒童的牛奶津貼培養國民體格，後被譏稱以「從搖籃到墳墓」的福利國家冠詞。香港也有俗稱「生果金」的老齡津貼，是政府以往對長者的一種心意，酬謝他們在過往歷史發展中的貢獻，只不過後來政策變了質，因綜援金額的不足而變成了扶貧保障的補充，增加了入息審查。當入息審查成為社會津貼資格的考核原則時，它們已經成為扶貧政策的一部分，不是服務於特定社會群體了。

以往，歐洲國家多採用社會保險來作預防儲備，輔之以社會援助。反之，英聯邦國家則多以社會援助為基礎，輔之以社會津貼。香港跟隨英聯邦模式，採用「補救」（remedial）的稅收分配，建立安全網推動扶貧的社會援助制度，使跌落貧窮陷阱的人得到基本生活水平。目前，扶貧及社會津貼開支在福利總開支中佔甚為重大的部分，在 2013/14 年的五百多億元中佔四百億元左右，但仍然遠遠未能滿足貧窮人士的基本生活要求，尤其是當部分中產階級也覺得他們的生活質素下降時，社會援助制度面對着極大的挑戰。

五十及六十年代：
實物救濟為主

從開埠到二戰完結這一百年間，香港一直都是採取傳統的救災扶危作為福利政策的基本取向，只着重提供短期的補救措施，使問題不致惡化下去，並沒有考慮長遠及預防危機的社會保險制度，這個取向到今天仍然持續。

在上世紀二戰前，入息轉移制度並不存在，扶貧的方法逗留在兩方面：糧食救濟及一些短期派錢措施。自後，日本侵華引致不少內地難民逃至香港，餐風宿露流落街頭。當時港府面對龐大的社會壓力，仍是作一些臨時應急措施，通過醫務署提供緊急救濟，為難民提供短暫居所和糧食，而民間組織亦限於資源，只能作小量短暫的支援。二戰後的復原期，政府的扶貧工作主要是派熱飯及派發乾糧，派熱飯始於 1948 年，主要服務對象是從中國大陸來港的難民，後來在 1969 年撤銷；而派發乾糧亦持續了二十年，由 1951 年到 1971 年公共援助成立後告終。這兩項措施主要是處理饑饉問題，解決當時大量移民的基本求生需要。在 1958 年

社會福利署成立之後,一切有關救濟的工作才順理成章地轉移到社會福利署,有小部分仍然維持在民政署手中。

從二戰結束到六十年代,不少歐洲國家陸續建立社會保險制度,不單是扶貧,而是希望重建公民對國家的信心,所以着力建設起現代化的福利國家,由政府—僱主—僱員三方負責。但是香港卻走上一條相反的道路。從戰後到六十年代中期這二十年間,香港政府以緊急實物援助的扶貧政策,見步行步地提供最基本的支援,這是可以理解的。因為當時大量內地難民抵港,香港人口從六十多萬增加到三百多萬,政府面對的是大規模的「輸入貧窮」,而當時的公共財政難以應付龐大的社會需要,政府只能採用最基本的短期救濟。另外,戰後的經濟雖然逐步回復正常,但勞資矛盾十分嚴重,1946-1950年間因停工罷工而損失的工作日數目甚高,不過當時的勞資糾紛並不是要求社會保險,而是處理因勞動合約、停職、解僱、欠薪等所引起的種種基本僱主責任問題。當時勞動市場過度供應,勞工階層的議價能力甚低,而且在缺乏基本的就業保障下,對供款式社會保險的要求放在較次要的地位。社會保險這種失去勞動力後才得到的收入保障,對於勞工來說並非迫切。而且,當時港府雖然已成立了勞工處,但它的主要任務是維持生產秩序,協調勞資矛盾以免問題惡化,並沒有積極地關注勞工權利。

所以,在戰後初期的十年間,政府的扶貧政策只是停留在最基本,甚至是相當原始的水平,「以糧為綱」成為了主要原則。到了1958年當香港經濟逐步回復正常,而且後來發展得相當蓬勃之際,政府仍然認為教育、醫療、房屋、食水等基本的民生問題才是最迫切的服務,並不重視扶貧工作,更遑論弱勢社群。在這段期間,政府對其福利責任仍停留在短期救濟層面,認為家庭才應該是保障個人長期福祉的主要社會機制。

到了六十年代,香港經濟迅速發展,踏入了全民就業年代,勞工的收入雖然逐步增加,但是卻被國際社會(尤其是英國一些面對貿易競爭的工業部門)批評為剝削勞工福利的血汗工場。香港廉價勞工的形象,雖然在本土並沒有受到挑戰,但是在海外市場上卻受到當地政府很大的

輿論壓力，要求港府正視。因此，在六十年代中期，在外圍的壓力下，市民對勞工權利的認識有所提升，政府亦開始要思考入息保障政策的可行性，而該時期的兩個騷亂，更使政府深入反省社會矛盾的所在。另一方面，1961 年的人口普查顯示，核心家庭人口佔全人口的 63%，直屬家庭佔 23%，擴大家庭僅佔 14%。核心家庭的增加，使政府難以堅持以家庭支援作生計保障的避責辯解。在這些因素影響下，港府遂於 1966 年邀請了英國倫敦大學教授威廉士（Gertrude Williams）為社會福利顧問，提交調查報告。她分析了香港的大家庭制度，認為這個制度在照顧老人、兒童、殘弱等功能已經削弱，需要引進社會保障制度。威廉士認為供款式社會保險可減少用於救濟的公帑，建議成立一個由僱主僱員供款，另加政府撥款補助的社會保險計劃，去解決短期的疾病及死亡等危機，以及長期的老年問題。

由於威廉士的建議不單觸及福利政策，還牽涉到勞工政策範疇，港府於 1967 年再成立了一個跨部門工作小組作全面的研究，並於 1968 年發表了《社會保障的若干問題報告書》。當時，香港仍面對 1967 年暴動的餘波，市民對勞工運動有相當大的反應，工作小組明白政治秩序與勞工權利的微妙關係，立場十分謹慎。一方面，小組認為香港在很多方面有很大的成就，但在社會保障方面的發展卻差不多是一片空白；另一方面，小組又認為港人對政治不穩定感到不安，指出「香港沒有人想去做任何事情，去使這個毫無資源又高度依賴製造業及轉口貿易的香港受到危害」。在這種微妙關係下，小組建議政府採取一個漸進的發展過程，首先推行疾病、醫療、體弱、生存的供款式社會保險計劃，然後再考慮其他計劃。小組認為健康醫療應該比其他保險有更迫切的需要，所以建議設立一個中央統籌半自願性的疾病傷亡醫療保險，由僱主僱員各供款百分之二的工資。這算是一個兩全其美的建議。

不過，當時政府並沒有接受小組的建議，仍然採用入息轉移的扶貧政策作為社會保障的主要策略，通過稅收來作社會再分配。這個轉變是基於當時政治、經濟及技術的各方考慮。在政治方面，1967 年暴動後，

雖然政府穩定了局面，但中國內地的文化大革命所帶來的衝擊，投資者面對着甚大的政治風險，不敢亦不願意承擔更高的勞動成本，要說服僱主供款並不容易。在經濟方面，一方面是商界甚為反對而拒絕負擔成本的增加，另一方面不單是僱主不願供款，僱員亦難以供款，因為當時香港工業仍是靠勞動力密集，勞動市場上充滿着大量低工資勞工，供款對民生產生甚大壓力。在財務管理方面，屬於保守陣營的財政司郭伯偉所採取的穩健路線有很大影響。在技術及行政方面，要推行社會保險也相當困難。香港在六十年代中後期小廠林立，1971 年的數字顯示，中小企業就業人數是 671,308 人，企業數目有 26,149 間，平均企業規模只是 25.7 人，尤其是當時仍未實行電腦化，要管理僱主僱員的款項需要龐大的人手，無論用銀行體系還是政府負起這個任務，運作成本十分高，而香港工會的力量難以追得上福利國家的工會組織規模及會員參與程度，難以負擔起統籌及支援行政管理的角色。在多方面的考慮下，港府似乎已沒有什麼選擇餘地，以扶貧的入息轉移制度成為唯一的出路。

在確定了大方向下，1969 年英國社會保障及衛生健康部一名顧問被邀來港，研究擴大公共援助計劃的具體方案，報告於 1970 年完成，建議在 1971 年 4 月全面推行以現金援助為主導的公共援助計劃。起初，這個扶貧制度的範圍甚窄，但在石油危機影響下，很快便面對各類型貧窮者的訴求，包括失業、單親、低收入等等人士，可以說是百川匯流地聚合，使政府不得不採取相當低水平的方法來控制開支，因為在隨後的政治經濟變化中，勞工、教育、房屋、醫療、福利等開支上升得很快。

七十及八十年代：
公共援助的設立及爭取中央公積金

　　1971 年，港府推行了公共援助計劃（即綜合社會保障援助的前身），通過入息轉移方法以現金援助貧窮人士，主要的受惠者只是針對兒童、老人及傷殘人士，有工作能力的 15－64 歲成年人並不包括在內。同時，當局設立了入息審查制度作為關卡，以便控制申請者人數。在這個相當狹窄的援助範圍下，領取公援人數並不多。而且，當時計算生活費用的標準金額甚低，全無收入人士每月最高可得 70 元，單身人士是 33 元。殖民政府初期成立這個扶貧的公共援助制度，其實是相當謹慎，或者可以說，是相當刻薄的。

　　1972 年，港督麥理浩就任，推動着殖民地改良主義措施，衝破以往的策略，使香港這個「資本家天堂」多了幾分人情味。1973 年，政府發表了《香港福利未來發展計劃》白皮書，推行了兩個新計劃：老弱傷殘津貼和暴力及執法傷亡計劃。它們是在公共援助之外附加的社會津貼，長者與 75 歲傷殘人士和極度傷殘人士無需被入息審查便可獲取。當時，社會保障可以說是「兩條腿走路」，以公共援助基本金額為主導，輔以社會津貼援助有特殊需要的人士。基本金額包含衣、食、行、燈油火蠟等基本生活需要的開支，而輔助性的社會津貼包括房屋、家庭、醫療、照顧幼兒、就學開支津貼等等項目。

　　殖民政府比以前慷慨多了，減少了錙銖必計的刻薄。社會保障不僅是援助金額及津貼的提高，而且保障的涵蓋面亦在擴大。1974 年，國際油價上漲，香港經濟面臨一個新局面 —— 滯脹，在大量工人失業的同時，出現極高的通貨膨脹。1975 年首季失業人數估計高達 25 萬人，同時政府財政預算草案有高達 9 億元的赤字。當時政府沒有應付國際經濟危機的經驗，而且缺乏機制去解決問題，有點措手不及。其時，不少

民間團體採取了不同的社運形式來援助失業者，基督教工業委員會針對財團加價而推行了反通脹運動，工聯會則發起了向市民募捐的「一元運動」來援助一些困苦的失業工人。一些社會工作者及關注團體組成了失業行動組，倡導放寬公共援助的申請資格，使失業者也可領取公援。在應付失業貧窮的問題上，政府亦從善如流，在 1976 年決定放寬公援申請資格，將失業者納入公共援助成為扶貧政策的一部分。從 1977 年 4 月開始，政府容許 15－55 歲身心健全的失業人士申請，可說是一大進步，但金額並沒有很大的提高。雖然政府仍然嚴格控制公共開支，但是公援制度已從針對鰥寡孤獨的脆弱社群（vulnerable groups），擴展至有工作能力的成年失業勞工（unemployed labour），後來更擴大涵蓋範圍到低收入人士（low income group），可說是包攬了勞工收入保障及弱勢社群福利保障的各個項目，蓋括了無常情況及「人禍式」困境。到後來，這個制度要處理的貧窮問題愈來愈多，加上了單親家庭，肩負起退休保障（屬勞工政策）與家庭保障（兒童及婦女的收入轉移）等貧窮問題，使公共援助的財政開支愈來愈大。

到了 1977 年，政府發表了《社會保障 —— 為最不能自助者提供援助》綠皮書，在公共援助中引進長期補助金，在金額上增加撥款，使貧困者可在基本生計外還可以購買一些耐用品，以及將老人津貼降至 70 歲，使這個全民性的現金津貼有更大的受惠範圍。除此之外，又設立了入息豁免制度，鼓勵領取人士就業，並且可保留部分所賺取的收入。到了七十年代後期，公共援助的制度結構及肌理已相當完備，之後的改善只是某些範圍的擴充及金額的增加，例如在 1988 年政府設立高額傷殘津貼，是普通傷殘津貼的兩倍，協助年齡在 60 歲以上需要別人照顧日常生活的嚴重傷殘人士。

綠皮書亦對社會保障作了一個很大膽的建議，提出設立一個中央統籌的半自願疾病傷亡社會保險，由僱主及僱員各供款薪金百分之二，來應付身體缺失的保險儲蓄。這個建議其實是取材自 1967 年的跨部門小組，但是當時的社會氣氛仍未對社會保險作充分的準備，勞資雙方各持

己見。資方認為沒有這個需要，而勞方則認為保障金額太低及保障範圍太窄。當時政府正大興土木興建公立醫院，並沒有很強的動機去推行這一個制度，所以到了 1981 年又否決了該建議。

七十年代是貧富懸殊距離逐步拉闊的年代，1971 年的堅尼系數是0.44，1981 年已上升到 0.48，而且製造業工資水平從 1979 年到 1985 年停滯不前。從歷史回顧的角度來看，如果在 1971 年沒有公共援助的設立及逐步擴大政策範圍，香港的窮人難以度過 1974 年與 1979 年的兩次石油危機，以及七十年代中後期所面對的通貨膨脹壓力。幸好，公共援助適時的建立紓緩了最貧困社群的生計問題，使惡劣的經濟情況並沒有挑起很大的社會不滿和怨憤。

然而，很多民間組織對公共援助並不全然滿意，因為它只是援助那些跌落在安全網中的失業窮人，對一些未致三餐不繼的失業者沒有幫助。為了確保生計的安全，一些勞工組織、學者、社團、福利機構等開始要求成立一個供款式的社會保障制度，不單是扶貧，而是全面性地處理勞工因各種因素 —— 年老、疾病、工傷、失業等 —— 而失去的入息保障制度。

1983 年，一個由勞工界、學者、社工、大學生組成的民間聯合組織「社會保障關注委員會」出版了《民間社會保險計劃綠皮書》，要求設立一個全面性的社會保險制度，但是當時委員會只是指陳時弊，構思設計仍未完善，未能引起社會共鳴感。1985 年，委員會與社聯的社會保障委員合作，從新加坡的中央公積金制度得到理念，設計出一個新方案《中央公積金人壽傷殘保險計劃》。該計劃建議勞資雙方各供工資的 5%，由一個中央管理儲蓄機構投資生息，勞工可在退休年齡領取享用。另外，如果勞工遭遇傷殘或死亡，事主或家屬可享用 48－96 個月的工資保障。

這個方案在勞工界得到相當大的支持，成為了勞工團體爭取的政策藍本，政府因此也主動地回應，不過諮詢及關注的主線不是勞工的收入保障，而是財務安排。在該年，教育及人力統籌科開始研究成立中央公積金的可行性，並於 1986 年發表報告書，列舉這個模式的優劣，引起關

注團體內及社會的廣泛討論。1986年，政府在諮詢了一些財務企業及社會界別後，發表了一份內部諮詢文件《中央公積金評估分析》。文件顯示，銀行界及保險業公會反對中央公積金的建議，只得社會福利諮詢委員會贊成公積金制度，不過不是中央統籌，而是強制性的私人公積金，由銀行及保險公司運作。然而，當時勞工團體已逐步走向共識，開始團結起來爭取成立中央公積金。

　　當時，勞工團體認為在利潤掛帥的大前提下，私營公積金將會被保險業行政費用所蠶食，而且金融市場的波動影響甚大，所以堅決反對私營化的建議，並且匯集力量爭取中央公積金，要求政府擔當運作上及財政上的管理責任。在1987年5月的立法局休會辯論當中，勞資雙方互不相讓。該年10月，港督衛奕信宣佈他的第一份施政報告，認為社會保障的功能主要是扶貧，並非勞工的入息保障，因此否決了中央公積金的建議，亦不會將私營公積金強制化。政府認為它處理退休保障的責任，只是監管私營退休金的資產流動性、改善公共援助制度，以及擴大及改變長期服務金的性質。政府明確地表示，它對退休金管理的角色是微乎其微。在政府將自己的職責訂得如此狹窄下，1983－1987年這四年以來的勞工入息保障的討論及社會運動終告落幕。香港的社會保障仍然主要是一個扶貧計劃，支援窮人的基本生活水平，配以一些社會津貼，仍未提升至一個勞工收入保障的制度層次。

九十年代至今的扶貧
及退休保障爭論

綜合援助的改革

八十年代的爭取中央公積金行動，是在七十年代這個經濟滯脹背景下產生，失業與通脹同時出現，一般勞動階層的收入與經濟發展脫節，需要得到多一些安全感。八十年代是香港金融業發展的起步期，資產價格的上升很快便帶來極高的通貨膨脹，1987 年通脹率只是 5.5%，到 1988 年已是 7.5%，1990 年更升至 10.1%。通貨膨脹是一個國民收入的向上分配過程，低下階層工資上升速度遠低於通脹，貧富懸殊的距離亦愈拉愈遠，引致不少市民例如公共巴士及的士司機、助產士與護士等行業都通過工業行動，要求加薪及保障收入。在高通脹情況下，公共援助金額的增加成為了一個重要的社會議題。輿論開始逐步成形，認為公共援助制度必須作整體檢討，其中最重要的是貧窮線訂定的辯論。

在爭取訂定貧窮線水平過程中，一個非政府組織 —— 社區組織協會於 1992 年拉開了戰幕。它建議提高公共援助待遇水平，並採用最基本生活水平的開支計算方法，要求政府將當時的每月公援標準金額（包括衣食行幾個主項）從 825 元增加到 1,890 元（連同一些公援津貼如醫療費用、電話費用、資訊文娛費等）。以當時的生活水準來說，每天只得 27.5 元、每月 800 多元的基本開支可以說是極為貧困。不過，政府認為這些要求「不切實際」。官民各執一詞，社協要求照顧貧民，政府強調審慎理財。1993 年，政府將公共援助易名，公援的基本金額與社會津貼混合在一起來計算，統稱綜合社會援助計劃（綜援）。

1993 年，立法局福利小組亦關注貧富懸殊的現象，社聯在福利小組的支持下，邀請學界參與探討貧窮線制定的客觀標準，當時城市理工學

院的麥法新博士接受了這項挑戰，在 1994 年發表報告。他的報告《尊嚴的計算》（*A Measure of Dignity*）採用開支水平的計算方法，在食用項目上增加了少許金額，但在文娛康樂方面增加了一些項目，希望藉此使受惠者可以多些參與文化生活，建立社交網絡及自尊。他將不同年齡組別的基本需要開支列舉如下：0 − 5 歲的幼年需要每月是 1,250 元，6 − 12 歲的少年需要 1,695 元，13 − 16 歲青少年需要 2,022 元，17 − 59 歲成年人需要 2,500 元，60 歲以上老年人需要 2,300 元。

在貧富懸殊愈來愈嚴重的情況下，當時立法局一致要求政府以麥法新報告書的建議提高綜援金額。面對這些微薄要求，政府反應甚為強烈，衛生福利科聲稱麥法新報告書的建議脫離現實，認為如果全然接受他的建議的話，香港將會有十五萬多工人放下工作申請綜援。如果這麼大規模的勞動力離開市場的話，將會使香港的勞動參與率出現 1.5 − 5% 的下降，嚴重打擊香港經濟。而且，這將會逼使政府加稅，使公司及標準稅收提高 3%，市民要交額外的稅款，因而受害。在這個嚴重的「福利即加稅」及「經濟崩潰論」指斥下，綜援的小許加幅建議遭政府全然否決。

麥法新教授的報告書雖然未能提高綜援金額，但它可以說是九十年代香港社會保障發展的里程碑。因為自七十年代以來，雖然香港經濟已進入它的黃金時期，被世界銀行及國際貨幣基金歸入「新興工業化經濟」（new industruailzing economies），但是貧窮問題卻仍未提上社會議程，而社會援助待遇的計算方法仍是十分粗糙，缺乏客觀的準繩和理據的指引，主要是隨政治經濟環境變化而訂。麥法新將以往有關貧窮線支離破碎的討論帶至聚焦點，亦激發起不少學者和志願機構開始對香港的貧窮問題作更深入探討。在七十及八十年代，香港的貧窮研究十分稀少，但是到了九十年代及千禧年代以後，貧窮研究已成為一個熱門題目。政府也覺得要更科學更有說服力地談及貧窮。1996 年，在社會福利署的綜援檢討報告中，綜援的計算已經採用了基本開支水平（Basic Needs）的計算方法，以及用家庭開支調查的資料來比較貧窮人士與低收入人士的生活

水平，開始「制度化」了。

　　1996 年是聯合國「國際消貧年」，聯合國呼籲各國政府與非政府機構一齊合作，訂定一個十年計劃解決貧窮問題。社聯在該年召開了一個貧窮高峰會議，列舉了兒童、長者、婦女、新移民、殘疾人士等等社群所面對的狀況，要求政府正視貧窮問題的惡化。雖然政府仍然不肯承認貧窮問題正在惡化，但是隨着香港人口不斷老化、內地移民持續增加、經濟轉型亦產生出「職業結構空洞化」情況，這種種問題使這個富裕社會難以抹去出現大規模貧窮的污點。

　　在九十年代中期，香港政府雖然表面上不認為貧窮是一個重要的課題，其實已經感受到貧窮人口上升的壓力。社會福利署於 1998 年底發表了一份《綜援計劃檢討報告書》，資料顯示綜援個案數目急劇上升，開支也以倍數增加。1993 年綜援個案有近 9 萬宗，但是到 1998 年已上升至 20 多萬宗，增幅達 146%。1993/94 年綜援開支只有 24 億元，佔政府總開支的 2.6%，但是到 1997/98 年開支已上升至 94 億元，佔總開支 6.2%。在這個檢討中，高齡、傷殘人士及健康欠佳的個案，雖然從 1993 年總個案的 85% 下降到 1998 年的 71%，但仍是開支最大的一群。當時，社會福利署積極研究綜援的「可攜性」（portability），希望協助長者回內地廣東省養老。這項建議在節省開支方面雖然受到嘉許，然而計劃的試點卻未能受到廣泛的歡迎，尤其是兩地醫療水平的分別。

　　該報告書看到一個很重要的問題，但是卻本末倒置地處理，將綜援金額開支的增加委諸「有能力工作者」身上。綜援的失業個案由 1993 年 9 月的 3,500 宗（佔總個案 4%），增至 1998 年 9 月的 26,000 宗（佔總個案 12%），實質增幅超過六倍，而單親人士個案亦在同時期由 5,700 宗增至 20,900 宗，增幅達 268%。另外，低收入個案亦從 1% 增至 3%。[1] 失業者、單親及低收入人士這三個組別是使綜援急劇膨脹的主因，報告書認為必須加以正視。

1　《社會福利署週年報告》，1998，第 15－16 段。

不過，報告書在另一方面卻顯示，從八十年代中期到九十年代中期這十年中，工資中位數的上升率只是 41%，而在 1980－1989 年的九年間，消費物價指數每年上升 8.5%，從 1988 年到 1993 年的指數更上升至 9.5%。工資遠遠落後於物價上升，而與此同時，綜援金額亦相應於物價指數上升了 120%，使低收入人士工資不單落後於通脹，還落後於綜援金額的加幅。市場工資的落後，使申請綜援的動機大增，而這卻是在經濟好景情況下產生的現象。

在低薪職位工種從製造業轉移到服務業，而且工資下降情況下，報告書只是按自己的職權範圍行事，沒有警惕政府對勞動市場的變化應倍加重視，只是建議改善綜援制度，協助有能力工作的就業年齡人士重回就業市場。報告書建議了一連串的政策措施，計有（1）自力更生支援計劃分為三個部分，其一是積極就業援助，其二是社區工作，其三是就業後豁免計算入息的新計算方法，以及（2）向不遵守規定的失業受助人停發綜援。這些措施本末倒置地處理着一個荒謬的現實，就是在職貧窮人士的收入比起綜援貧窮的弱勢社群還低，前者的保障及安全感遠比後者少，沒有最低工資，亦沒有標準工時及退休保障，更不用說其他的附帶福利，而政府的處理手法卻是要求這些與職業有關的弱勢社群回到勞動市場去，從「福利」（welfare）改變為「工利」（workfare）。這種處理手法只是要求窮人從沸水跳到火裏去，對他們的生計不單沒有多大的改善，反而增添了不少困難。但是，為了減低綜援的開支，政府仍然不遺餘力地推行不少自力更生計劃，例如在 2003 及 2004 年，在財政緊縮壓力下，政府要求單親家庭的家長重投市場而採取了兩項措施，一方面降低需要照顧兒童的年齡水平，另一方面設立了「欣曉」與「欣葵」的援助計劃，向單親家長提供幼兒託管券，使她們在得到資助下加強培訓，重新投入勞動市場。

在報告書發表以來，政府綜援的開支有增無減，到 2006 年已達 160 億元，而生果金也達 80 多億元，從九十年代佔總開支約 9% 跳升至 14%。在亞洲金融風暴影響下，新成立的特區政府陷於左支右絀局面，

社會福利開支首當其衝，一時間「綜援養懶人」的批評不絕於耳，輿論界多以「倚賴文化」這一個名詞來形容社會福利。政府也借勢收緊社會保障的發放。2000 年到 2004 年，政府將三人及四人以上家庭的失業及單親家庭綜援金額分別削減 10% 與 20%，並且取消所有健全人士的特別津貼。2003 年，政府以通縮為由，削減傷殘津貼和綜援健全人士的標準金額 11.1% 及其他援助金額，包括租金（15.8%）、單親補助金（11.7%）、就學定額津貼（7.7%），以及長期個案補助金（11.1%）等。另外，政府亦收緊申請綜援資格的審查，並聘請更多職員嚴查欺詐與濫用的情況。這些措施都使貧窮人士的生計雪上加霜。

貧窮問題在政府強調節流的情況下不斷惡化，民間團體不斷要求政府的財政及福利支援切勿往後退，以免對低下階層造成更大的傷害。起初在九十年代中期，一些民間團體如社區組織協會、香港社會保障學會、社會服務聯會等在研究最低生活保障的水平時，開始超越了對綜援制度的批評，進而提出貧窮線的要求及討論。政府雖然承認貧窮問題即使存在，但只限於綜援的申請人士，背後的含義是不向政府申請綜援的窮人是自己選擇了自力更生途徑，政府只能尊重他們自己的選擇，沒有理由強加援手。由此，香港狹窄解讀的貧窮人數規模不大，在九十年代中前期只是約 10 萬個案，牽涉 18 萬人，而且因為政府認為自己已經建立了一套頗為完善的制度來提供財政援助，故此不需再詳加研究下一步發展，反而應該多考慮政府的財政負擔能力才是。

對制定貧窮線的要求，差不多是民間團體近二十年來的訴求。有些民間團體已經不耐煩政府的冷處理，自行制定貧窮線，並研究香港貧窮人數的規模。貧窮線的制定可分兩個主要類別：以消費開支的計算和收入的計算，而大多數團體都採用了後者的方法（就業人口入息中位數的一半），因而計算在 700 萬總人口中，貧窮人口大約是 110 萬至 130 萬，亦即每六至七個港人中便有一個窮人。

貧窮問題討論得沸沸揚揚，牽涉到不少政策，例如房屋、醫療、勞工、福利等等，連電視台也製作了「一百萬人的故事」，訴說着富裕社會

中低下階層的苦況，老人家在清晨拾紙皮箱的辛酸。在 2004 年，社聯召開了第二次貧窮高峰會議，匯聚民生及福利團體一齊要求成立由政府高層主持的扶貧委員會。在全城關注貧窮問題惡化的壓力下，特首董建華終於回應民間訴求，成立了由政務司司長唐英年主持下的扶貧委員會。在十八個月內，這個委員會訂下了一些計算貧窮的指標／項目，包括兒童及青年（8 項），成人或在職者（7 項），老人（3 項），社區（6 項），因而計算出全港大致上有 103 萬窮人，其中 60 歲以下約 73 萬人，如以職業有關的計算，則失業者 19.6 萬人，全職低收入人士 16.1 萬等。另外，獲取綜援支援人數在 2000－2004 年間從 365,185 增至 542,017。從這些數據指出，沒有申請綜援的窮人大約有 50 萬，相比接受政府資助的 50 萬－70 萬窮人，這是一個相當龐大的數目。

在得到這些研究數據下，委員會的扶貧政策新措施卻是寥寥可數，只是在每一個長者中心增加一個社工、在母嬰健康院推動一項全面兒童發展服務、在青年失業問題上提供兩項訓練支援、在社區盡量鼓勵公民社會及商界的支援，以及推動社會企業處理失業問題。一百萬多貧窮者所得到的各項新政策援助，顯得疏疏落落。

2005－2007 年由公務員出身的曾蔭權就任特首，可能出現新的氣象，不過因為只是過渡性的任期，所以在社會政策上沒有多大作為。到了 2007 年他再次連任時才提出他的扶貧政策，不過在該時香港經濟已開始回復過來，失業率下降，整個社會對改善貧窮狀況的形勢也開始改觀。政府的扶貧重點開始分為兩大類，一是針對弱勢社群，一是針對勞動階層。

針對弱勢社群的社會保障，可以歸納為以下幾項：（1）成立 3 億元的「兒童發展基金」（2007/08 年施政報告）；高齡津貼計劃提高至 1,000 元，但考慮加入入息審查（2008/09 年施政報告）；（2）清貧學生書簿津貼由 408 元提高至 1,000 元；希望成立官商共捐獻總共 100 億元的關愛基金（2010/11 年施政報告）；（3）以及一次性的紓困措施，包括代繳公屋戶兩個月租金，領取綜援、高齡津貼及傷殘津貼人士的一個月標準金

額等（2011/12 年施政報告）。只要細觀這些基金與津貼，便可看到恆常性的社會保障政策沒有很大的轉變，津貼的範圍沒有多大擴充，只是在金額方面有所增加。曾蔭權對社會保障所作出最主要的政策特色，是增加了一些獨立基金和一次性的紓困措施，因而減少了負起長遠的政策責任及財政負擔。可以說，他「挽救」了政府對社會福利的長期財政壓力，採用「頭痛醫頭、腳痛醫腳」極其實用主義的方法來應付市民的福利需求，不過對低下階層抱持極其低調的做法。

在處理勞動階層的貧窮方面，他的扶貧理念因此仍是確保失業率下降，在 2008/09 年推動一個 3 億元的社會企業伙伴計劃，2010/11 年推行新的鼓勵就業交通津貼 600 元，協助失業人士重回勞動市場。另外，政府在面對工會的呼籲及壓力下，開始明白在職貧窮問題的嚴重性，對最低工資的訴求保持開放態度。不過曾蔭權只是在 2006 年推動一個自願性質的「工資保障運動」，呼籲及鼓勵僱主支付員工不低於政府統計處所作的市場平均工資調查。不過，這個軟性呼籲的工資保障運動效用不大，一來涵蓋面局限於極低薪的清潔工人及保安員，二來缺乏制度引導的動機及懲罰機制，可說是一種聊備一格的政府干預，主觀地夢想在這個以炒賣為主的金融資本主義下，希望在經濟好轉下勞動工資回升，貧窮問題將會逐步減弱。

很明顯，這項措施並沒有使在職貧窮問題迅速回落。在 2007－2012 年曾蔭權任內，他銳意要將金融業成為推動香港經濟的龍頭，使資金市場不斷強大，製造了一個靠股息、利息、租金、炒賣等為主要收入的社會階層（rentier），已不再需要靠勞動人口的勞力來刺激經濟增長。另一方面，資本家要增值的途徑也愈來愈狹窄，尤其是 2008 年後全球金融海嘯引致海外市場的萎縮，使以往主要靠產品和貿易來獲得豐厚利潤的時代也過去了，而像皮凱提（2014）所提的資本所得比卻愈來愈大，工資的升幅遠遠落後於資本收益，對於沒有物業及資本的受薪階層，甚至是較低層的中產階級而言，遭受的打擊尤其嚴重。

在這個情況下，政府仍然堅持自由開放的市場活動，更欣喜在 2011

年世界經濟論壇排名中香港的金融業排名獲第一位，超越英美。不過，在這個美譽背後，卻是一般打工仔在資本市場的肆虐下不單叫苦連天，尤其是政府將不少公共服務外判給市場使租金提升，因而排斥了很多中小型企業及舖位，使社會中出現一股「仇富心態」的憤懣，要求政府作多些有力及有效的干預。曾蔭權雖然了解到這股情緒所帶來的壓力，起初他不敢面對政府在回歸後所推動的私營化政策，不過終於在 2008 年作回應，考慮推行最低工資立法，而且涵蓋面擴闊至各行各業。終於在 2010 年 7 月，立法會通過最低工資法案，使勞動階層起碼得到最基本的保障，最低工資水平訂定為 28 元，每兩年檢討一次。除了最低工資外，政府亦推出了不少短期的「派錢」惠民措施，例如減免差餉、公屋租金的免租月、電費補貼，甚至是直接派錢給市民，以減低市民的怨憤。

然而，這些措施對疏解這種怨憤情緒仍然沒有多大作用，以至在 2012 年的特首選舉中，候選人梁振英承諾會重新推動貧窮線的制定，以及在關愛基金中增加撥款提供援助，而且亦承諾要將一些援助項目政策化，不再一次又一次地提供短期的救濟措施。

不過，在全球化經濟的大形勢下，就業貧窮的狀況，就算政府如何鼓勵科技創業，起碼在短期內仍難以解決，反而對政府在私營化政策 —— 教育、房屋、醫療、福利 —— 方面的角色承擔做工夫，政府再次承諾處理民生福利問題責無旁貸，減少大財團的肆虐，才是首要任務。在八十年代後，新右派的「大市場、小政府」政策開始受到懷疑及批評，國際組織及各國政府也發表了不少評論。但是，香港政府從來都沒有檢討私營化政策如何對低下階層的影響，是時候應該要做些工夫了。

爭取退休保障

雖然退休保障的要求在八十年代被港督衛奕信否決了，但是工人退休後的生計仍是一個未解決問題。六七十年代的勞工收入水平不高，儲

蓄有限，在退休時總不能透過個人微薄的儲蓄渡過晚年，而當子女們都要養家活兒的時候，可能要到生活水平降低至基本需要時才可申請綜援，更要接受資產及收入審查，以及與家庭成員脫離供養關係的「衰仔紙」宣誓。無可置疑，退休保障仍是勞工及民間團體努力爭取的目標。

退休保障是香港社會保障中最需要但又最具爭議的政策，一些立法局議員於 1991 年再次要求成立中央公積金，然而這動議在立法局工商界議員的反對下又再一次被否決。不過，民間的福利及勞工組織不斷在這個問題上施加壓力，政府終於在該年 11 月又成立工作組，研究成立一個強制性私營退休保障計劃，以及研究退休金的可轉移性，並於 1992 年10 月提交諮詢文件。但是這份文件的建議立即面對勞工界很多批評，認為政府如果不作再保險承擔的話，極其波動的金融市場將會使保險公司陷於困局，不利於退休者的利益。當時社會上出現了很多不同的建議，計有：工聯會的全面退休保障，保險業聯會的強制性退休金計劃，社會保障學會的三方供款老年保障方案，香港工商專業聯會的老人收入保障與退休待遇等等。在私營保障與中央公積金之間，出現了百家爭鳴，眾說紛紜的情況。然而，這樣的討論並沒有產生具體結果，而民間團體覺得政府在理屈的情況下繼續拖延下去，開始感到不耐煩了。

1994 年，港府再度提交諮詢文件，但是這一次卻是一百八十度轉變，建議成立一個由政府統籌的老年退休金計劃，僱主僱員各供款1.5%，而退休待遇是入息中位數的 30%，而且是隨收隨支，可以即時生效，不須等待退休儲蓄滿期才可動用。這個建議一反以往政府袖手旁觀的取態，主動地介入及統籌基金的管理，對當時爭取退休保障的民間團體來說是一個喜訊，因此受到熱烈歡迎。不過，擁護自由市場的學者與工商界人士反對這個建議。要是當時的勞工團體與自由市場擁護者有共同平台作理性對話，還有可能得出一個雙方妥協互讓的方案。但是工商界卻透過在當時中英談判的對立氣氛下，以中方成立的特區籌備委員會預備工作委員會（預委會）的委員身份來反對這一個方案。在當時，香港存在着兩個權力架構，一方是香港政府，另一方是特區預委會，一般

市民對香港政府的民生訴求，被權力精英在另一個權力架構打消了。在諮詢工作做了大半年後，港府以得不到預期的社會支持為理由，因而撤銷建議，反之以一個強制性私營退休金制度來取代老年退休金計劃。

政府終於在 1995 年 5 月公佈了第三份退休保障計劃書。這份名為《強制性私營公積金計劃》並沒有向公眾發表，只是在立法局及少數社會及財經團體間傳閱。公積金規定 18－64 歲月入 4,000 元以上的僱員及僱主，需各自按月薪供款 5% 到僱員的個人戶口，供款上限為每月 1,000 元以作退休之用，到 65 歲才可提取，而政府的角色只是成立一個管理局，負責統籌及監管私營銀行及保險公司的運作，不願負起再保險的責任。這個建議只是一個強制性的個人儲蓄計劃，並沒有風險集理及承擔的效用。雖然不少民間團體與工會提出抗議，但在 1994/95 年最後的一個立法會期，港府要求立法局原則上接受一個強制性的公積金制度，至於具體的實施方案，則留待將來立法決定。港府抱着一個相當強硬的立場，聲稱一是接受政府的原則性建議，一是在九七年前不再推行任何退休方案，除此之外別無選擇。在當時立法局四分五裂的結構與政府強硬的壓力下，立法局終於接受這一個方案，二十多年的退休金討論最後終於一鎚定音，不過這個強積金對市民的退休生計保障能否得到實效，則由負責投資的金融機構人員而決定，勞工對選擇投資的範圍極為狹窄。

金融市場很少有長久的勝利者，投資者要在適當時候減低風險，離場避難，尤其是亞洲金融風暴顯示了金融大鱷的破壞力，使強積金的保障功能出現了極大的疑惑。一些民間組織契而不捨，繼續要求用風險集理的方法來提供退休保障，而非依賴個人的投資策略。2004 年，一群社會工作者、學者、勞工團體、長者組織、婦女團體、非政府機構等四十多個團體組成了「爭取全民退休保障聯席」，他們認為如果不設立一個風險集理的退休保障制度，低收入勞工因入息基數低引致只得有限儲蓄，將難以支持退休後的生計，亦會增加綜援制度的財政壓力。據估算，長者綜援個案比例將於三十年內增加 40%，而領取綜援的長者人數預計於三十年內亦會增 304%。如果單是依賴綜援來應付長者貧窮，公共財政

便要背負十分沉重的財政負擔。另外，這些團體認為強積金存在着很多局限性，因為它只限於受僱人口，排除了香港一百萬名家庭主婦，以及四十萬傷殘及弱能人士、三十萬長期病患者，他們因為沒有能力供款而不受強積金制度的保障。聯席要求政府重新檢討強積金制度不足之處，並考慮一些「部分隨收隨支」計劃，即時使香港的長者得到最起碼的退休保障。

從 2000 年開始，全民退休保障成為了一個重要的社會議題。在此不詳列全民退休保障聯席，以及其他民間組織的方案，如工聯會、公共專業聯盟、社會保障學會、羅致光方案等，讀者可到其網址查閱，本章只望指出政府只是不斷強調人口老化是政府十分重視的一個問題，但卻遲遲拿不出應對的方案，反而民間採取着主動，在過去的三十多年間提出了不少解決勞工退休保障問題的建議，而政府也明白事態漸趨嚴重，但缺乏政治意志與承擔來作出果斷的政策。香港在短期內便踏入 2020 年代，那將會是人口老化的急劇上升期，如果政府仍是狹隘地以扶貧安全網的方法來制定退休保障，將會使不少低下階層，甚至是中產階層的下層毫無安全感，「在差不多用光積蓄下跌到這個細小的貧窮網，要收縮身體提防跌出，這個跌勢並不尋常」才能得到保障，這個政府就顯得相當涼薄了。

參考書目

《全民養老金學者方案》（2015）（http://hkscholarspension.com）。

托瑪‧皮凱提著，詹文碩等譯：《二十一世紀資本論》。台北：衛城出版，2014。

周永新：《富裕城市中的貧窮 —— 香港貧窮現象剖析》。香港：天地圖書，1982。

社會服務聯會研究部：《香港中老年人士就業狀況研究》（2000）（http://webcontent.hkcss.org.hk/fs/er/Reference/old_age_final_rpt.pdf）。

香港社會保障學會：〈強積金制度——走錯了的道路？〉（2016 年 4 月 28 日）（Inmediahk.net/node/1042031）。

香港基督徒學會：〈香港基督徒學會就「市民大眾對綜合社會保障援助受助人的看法」的意見〉（2009）。立法會福利事務委員會滅貧事宜小組委員會（http://www.legco.gov.hk/yr08-09/chinese/panels/ws/papers/ws0711cb2-2242-4-c.pdf）。

香港婦女發展聯會、香港中文大學亞太研究所：《香港雙職婦女工作及家庭生活狀況調查 2006 報告書》（香港：香港婦女發展聯會，2006）。

馬碧容：《貧富懸殊：人種學角度：香港的貧窮含意》。香港：明報出版社，2004。

莫泰基：《香港貧窮與社會保障》。香港：中華書局，1993。

黃和平：《香港低收入住戶統計概覽 2013》。香港：香港社會服務聯會，2003。

黃洪：《香港基本生活需要研究報告書》。香港：香港社會服務聯會，2005。

群策學社：《香港社會保障制度的優劣》（2012）（http://www.hkstrategy.com）。

《綜合社會保障援助（綜援）計劃檢討報告書》。香港：香港政府印務，1996。

樂施會：《香港市民對綜合援助態度意見調查報告》，2009。

蔡建誠：〈延續不公平分配的強制性公積金〉，《滅貧季刊》，1998 年 9 月號。

1994/5 Household Expenditure Survey on CSSA households and the rebasing of the Social Security Assistance Index of Prices. Research and Statistics Section, Social Welfare Department, November 1996.

A Community Wide Retirement Protection System Consultation Paper. Education and Manpower Branch, Government Secretariat, October 1992.

Assessment of Public Opinion on the Consultation Paper *"An Old Age Pension Scheme for Hong Kong"*. Education and Manpower Branch, Government Secretariat, January 1995.

Goodstadt, L. *Poverty in the midst of affluence – How Hong Kong mismanaged its prosperity.* Hong Kong: Hong Kong University Press, 2013.

Legco.gov.hk. CB(2)413/00-01(03) 號文件

Report on Review of Comprehensive Social Security Assistance (CSSA) Scheme. Hong Kong: Hong Kong Government, 1996.

第四章

家庭與兒童福利

一般人認為，家庭是社會的重要支柱，因為它是一個兒童在生長過程中掌握最密切的人際關係，培養個人品格的主要機制，而家庭的凝聚力亦帶着一種文化傳承的意識，對個人的社會融合有很大的幫助，亦是社會和諧的基礎條件。不過，在過去二三百年來的急促現代化下，這個傳統的家庭觀念受到現代化的挑戰，不少有關家庭的論述，從一般的社會和諧功能跳升至家庭內部的倫理關係。家庭凝聚力雖然是一個很重要的社會基石，但是如果它是以犧牲某些成員的福祉而建立，卻是抵觸了社會公正的原則。所以，福利工作者的關注點主要是去處理家庭內兩種基本關係，使社會和諧的期望與每一個家庭成員的福祉都可以得到適當的平衡。

第一種關係是從英國哲學家瑪麗・渥斯考夫特（Mary Wollstonecraft）開始，1792 年她的《女權辯護》在當時像是一枚文化炸彈，指出女性如果只是倚賴美麗與愛情關係，她得不到應有及公平的社會地位，而普及教育就是一個突破點。後來美國在 1848 年婦女運動的《感傷宣言》（Declaration of Sentiments and Grievances）綜合表達了與婚姻有關的兩性關係，它包括戀愛、擇偶、同居、性生活、夫妻之間的感情、社會地位的差異、就職機會、生活習慣之間的矛盾與妥協、夫妻與第三者之間的種種倫理及法理關係。可以說，這是家庭中的「伴侶關係」（partnership relationship），是因結合而產生，亦因共同終老或離異逝世而終止。雖然男女平等的意識到今天已經相當普遍，但女性的「損失」仍比男性為多，例如在職母親如何面對就業競爭與照顧家庭的矛盾。這種不平等的伴侶關係，在傳統中國社會根深蒂固，我們甚至可以說，中國傳統所敘說的家庭和諧，很大程度上是建基於婦女的委屈及欠缺發展機會而導致。傳統的婦女地位相當低落，家庭的現代化主要是針對這種不平等的關係作出改進，香港家庭的福利服務也循着這方面適應着社會趨勢的要求而進步。

第二種是「供養／照顧關係」（nurture／care relationship），是指在血緣的基礎上，家庭內成年人對兒童與老人在生理、情緒、物質、財政

上的各種困難而施以養育、照顧與保護的援助與支持。傳統的觀點認為家庭是一個自然社會單位，在親密的血緣關係下產生了供養責任感，具備強大的福利效果。不過，不少研究資料已證實，現代的工業化及城市化社會差不多已經摧毀了以往的擴展性家庭，使核心家庭已經成為主流的家庭結構，代際距離亦愈來愈遠。外在社會經濟環境的變化使家庭傳統的供養照顧範圍逐步收縮，尤其是孝道的減弱更使老人失去以往的供養來源。因此，為上一代生計供養的責任，已經從家庭轉移到社會及政府，長者退休所牽涉的各種問題已經變成公共財政的責任。而近三四十年的供養照顧關係，已轉向「兒童為中心的家庭」（child-focused family），要為兒童積累各種個人及社會資本，尤其是在今天全球化競爭的環境下，兒童「輸在起跑線」差不多已經成為香港家長每天所焦慮的重中之重。

　　雖然家庭的社會和諧角色仍是十分重要，但政府對自己的干預程度有很大的保留，因為家庭內成員之間的關係甚為「私屬」，旁人不應亦不可作出干預。雖然這道理十分顯淺，但家庭不是一個孤立體，社會的變化對它的結構、財政負擔、成員思想、能力等都有影響。因此，如何掌握家庭這個社會單位公共及私人領域之間的灰色地帶而作出適切的介入，是制定與家庭有關的公共及社會政策一個關鍵的考慮點。

　　香港家庭服務的照顧範圍相當廣泛，例如性騷擾、婚姻輔導、子女培育、家庭財務糾紛等等問題。本章主要描述的，是「伴侶」和「父母與兒童保護」這兩個最基本家庭關係，前者牽涉婦女的婚姻及社會地位與角色，而後者主要是指父母及政府對兒童所作的保障及撫育政策。本章首先用一些歷史事件來描述伴侶關係的變化，使我們了解現代婦女運動所倡議的平權意識所起到的解放作用。其次是有關兒童的撫育支援與保障。至於供養長者的政策，則在第三章社會保障中已有論述。

婦女運動及政策改革

以往，香港婦女的社會角色大多局限於家庭，不過夫妻關係處於極不平等的狀況，而且在社會關係上的就職機會、薪酬問題、婦女權益保障上亦是一樣。不過，從上世紀四十年代開始，民間的平權福利觀推動着一個新的家庭結構及文化，我們從今天回顧以往的變化，才知道目前的一切都不是理所當然的。

廢除納妾

在七十年代之前，香港婚姻法律訂定的伴侶關係分為六大類，其中最常見的三類是：（1）傳統中國式婚姻，是根據 1843 年大清律例而約定俗成的婚姻，亦即是說，丈夫可以納妾。（2）現代中國式婚姻，是根據中國 1930 年民法而結成的婚姻，亦即是不容許一夫多妻制。（3）在香港婚姻法下註冊的婚姻，確保一夫一妻制。在當時，殖民地政府採取了一個「兼容並包」的態度來處理傳統與現代化家庭的差異，並沒有主動地改變這不平等的觀念及制度，只是給予男性多一個選擇。

不過，現代化的平權思想開始挑戰歷史遺留下來的傳統，香港婦女發起了最基本的男女平等權利運動。在四十年代，一些婦女團體（包括香港婦女會、女青年會、九龍婦女福利會等）開始質詢當時以男權為主導的家庭制度，要求取消納妾及建立平等的夫妻伴侶關係。成立於 1947 年的香港婦女協會要求政府進行法律改革，廢除納妾婚姻，實行一夫一妻制。在她們的倡導下，當時的香港政府也覺得須要處理這個問題，於是從善而流地進行研究。到了 1953 年，政府公佈了「史特蘭委員會」（Strickland Committee）有關中國婚姻及習俗報告，建議推行一夫一妻制，

不過這個建議卻引起傳統力量甚為激烈的回應。當時立法局議員羅文錦認為納妾「是一種制度，得到源遠流長中國傳統的批准，受殖民地法律保障，得到最高司法的認同」。[1] 不少鄉紳以及立法局內的男性議員也反對一夫一妻制，認為反對納妾是破壞中國的文化傳統。在面對這些抗議下，政府作出讓步，認為沒有急切需要推行新法，於是延緩立法，使傳統的婚姻納妾等關係維持現狀。

然而有關的婦女團體契而不捨，通過公眾簽名行動繼續爭取一夫一妻制。身兼香港婦女協會會長及立法局議員的李曹秀群是婦女運動的捍將，她提出了一些在當時來說是十分激進的思想，不單爭取廢除納妾，而是提出平等權利的要求，認為如果要保障家庭的福祉，男女必須處於一個平等地位。在當時，這股現代思潮得到年輕一輩的支持，引發社會討論，衝擊着保守的文化思想，也使家庭中的男尊女卑不平等狀況逐步解放出來。政府於是在 1960 年公佈了《中國婚姻白皮書》，又在 1965 年公佈了 McDougall-Heenan Report，到 1970 年立法局終於正式通過《婚姻改革法案》（Marriage Reform Law），禁止納妾，實行一夫一妻制。不過，值得一提的是，在 1970 年的立法局辯論中，雙方爭論的論點，都是以家庭和諧及福祉為辯護。支持納妾的一方提出一套「濟貧論」，認為納妾制度是可以保護那些沒有入息的妾侍、維持家庭和睦、保持中國傳統文化。當時立法局張奧偉議員說：「她（指李曹秀群）想保障一群婦女，那些幸運地做了正室的主婦。我想保障的是所有婦女，如果通過法案，那些受意外影響的婦女將會被剝奪得到被認受的高尚地位。」[2] 但要廢除納妾的一方對「濟貧論」不以為然，認為應該維持男女平等，才能使家庭和睦。

《婚姻改革法案》訂定在 1971 年 10 月 7 日後所有新的婚姻必須經

1　Lee, Ching Kwan "Public Discourses and Collective Identities: Emergence of Women as a Collective Actor in the Women's Movement in Hong Kong", in Chiu, Stephen W. K. and Lui, T. L., *The Dynamics of Social Movement in Hong Kong* (Hong Kong: University of Hong Kong, 2000), pp. 229-233.

2　同上註。

過法律批准的程序註冊，也必須是一夫一妻制。一夫一妻制的確認，使家庭內的妻子及子女地位加強了法律的演繹。在法例通過之後兩年，一連串確認婦女及兒童地位及權利的法例也相繼通過，包括 1971 年的《已婚者地位條例》（Married Persons Status Ordinance）與《親父鑑定法律程序條例》（Affiliation Proceeding Ordinance），1972 年的《婚姻訴訟條例》（Matrimonial Causes Ordinance）與《婚姻法律程序與財產條例》（Matrimonial Proceedings and Property Ordinance）（Lee, 2000）。

整個廢除納妾運動前前後後爭議歷時二十多年。在這一段歷史過程中，我們可以見證到一個政策觀念轉變的過程，在一邊是傳統的文化及政治力量如何演繹「家庭和諧」，以及用恩澤扶貧的態度來詮釋婦女福利，而在另一邊是民間團體的現代平權福利觀，要求建立一個較為公正的伴侶關係。在這兩個福利觀夾縫的中間，是一個「左右為難」的香港政府。面對傳統及現代化思維之爭，政府只能在時機成熟下才敢於推動變化，使家庭內的伴侶關係不致於一面倒地傾斜，逐步踏上更平等的狀態。

同工同酬運動

以往，因為男女社會地位的不平等，香港政府的男女公務員並不享受同工同酬的待遇，而政府所持的理由也是與家庭的福祉有關。在七十年代以前，香港政府認為薪金的差異應與家庭崗位有關，男性公務員因為是家庭的財政支柱，負擔較為吃重，理應得到全薪；反之，女性公務員其實大多重視家庭多於職位升遷，而且也可倚賴丈夫而放棄職業，所以男女的薪金必須有分別。1947 年，在香港戰後經濟重建期間，薪酬委員會（Salary Commmission）將男女薪酬的差異連繫於家庭崗位，訂定男性公務員的薪金基本條件必須可以養妻活兒，而女性公務員因為不需如此，所以只能得到男性公務員的八成薪酬。這項不平等的措施引致 1948

年一批華人婦女公務員的憤懣，向政府請願要求同工同酬，但這個行動可能因戰後經濟仍未復原而得不到回應，結果不了了之。十多年後，當政府的財政狀況有顯著改善時，1959 年的 Platt Salaries Commission 卻將女性公務員的薪金訂為男性的 75%（單身女醫司除外），使同工不同酬的距離更拉遠了。這個倒退促發起一些女公務員的回應，以外籍女性為主的「女教育主任協會」在 1960 年成立，不滿意政府將女公務員放在次等地位，再次要求爭取同工同酬的權利。

在財政狀況好轉後，香港政府再難以用資源不足的理由來延續社會不平等。1961 年，財務委員會企圖用分類的方法來處理這個要求，它將女公務員分為間歇性工作人員（occasional workers）和事業婦女（career women），兩者的工資得到不同的對待。政府認為前者，例如一個已婚女性公務員，可能在婚後一段時間便會因為家務纏身而離職，亦享有法律地位要求丈夫供養，或者享受產假。這些女性工作人員通常因為家庭因素而影響工作的投入感、生產力及工作效率，所以理應得到較低的薪酬與福利。後者的性質有異，因為她們是不結婚的女性，或是結婚也不會影響工作表現的女性，所以如果她們到達某一個增薪點後，便可以逐步與男性同事同工同酬。這種將家庭責任與職業責任對立起來的不倫不類分類實在難以服眾，引來已婚女醫生協會發表聲明反駁：「我們爭取男女同工同酬的口號已經有十年。在數目上，雖然我們有超過六成人數在政府已經服務超過七年，有超過三成三人數服務超過十年，但我們仍然被當作臨時工，逐個月逐個月地受聘。」[3]

從四十年代末期到六十年代中期這十多年內，男女同工同酬的平權運動逐步建立起來。到了 1963 年，平權運動已不只限於公務員，很多民間社團也相繼加入，成立了「爭取同工同酬工作委員會」，成員包括香港婦女協會、基督教女青年會、香港中國婦女會、香港印度婦女會等等組織。面對這些社會壓力，香港政府也感到理虧，在 1965 年政府的薪酬檢

3　同上註，第 233－237 頁。

討報告書中終於承認，男女同工不同酬是缺乏理據支持，應予以逐步取締。更且，在經過兩次社會騷亂後，政府終於在 1969 年訂立計劃，有步驟地在公務員系統內實施同工同酬，不過教師、護士及社會工作者這些受津助的職位並不包括在內。這種厚此薄彼的做法惹起很大的爭議，後來在多次談判之下政府終於讓步，應允包括教師及社會工作者，但排除了護士。香港護士協會十分氣憤，決定推動工業行動，甚至可能會採取罷工來爭取同工同酬。最後，在 1970 年 7 月，政府終於向護士讓步，結束了二十多年來的反對性別不平等運動。

男女同工同酬運動，不單是一個反對性別不平等的運動，也是一個反對社會對家庭成員「定型」（stereotype）的行動。以往，「婦女的天職在家庭」，「男主外、女主內」，「男剛女柔」這些傳統思維，使女性的社會及經濟地位處於次等位置，有不少工種及職位都是以男性為招聘對象，甚至排斥女性的申請，或者將女性的工作能力局限於某些職業，女性獨立自主的社會經濟地位始終未能得到重視。在經過二十多年的倡導下，男女同工同酬運動不單改變了政府的薪酬規則，「反定型」運動還逐步擴散開去，將香港的女性從傳統思想中解放出來，也改變着社會對女性的偏見，衝破定型角色的局限。

爭取有薪分娩假期

香港的工業從五十年代開始蓬勃，工廠中擠滿了婦女勞工，胼手胝足地從事塑膠花、假髮及製衣等工作，她們對香港經濟付出了很大的貢獻，不過她們所應得的權利卻被漠視，其中一個問題是她們分娩時的薪金被扣除，以至很多婦女勞工分娩後，在還未復原的情況下便要盡快回到崗位，因而產生了不少健康問題。當時，香港政府只是強調自由市場的重要性，對勞工保障不予重視。到了六十年代中期，一些工會、民間團體及婦女勞工開始爭取這一項基本權利，要求政府立法保障婦女勞工

應該享有有薪的分娩假期。

有薪分娩假期的討論，處理的是母親的健康相對於僱主衡量經濟成本之間的矛盾。對於高唱自由市場的香港政府來說，有薪分娩假期是一個增加經濟成本的政策措施，所以政府在這方面相當被動。當時反對分娩假期的論點是從「免費午餐」的角度出發，認為這只會鼓勵婦女多生育，使社會增加負擔。這個論點引來不少反駁。其中，工聯會在 1965 年認為有薪分娩假期是有利於經濟增長，因為它可以鼓勵婦女繼續工作，也吸引更多婦女就業。另外，李曹秀群在 1967 年爭取婦女公務員的有薪分娩假期時，也認為婦女的天職是生育，只要她們生育不超過兩個子女而增加社會負擔的話，應該得到有薪分娩假期。雙方的論點都是與經濟有關，反而把保障婦女健康權利方面放在較低的層次。

有薪分娩假期的爭取經過大概十年左右的時間才能實現。在不同社團此起彼落的行動下，到了 1978 年政府終於立法規定，只要婦女勞工在一個僱主聘任下持續工作二十六個星期，便可以得到十個星期的無薪分娩假期。不過，分娩假期必須按照實際情況來決定，所以婦女勞工必須與僱主磋商合約內容，以便確保法例的執行。這項立法將決定及執行彈性交給僱主，可以說，是政府推卸了它對家庭及婦女勞工所承擔的基本責任。1978－1981 年可以說是這個運動的最低潮，不過當時的基督教工業委員會聯同二十多個教會及社團，對政府繼續施壓及游說，終於迫使政府成立了分娩假期工作小組，在 1981 年通過有薪分娩假期法例。這個法例規定，只要婦女勞工在一個僱主下持續地工作四十個星期，而又少於三個子女的話，便可得到十個星期的三分二有薪假期。

分娩保障是婦女的一項基本權利。在 1910 年代，美國的非政府機構推展了一個「母權運動」，保護婦女勞工及兒童的權利，這個運動也影響了歐洲各國，國際勞工組織在 1919 年的《生育保護公約》（第 3 條）也明確訂定婦女分娩假期的規定，自此家庭福利是與婦女勞工及兒童權利共生共長。在香港，婦女勞工的基本權利是在這個運動後差不多在五十年代才出現，七十年代才實現，與美國差距了六十多年。從歷史發展階

段的角度看，在香港的中國人家庭中，婦女的生育福利保障是一個遲來的春天。

反 對 家 庭 暴 力

很多時候，家庭內的伴侶關係往往被人們用「一夜夫妻百夜恩」或「溫馨」來作理想化模式的描述，避而不談伴侶關係中醜陋的一面，尤其是家庭暴力的施虐。有些丈夫認為毆打妻子只是一種偶然發洩的事件，並非嚴重的傷害，所以無足掛齒；有些妻子也因為要保持伴侶關係而忍受虐打，而且雙方都認為家庭關係屬於私人領域，家醜不出外傳，所以很多虐待的行為都秘而不宣，在表面的社會和諧下，妻子所享有的基本權利受到很大的壓抑。到了八十年代初，香港市民捍衛人權的意識抬頭，虐待配偶及子女的情況也開始在報章上被報道，包括禁錮、虐打、性暴力、心理虐待等等。這些以往被認為是私人事件開始受到輿論的關注，認為政府有介入的必要。在輿論的壓力下，政府在 1986 年順應民情通過《家庭暴力條例》（後來在 2009 年修訂為《家庭及同居關係暴力條例》），該法例容許婚姻暴力的受害者向法庭申請禁令，限制滋事者接近受害人及其子女，或禁止進入某些指定的地方，以保障受害人及其子女的人身安全。不過，法例只是保護受害者的人身安全，對施虐者只是限制其活動，尤其是缺乏適當的預防措施，所以收效不大。

到了九十年代，家庭暴力問題愈來愈受關注，香港社會也愈來愈重視這個問題。根據警方的數字，1991 年有 40 名男性及 154 名女性受配偶暴力對待，次年是 32 名男性及 172 名女性，到了 1993 年這些數字上升到 50 人和 232 人。在 1996 年的 6,962 宗嚴重毆打傷人案件中，有 56% 即 3,954 宗是因為家庭糾紛而引致。到了 1999 年，在 63 宗兇殺案及 7,400 多宗傷人毆打案中，分別有五成及六成涉及家庭糾紛。社會福利署的一些研究顯示，2001－2005 年間，家庭暴力的案件上升了 48%，

其中男虐女的個案是七倍於女虐男，而在 2005 年有 84% 案件是與虐打身體有關。

家庭暴力的問題，已經從一個家庭及私人領域上升到公共領域，演變成治安問題的一部分。因此，政府也重視問題的嚴重性，在 1996 年成立了一個跨部門的「受虐待配偶工作小組」（Working Group on Battered Spouse），協調不同政府部門的工作。在 1997 年，社會福利署設立了受虐待配偶個案中央統計資料系統，收集及分析統計數據；在成立了跨部門小組後，虐待妻子的案件更清晰地表現出來。1997/98 年內有 1,200 宗虐待配偶案件，其中有 96% 是有關虐待妻子的個案。隨後的一年共有 1,172 宗，其中 95% 是虐妻。

每年千多宗的虐妻案件，使政府感覺到問題的嚴重性，很多福利團體也呼籲社會要向家庭暴力說「不」。1997 年成立的關注婦女性暴力協會是一個甚為主動的民間組織，作出了不少倡議工作，使政府正視此問題。在 2000 年，該會推出「反性暴力行動綱領」，制定行動策略及政策改革的建議，亦於同年成立了性暴力危機中心「風雨蘭」，提供二十四小時一站式服務，後來更成立「anti-480 反性暴力資源中心」作公眾教育，推動社會關注及提高對性暴力的認識。

2001 年，政府成立了「關注暴力工作小組」，由社會福利署長任主席，負責高層次的制定策略及統籌工作。到了 2003 年，社署擴大了資料系統，加入了性暴力個案，以至從 2003 年的 3,298 宗上升到 2004 年的 3,371 宗，其中女性受害人的數字分別為 2,925 和 2,990 宗。

家庭暴力的成因有不同的解釋，其中一個是跨境婚姻。從九十年代開始，中港跨境婚姻的數目大增，到 2010 年左右大約有 48 萬人，佔本地婚姻總數的 57%。中港跨境婚姻因為在文化、期望及生活習慣方面都有相當大的差異，較容易引起家庭矛盾甚至暴力問題，以至離婚率高逾五成。據立法會 2011 年 3 月 2 日的答問（立法會六題：支援跨境家庭）中指出，單是和諧之家一個機構，一年便接獲超過八千宗內地婦女的求助個案，當中六成涉及家庭暴力問題。在議員的質詢下，雖然勞工及福

利局局長張建宗強調目下已有不少福利服務應付各種家庭的問題，例如房屋、綜援、醫療、家庭服務中心等，但也不得不承認政府沒有評估這些家庭問題所產生的社會影響，例如兒童的心理狀況、受虐婦女的心理輔導等等問題。

性別歧視

1989 年，十八個民間婦女組織成立了一個聯席會議，要求政府成立一個婦女小組，研究婦女處境，希望將婦女議題提上政策日程。這些組織做了不少倡導工作，包括發表公開聲明、游說立法局、舉辦論壇等，並且要求政府成立一個婦女專員，消除性別歧視。不過，當時政府認為香港社會大致上沒有性別歧視，而且不應該為某一個性別額外有一套施政綱領，所以並沒有重視這個建議。但是，當時的立法局卻比政府先走一步，在 1991 年成立了一個臨時工作小組去了解這些團體的要求，並在1992 年立法局會議中通過要將聯合國的《消除對婦女一切形式歧視公約》（Convention for the Elimination of all Forms of Discrimination Against Women, CEDAW）引進香港，同時要求政府成立婦女事務委員會。

男女平等問題始終是家庭內伴侶關係的一個重要環節，因而獲得不少的社會支持，政府在輿論要求下於 1993 年發表了《男女平等機會綠皮書》，開始諮詢市民對消除對女性歧視的看法。在輿論要求下，香港政府在 1994 年 10 月頒佈引進聯合國的公約，開始草擬《性別歧視條例》。1995 年 7 月，條例獲得通過並在 1996 年尾全面實施，它的主要目的是「將某些種類的性別歧視、基於婚姻狀況或懷孕的歧視及性騷擾定為違法」，例如僱傭、教育、貨品、設施或服務的提供、處所管理、投票資格、會社活動等。不過，當時的婦女聯席對政府未能成立婦女事務委員會，以及未能在社會政策上加上婦女視野並不滿意，認為空有法律而無執行機構難以見效，所以仍然堅持要求委員會的成立。1995 年 9 月，

第四次世界婦女大會在北京舉行，通過了《北京宣言》和《北京行動綱要》，這也對香港政府有相當的影響力，使它採取了一個更開放的立場，終於在 2001 年成立了婦女事務委員會，專責就婦女事務的宏觀策略提出建議，並制定長遠目標和策略，確保婦女可盡展所長。不過，在亞洲金融風暴後，委員會的主要職權範圍是去為三個主要任務訂立方向：締造有利環境工作、增強能力及公眾教育。在這政策背景的限制下，婦女平權的經濟意義遠遠大於其社會意義。

雖然婦女事務委員會的職權甚為有限，但在 1996 年成立的平等機會委員會，負責執行《性別歧視條例》和《家庭崗位歧視條例》的機制，起碼保障婦女的基本權利。前者是指任何人在指明活動範疇內基於某人的性別、婚姻狀況及懷孕而對該人作出歧視行為，或作出性騷擾，即屬違法。對性騷擾問題，平機會可啟動「特快申訴機制」來處理。後者「家庭崗位」是指負有照顧直系家庭成員的責任，亦即因血緣、婚姻、領養或姻親而與該人有關的任何人。在 1996 年，《婚姻訴訟（修訂）條例》生效，縮短了離婚前所需的婚齡和分居期，減少了婚姻破裂家庭不必要的紛爭和痛苦。

兒童福利的保障

兒童服務主要是撫養、教育及保護，不過不同時代的做法卻明顯不同。「童年」（childhood）作為一個特殊的年齡組別，是一個二十世紀的概念。古代社會並沒有一個「兒童需要」的認識，亦不會注視兒童的心理狀況，而是從成年人的角度來規範兒童，很多時以鞭打虐待與勞役等父權主義的行為，來作管束之用。兒童是極端無助的一個社會組別，他們被稱為「未成年」（minors），缺乏自我保護及獨立自主的能力，必須依賴家庭的照顧及管制。雖然傳統的兒童福利仍然存在，但大多是處理

孤兒的需要，使兒童有一個家，不致孤苦無依流離失所，不過有了家之後便認為問題已解決，不再跟進下去，以致兒童的成長與命運操縱於家長手中，各種損害兒童福祉的因素被漠視，家長的錯誤理解及決定將會影響兒童的一生。所以，現代社會及政府對兒童福利的認識，是從兒童本身跳到家庭的充分保護、照顧、培育及給予發展的機會，如果家庭做不到的話，政府便須要負起很多撫養、教育及保護的責任，包括提供社會服務如房屋、醫療、教育及社會福利等等。

在培育及照顧方面，在較為傳統的時代已經有若干突破。十五世紀，捷克人夸美紐斯（Jan Amos Komenský）認為兒童教育應該不着重背誦，而是通過遊戲經驗學習。1621 年，挪威法律規定如果兒童在家的照顧不足，政府要加強負擔起撫育功能，提供公共照顧服務。不過，戰亂的影響很大，在南北戰爭後的十九世紀美國，孤兒院的需求很甄切，亦因而刺激起新的兒童福利保障與服務的成立，例如領養服務、代養服務、寡婦金（widow's pension）等。到了十九世紀末期，保護兒童的社會運動興起，加強了保障成分。加拿大安達略省在 1891 年建立了「兒童扶助會」（Children Aid Society），保障孤兒及在家兒童免受家長虐待。1896 年，挪威通過了《兒童福利法案》（Child Welfare Act），也同樣保障兒童免受虐待、懲罰、剝削，兒童福利進一步現代化。到了 1899 年，美國芝加哥市開設世界第一所「兒童法庭」（Juvenile Court），對兒童的心理及認知水平加深認識，並不着重用刑事方式來處理兒童犯罪，而是針對家長疏忽照顧所產生的後果，以及糾正家庭教育的缺失。

保護兒童的運動到了二十世紀初期達至高潮。在 1924 年，國聯（League of Nations）的《兒童權利宣言》（Declaration of the Rights of the Child）公佈：（1）兒童必須在身心方面得到正常發展的必然資源；（2）飢餓的兒童應該得到食物，患病的兒童應該得到醫治，落後的兒童應該得到幫助，犯罪的兒童應該得到挽救，孤兒與無依兒童應該得到居所與援助；（3）在艱難時代，兒童應該是首要得到援助的人；（4）兒童必須得到謀生的社會位置，但必須保障免於剝削；（5）兒童的才幹必須在一

種為他人服務的社會意識下培育。社會科學及醫學的發展，使大家更多地了解兒童在發展期間所面對的障礙。

到了七十年代，保護兒童的重點開始轉移，認為家長是否懂得教養（parental deficiency）反而是問題的所在，因此出現了不少有關家庭生活教育的工作。在 1989 年聯合國的《兒童權利公約》及 1990 年的世界兒童高峰會中，這些基本保護兒童的項目更發展到「兒童解放運動」，人們的視線從兒童的脆弱性與無知，轉而關心兒童的自主權、自信、競爭力、自我決策與參與等等要素，而且反對傳統的家長作風，使以往的訓示及控制型的「成人─兒童」關係，改變成較為平等互動協作式的關係。

香港的兒童福利服務也是從傳統福利思想逐步過渡到現代思潮，當然社會文化及經濟變化也為這個改變提供了堅實的基礎。從開埠時期到二戰剛結束時，教育服務集中於精英，又因為不少華人家庭都屬低收入階層，使童工問題特別受到關注。十九世紀末，英國總商會調查東方的勞工狀況，很欣喜地指出中國連同香港在內並沒有勞工法例，連同婦女與兒童在內都容許在毫無限制的情況下，在可獲得最低價格、在任何工作條件制度及工時下，出售自己的勞動力。僱主可自由地做生意，不受國會法例的阻礙及監視。因此，香港的低下階層兒童很早便成為苦工，在自由市場中浮浮沉沉。不過，同情心的力量往往是有強大的保護功能。1900 年，香港郵報刊登了一個居港外國人的文章，慨歎一個十三歲兒童背着沉重磚頭和飲品步行上半山的己連那利路，為的只是要賺錢求生。1918 年，一名女教士 Miss Pitts 不滿這些情況，在 Church of England Men's Society 向香港的兒童勞工狀況開火，譴責僱主要兒童背着沉重的貨物步上山頂，在工廠及僱主家中工作的工時十分長，而且沒有足夠的學額接受教育。這個行動得到律師 Bowley 的支持，大力鼓吹改善兒童的狀況，訂定合法工作年齡，以及成立工廠督察等等。在她們的推動下，香港政府在 1923 年通過了兒童勞動法例，內容包括：（1）十五歲以下的兒童不得在危險職業中工作，例如製做玻璃、火藥等。（2）十五歲以下的兒童不得負四十斤以上的貨品。（3）十歲以下的兒童不得在工廠工作。

（4）兒童不得在一項工作中超過九小時工作，或連續工作五小時，或連續工作六天。以往香港自由市場對兒童的剝削，終於得到最起碼的限制。

在十九至二十世紀的轉接期間，香港的志願福利機構對兒童福利的看法仍然較為傳統，慈愛心強而權利感弱，很少參與有關兒童權利的社會政策討論及倡導。它們主要服務一些「三無」（無依、無靠、無家）的兒童，孤兒服務是一個重點，通過一些補救的服務使無依的兒童得到依賴，貧窮兒童得到足夠的食物，失教的兒童得到教育，為他們提供關懷與照顧，例如在十九世紀中後期成立的嘉諾撒棄嬰院、聖保羅孤兒院、保良局，以及二十世紀三十年代成立的救世軍、寶血孤兒院、聖基道兒童院、小童群益會、遊樂場協會、基督教兒童基金等。

到了二次大戰後，由於戰爭引致大量無依無靠的孤兒，以及很多貧窮失學失教的兒童，社會福利辦事處設立兒童組及婦女組，負責執行1951年修訂的《保障婦孺條例》，主要是處理家庭兒童傭工，亦即所謂的「妹仔」問題，將以往監管虐待兒童的「妹仔幫辦」職位任務轉移到福利辦事處的工作範圍內。另外，它還要執行1932年所訂定的《青少年犯罪條例》與1956年的《領養條例》，使孤兒得到家庭溫暖。當時亦湧現了不少為兒童服務的志願機構，如香港保護兒童會、扶幼中心、基督教兒童福利會等，提供文化康樂活動及教育服務。當時福利辦事處的人手有限，所以不少工作都要倚賴志願機構。到了六十年代後期，在戰亂中失去父母的孩子逐漸減少，孤兒院所收容的孩子的背景有所改變，反而大多是收容因家庭問題而被遺棄的兒童。孤兒院舍逐漸減少，或是轉型成為問題家庭兒童的服務場所。兒童服務因此開始轉型，從「三無」兒童轉移到更多不同層面的服務。

六十至七十年代，社會福利署的家庭服務首要重點是處理家庭一般的問題，對兒童保障並沒有特別的注視及服務。不過，1977年社會福利白皮書開始指出，家庭服務（包括心理輔導）已經有相當鞏固的基礎，一般家庭內的兒童服務也有一定的成效，社署可以把多些注意力放在一些沒有家庭支援的兒童。自此，在問題家庭中被遺棄及漠視的兒童開始

成為服務的一個重點。後來一些志願機構投入服務，防止虐待兒童會也在 1980 年成立，針對人們虐待及漠視兒童的問題，亦處理因家庭糾紛所引致的虐兒行為。

不過，對於被遺棄的兒童及青少年，政府仍依賴志願機構的協助，在財政上酌情津貼一些主要服務，直至 1985 年的福利服務五年檢討，政府才首次對他們訂立一個政策目標。檢討報告書指出：「政府的政策是去提供一連串可選擇的居所，包括住宿及非住宿的照顧給無家可依的兒童及青少年。」被遺棄兒童終於得到社署正式指定的宿位及非住宿照顧，而非酌量提供。在 1991 年的社會福利白皮書中，這個政策再次得到確定。白皮書認為，失依兒童應該得到住宿服務，因為「家庭環境是最佳的因素使兒童有一個健康的發展」。這個政策促使兒童之家（small group home）得到政府的財政資助，在 1995 年非政府機構成立了大概 86 個兒童之家，一些受外界基金贊助的寄養服務（foster care）也逐步得到政府的財政資助。到了 1995 年，香港的寄養服務已經使 560 個被遺棄兒童得到一個家。

在七十及八十年代，香港的家庭制度有明顯改變，核心家庭成為主要趨勢，婦女勞動參與率亦逐步提高，這些趨勢引致兒童的在家照顧出現了不少問題。當時在福利界較為受爭議的是 1986 年的郭亞女事件。在公屋鄰居的舉報下，社會福利署長陳方安生要求警方破門入屋拯救在家飢餓痛哭的郭亞女，並控告其母親疏忽照顧，當時引起輿論的關注點是政府應否侵入私人民居保障兒童。到了八十年代末期，相繼出現了不少獨留子女在家庭中的意外事故，亦導致一些兒童意外地死亡。獨留子女在家缺乏照顧開始成為一個社會議題。1991 年政府發表了一份諮詢文件，收集公眾對處理這個問題的意見。諮詢文件估計當時在五百多萬人口中，有 66,700 兒童獨留在家無人照顧。文件建議政府採取四項措施來保護兒童，包括提供照顧及支援服務、提倡社區互助精神、公眾教育，以及立法制裁。其中最具爭議的是立法懲罰獨留子女在家的父母，一些輿論認為養育子女是父母天職，疏忽照顧是一個個人責任的問題，但另

一面的輿論認為這是對貧窮家庭不公平，雙職父母得不到援助，還須要背上法律責任。貧窮父母的困境 —— 家庭重要還是就業重要 —— 使政府放下了對獨留在家兒童作專項的立法保障，反之將忽視照顧兒童的問題納入《傷害他人法例》中，避免了父母與子女關係出現互相責罵的對立。輿論對貧窮家庭的支持，提出較為可取的做法是提供更多服務及照顧，增加一些宿位，以及成立無人照顧兒童的關注小組。政府採納這些意見，在 1993 年通過了《保護兒童及青少年法例》，取代了以往的《保障婦孺條例》。新的法例使保障及照顧兒童有更大的彈性及針對性。同年，危機兒童及青少年福利協調委員會（Coordinating Committee for the Welfare of Children and Youth at risk）成立，協調專業團體與政府在虐待兒童、青少年自殺、濫用藥物、青少年犯罪等問題的處理。後來，政府在 1997 年通過幼兒服務條例，鼓勵非牟利機構營辦互助幼兒中心，希望藉此紓緩獨留在家兒童的問題。

　　1989 年，聯合國頒佈了《兒童權利公約》，並於 1994 年正式引進香港。它提出了新的福利觀點：兒童的最佳利益。《公約》提出了三個主要的兒童權利範圍：服務提供（service provision），保護（protection），參與（participation）。在服務提供方面，《公約》提倡兒童的生存與發展權利，因此要求各國保障提供的權利包括健康權、受教育權、社會安全和足夠的生活水準。在保護方面，它規定了防止「任何形式的針對在父母、法定監護人或任何其他人照顧下的兒童身體和心靈上的暴力、傷害和虐待、忽視治療、利用兒童贏利」。這些方面甚至包括懷孕婦女的健康照顧、鼓勵孕母不要酗酒、抽煙和吸毒，亦因兒童產後的數月相當重要，所以要保障他們與母親或父親充分溝通。在參與方面，《公約》強調兒童參與的「應有份量」，要求在公共及社會政策決策時有一定程度的兒童參與，雖然兒童不一定能掌握影響他們的社會政策，但是聆聽始終是一個很有效的方法去減少不必要的禍害。除了這三個範圍外，《公約》還通過明確的表述，對兒童個人、家庭以及其他社會關係的保護（包括家庭重聚）建立了新的標準，也規定了兒童休息、閒暇、玩耍、文化娛樂活動

的權利。

　　雖然《公約》引進了香港，但由於只是屬於自願性參與，並不具有法定效力，因此亦只能作為指引作用，其針對問題的成效是並不完善的。其實保障兒童其中最重要的持份者是家長，但香港的家庭生活中出現了三個相當大的結構問題。其一是雙職家庭已經成為主要趨勢，如果沒有經濟能力聘請家庭傭工，又缺乏社區援助，照顧兒童的責任根本毫無着落。其二是工作時間問題，根據統計處的資料顯示，由 1997－2006 年這十年間，勞動人口的工作時數增加了約 7.8%，反映工作階層工時變長，放學與放工的時間相距甚遠，增加了疏忽照顧兒童的機會。工時問題的討論，到近期梁振英政府仍未能得到解決，家庭友善的政策取向看來難以有效地落實。其三是單親家庭數量增加，本港離婚或分居人口的數字，由 1996 年的 97,262 個案，在十年間增加到 2007 年的 224,285。雖然離異不一定引致單親情況，但統計數字顯示，在 2001 年有 61,431 個單親人士，而在 2011 年上升至 81,705。

　　目前，全港約有二百間暫託幼兒中心提供暫託服務，有需要的家長可以預約或是致電登記。但是，這些中心每每只能提供一至三個暫託名額，難以滿足到大量的需求。另外，這些中心的開放時間大部分都是星期一至五，在週六則半晝開放，這種開放的時間對於需要在假日上班的父母根本起不了幫助，不能達到幫助有需要家庭的目的。此外，平均來說，雖然託兒服務在 2006－2007 年期間的使用率只有約八成，但不同地區的需求有明顯差異。

　　同時，暫託服務的收費方面，如何幫助低收入家庭照顧他們的兒童免於風險及意外，亦是一個議題。香港大概有 80 萬至 100 萬的貧窮人口，如何協助這些家庭的兒童受到適當照顧，又可減弱結構上的限制協助父母們盡責，是特區政府難以逃避的責任。在 2005 年當董建華成立扶貧委員會的時候，兒童貧窮成為了一個主要議題，是公民社會爭取政策的主要取向。據 2001 年的普查資料，在 1,207,972 名貧窮人口當中，0－14 歲的是 265,831 人，佔 22%；15－24 歲的是 137,919，佔 11.4%；

25－44 歲是 293,101，佔 24.3%；45－64 歲 253,785，佔 21%；65 歲以上 257,336，佔 21.3%。到了 2004 年統計處資料顯示，約有 373,400 名兒童生活在貧窮線下。可以說，兒童貧窮的人數約佔整體貧窮人口的 20%－25%。

　　貧窮對兒童的影響是多方面的，例如身心發展，居住環境惡劣因而缺乏學習空間，教育資源支援不足，對新移民的社會歧視等等。以上這些都只是一般層面的影響，但在經濟發展模式正進入知識型社會的香港，科技及視野範圍的擴展已經成為教育愈來愈重要的目標，而政府在這方面的政策卻是通過教育制度內的競爭，使「贏在起跑線」的環境因素進一步提升。貧窮兒童所面對的「累積性弱勢」愈來愈嚴重，以致貧窮的年輕一代對將來發展的可能性甚為疑慮，貧富懸殊的差距愈來愈闊，社會怨氣有走向爆裂的趨勢。

中港婚姻產生的問題：內地兒童的居留權

　　內地兒童的居留權事件，在本書第二章已有相當詳盡的敘述，在這裏只作一些補充。從八十年代開始，香港工業北移，經濟及交通運輸活動漸趨頻密，香港的製造業及運輸業工人在內地結婚產子，或製造了不少非婚生產子，使跨境婚姻產生一個法理上有關人口流動的排斥問題。在 1997 年 7 月之前，香港政府估計約有 66,000 名年齡在 20 歲或以下的中國居民符合《基本法》第二十四條所規定資格取得居留權，所以從 1994 年開始，把每天來港的 75 人配額增加至 1995 年的 150 人。不過，永久性居民在內地所生育的子女，如果要來港定居，必須向內地的公安機關申請通行證（俗稱「單程證」），才可獲居留權。

　　非政府組織香港社區組織協會從八十年代已經開始處理中港居民的婚姻及家庭團聚問題，包括「水上新娘」（香港艇戶與內地居民的婚姻）及「小人蛇」（偷渡來港的子女）等事件。該協會認為，當時在內地單程

證的審批制度是「腐敗及任意性」，並非以家庭團聚為目標，而且缺乏配套的政策措施融合新來港的兒童。不過，內地政府認為不應與當時香港殖民政府商討有關事宜，尤其是香港是屬於中國的一部分，導致日後爭議擴大時，香港政府只能加大單程證配額數量，從 1994 年的每天 75 人增至 1995 年的 150 人，其中每天來港 60 人的配額指定為合乎《基本法》第二十四條第三款的 20 歲或以下中國居民專用。不過，因為單程證審批權在內地，而內地的審批標準並非以家庭為單位，所以家庭團聚的情況並沒有得到很大改善。

1997 年 7 月 1 日後的一星期內，大約有 400 名在 20 歲以下的港人內地子女往入境處自首，指出入境條例有空間使他們擁有進入香港以及不被遞解和不被遣返的權利。當時，時任保安局局長黎慶寧認為有必要修改現有的入境條例，於是在 7 月 9 日的臨時立法會中一口氣三讀通過了《1997 年入境（修訂）（第五號）條例》，香港居民所生的中國籍非婚生子女，必須在港取得政府簽發的居港權證明書，再交由中國政府並附加於單程證上，才可獲批居留權。而且法例的有效性可追溯至 7 月 1 日。這修訂引起很大的爭議，包括對中港家庭的打擊、在刑法不溯及既往的法律原則，以及特區政府的管治威信，被指斥為侵犯憲法權利、傷害法治。

內地出生的吳嘉玲在父親代表下，1997 年 7 月 10 日於高等法院指入境條例有關修訂違憲，被高等法院否決，但後來在 1999 年 1 月終審法院作出判決，令香港永久性居民所生子女都享有居港權，不論婚生或非婚生，不論有否單程證，亦不論是否生於中國。這個判決使一些社會人士質疑法院合憲性審查權的法源，以及質疑法院對《基本法》第二十二條無需全國人大常委會解釋《基本法》的認定。於是產生了兩個很重大的社會政策反響，其一是社會排斥的動員，其二是《基本法》的解釋權問題。

在終審法院對《基本法》第二十四條作出解釋後，政府認為原有的 66,000 新移民兒童數量的估計不能與判決相對應，有需要重新評估需

求。1999 年，政府統計處公佈採用「抽菲林筒」方法計算，估計在十年內會有 167 萬人可從內地移居到香港，這將會為香港社會帶來沉重的人口壓力。隨後，政府向立法會提交《終審法院對居留權事宜的裁決：服務評估》，仔細地描述了 167 萬新移民為香港所帶來的巨大衝擊，由於他們多屬低學歷和低收入，所以極有可能會加重政府負擔、拖慢香港發展以知識型經濟為本的轉型和令港人的生活質素倒退，指出香港未來十年因此需要興建數目龐大的學校、公屋和醫院等基建設施和負擔福利開支，涉及額外 7,100 億元港幣財政預算（相等於政府當時庫房約 4,000 億元儲備近兩倍之巨）。然而，「167 萬」這個預估數目被一些學者指為誇大，推算過程所用的方法亦受質疑。亦有學者批評政府以製造恐慌手法影響公眾輿論，而不是作理性分析，排斥着合憲的內地移民兒童。

到了 1999 年 5 月 18 日，行政長官會同行政會議決定將提請第一次全國人大常委會解釋《基本法》。這個決定引起很大的政治與法制爭議，因為政府繞過了法院直接要求釋法被認為是對法治缺乏尊重，亦引起憲法危機。而根據全國人大常委會的解釋，在出生時父或母都未成為香港居民的人士沒有居港權，香港政府認為此解釋使有權來香港的人數減至 20 萬，比起未釋法前的估計第一代港人在中國所生子女（69.2 萬）少了很多。入境處在該年 6 月 26 日宣佈寬免政策，接受在 1997 年 7 月 1 日至 1999 年 1 月 29 日期間曾向入境處處長聲稱有居港權的人士，而處長又有他們的聲稱記錄來港的約 3,700 人，但不受寬免的便會被拘捕與遣返。

這宗內地兒童的居留權事件引起甚大的社會爭論，並引起不少示威及抗議行動，此後兩項兒童居留權案件 —— 莊豐源案及談雅然案 —— 仍引起相當大的赴港產子潮恐懼。雖然到頭來這只是虛驚一場，但因從 2003 年內地政府逐步推出香港自由行政策，以及更嚴格執行一孩政策，使內地孕婦來港產嬰數目激增，影響到有限的醫療服務，受到政府及港人的密切關注。自 2002 年起，醫院管理局錄得 2001 大陸孕婦產子只是 7,810 宗，到了 2010 年激升了五倍達 38,822 宗。中港跨境婚姻所產生的

兒童「問題」，不單成為社會政策的焦點，甚至成為政治及社會矛盾的焦點，例如耗用香港公共資源、拖欠住院費等，亦因此帶出了「港人優先」的政策要求。從 2007 年開始，政府對內地婦女來港產嬰公佈了有關增加公院住院費用及限制入境方法。

內地進港的人口，開始成為政治問題，亦使人口政策成為新的熱點，包括「專才」與「投資移民」。但除此之外，香港人身份的認同也成為社會議論的要點，希望防止「香港大陸化」的現象出現。

家庭政策的倡導及現實限制

其實從九十年代初開始，家庭政策早已出現在民間的福利議題當中。社聯在 1990 年公佈了一份家庭政策的建議（Proposal for the Establishment of a Central Committee on the Family），對家庭規模的收縮（1971 年是 4.5 人，1981 年為 3.9，1989 年為 3.5，1996 年為 3.14），人口老化（1961 年是 2.8%，1990 年為 12.7%），愈來愈多的離婚（從 1980 年的 2,421 宗判案，到 1988 年的 5,893 宗）、單親家庭、獨居、兒童及長者被漠視及離棄等等問題提出憂慮。報告書不去爭拗是什麼社會及經濟因素產生了這些問題，但要求在看到這些悲劇後，要採取什麼方法去應付。外在的因素眾多，但家庭無力照顧（family unable to care）才是主因，包括財政、人力資源、知識、情緒及社會支援，以及服務的人手及質素的提供等等，必須訂下政策及規劃。而且其他社會政策很多時並非「家庭友善」，甚至反其道而行，為家庭製造問題及矛盾，所以要建立一個「家庭中央委員會」協調各部門政策，一方面要保障家庭的私人領域，另一方面看到宏觀的社會經濟趨勢及家庭內部成員的問題，如學前兒童、就學兒童、長者、殘障人士、單親等等。建議書強調因家庭人

數的縮減，無力照顧是問題的關鍵所在。[4]因此，社聯對家庭政策的建議包括：深入研究、兒童青年長者等政策協調、服務支援、為婦女勞工所提供的家庭服務、家庭的自助互助計劃等。

1994年是國際家庭年，立法局社福界功能組別議員許賢發在立法局要求辯論家庭政策，提出「明確的」（explicit）及「內含的」（implicit）家庭政策分別，前者是一些公開公佈文件，後者則是其他政策內含「家庭友善」（family friendly）的措施。他認為首先要保障家庭的整體性，成員有責任照顧其他人，但也有權利得到支援，使家庭不受安全及壓迫的焦慮。在家庭中可見的問題，如缺乏照顧的兒童、婚姻破裂、兒童虐待、家庭暴力等都做成不少悲劇，需要政策的支援。

自此，家庭政策可分為較寬闊的有關民生政策（包含人口政策、教育、醫療、房屋、交通運輸，甚至新市鎮規劃等等），以及與受損害（harm）有關較為狹窄的福利政策。在2001年，立法會議員羅致光也提出寬窄雙存的家庭政策議案討論，可是仍得不到政府的重視，政府只是收窄在甚為狹窄的範圍內，主要是針對家庭暴力（《2009年家庭暴力（修訂）條例草案》）、提供加強對家庭暴力受害人和有需要家庭的直接支援，增加人手、發展施虐者輔導計劃、強化對庇護中心和危機中心的支援，以及繼續加強公眾教育（2008年10月23日立法會CB（2）15/08-09（01）號文件）；在2008/09年的施政報告中，亦提出在六個試點推行社區保姆「鄰里支援幼兒照顧計劃」，動員地區團體和組織，為區內六歲以下幼兒提供「中心託管」服務。

這些狹窄及針對性甚強的政策，在全球化的壓力下顯得極為薄

4　Family Service and Child Care Division (June, 1990) *Development of Family and Child Care Services into the 90's,* 6.2 "Given the diminishing family size and the substantial increase in female participation in the labour force and in the number of households affected by parent absence, there is simply fewer people in each family to share the domestic labour. This, coupled with the increasing number of elderly people dependent on their families for care and support, and the trend towards community care for the sick and handicapped, should make a clear case for the necessity of greater extra-familial support to make family care a reality. Such support takes the shape of not specific social work programmes but also of a re-orientation of other public policies to be concerned with the well-being of families."

弱。聯合國的經濟及社會事務部在 2000 年出版了《家庭與工作世界》（*Families and the World of Work*），研究了一些國家在面對經濟轉型時所訂定的政策，指出在全球化經濟競爭壓力下，如何保護家庭是一個重要議題。香港並非對家庭的保護視而不見，但在監管市場那種弱肉強食，以至家庭內部的親密及撫育關係遭受到嚴重打擊方面，保護卻是嚴重不足。在經濟競爭及都市化的壓力下，「家庭友善」政策主要是政府如何干預市場，降低市場對勞動者的剝削，在工資、工時、居住空間、照顧空間、社區支援等等給予父母多些保障及支援。這個政策要求其實道理十分顯淺，如日本在 2007 年推動 Important Strategy to support children and their family，鼓勵企業給予空間讓父母可以將子女放在該處以供照顧；又如在人口老化問題上，法國用不少社會津貼鼓勵婦女多生育，以解決勞動力缺乏的問題；又例如新加坡在 2006 年成立了 National Family Council，提供多些服務給雙職家庭。但是特區政府在對商界傾斜的取向下，卻左支右絀，毫無政治意志去確保家庭穩定的關係及促進和諧。

以前，家庭中有弱勢社群如婦女及兒童需要得到保護，但到了今天全球化的轉變下，不少「積累性不利條件」（cumulative disadvantage）家庭本身已成為一個問題，家庭內成員承受甚大壓力。在甚為狹窄的家庭友善政策下，特區政府不能對這問題掩耳盜鈴。過分崇拜市場競爭，只會強化經濟求存意識，減弱最親密的家庭關係及紐帶，間接地破壞着社會穩定。難道香港真的如此走下去嗎？

參考書目

平等機會婦女聯席（婦女聯席）：《2010 年施政報告意見書》（https://www.afro.org.hk/pdf/legco/20101007.pdf）。

新婦女協進會：《平等機會婦女聯席進行香港婦女遭受暴力經驗調查 2013 問卷調

查》，2013。

Chan, K. L. *Study on Child Abuse and Spouse Battering: Report on findings of Household Survey*. Hong Kong: Department of Social Work and Social Administration, the University of Hong Kong, 2005.

Duby, G. "Solitude: Eleventh to Thirteenth Century," In Duby, George ed. *A History of Private Life: Revolutions in the Medieval World*. Vol. 2. Cambridge, M.A.: Harvard University Press, 1988.

Elias, N. *The Civilizing Process: The History of Manners*. New York: Ueizen Books, 1978.

Fung, Ho Lup. "The Right of Abode Issue: A Test Case of 'One Country, Two Systems'", in Wong Yiu Chung ed. *"One Country, Two Systems" in Crisis – Hong Kong's Transformation since the Handover*. Lanham, Md.: Lexington Books, 2003, pp. 97-112.

Lee, C. K. "Public discourses and collective identities: emergency of women as a collective actor in the women's movement in Hong Kong", in Stephen Wing Kai Chiu and Tai Lok Lui ed. *The Dynamics of social movement in Hong Kong*. Hong Kong: Hong Kong University Press, 2000.

Tuan, Yi-Fu. *Segmented Worlds and Self: Group Life and Individual Consciousness*. Minneapolis: University of Minnesota Press, 1982.

UNICEF. *The State of the World's Children 2007: Women and Children- The Double Dividend of Gender Equality*. UNICEF, UN Children Fund, 2006.

United Nations. Department of Economic and Social Affairs, *Families and the World of Work: Four Country Profiles of family-sensitive policies*. New York: United Nations, 2000.

Wong, F. M. "Industrialization and Family Structure in Hong Kong", *Journal of Marriage and the Family* 37,4 (November, 1975): 958-1000.

第五章

青少年服務

　　「青少年」這一個年齡組別，是現代工業社會所建構出來的概念。以往農耕社會只劃分兒童、成人及老年，沒有青少年這一個階段。在傳統中國社會，男性離開兒童期後便是「及冠」，在生理上及社會角色上已經成熟，可以婚娶及擔當成人的角色。在西方，青少年期這一個從兒童過渡到成人的階段，形成於工業社會對勞動技術水平的提升，要求識字率全民化，引致國民教育制度的產生。在這個過渡期中，青少年一方面要掌握工業社會所要求的技術知識，另一方面亦是國家提倡整全發展的國民教育概念，使兒童在進入成年期前作好充分的準備，包括生理、心理、知識、思想、性格、修養、社交技巧等，於是便逐步建立起一套較全面的青少年政策。在工業化及國民教育這兩大潮流下，青少年政策及服務的大方向就是指由十三歲到二十一歲這一個過渡年齡階段的德、智、體、群、美等屬於「社會定型」（stereotype）式的文化培養。不過，現代社會的人口流動及外來移民所帶來的生活方式轉變，外國思想及文化的衝擊，再加上世代的交接間隙，青少年要面對很多新事物，要在傳統與急劇變化的社會中找尋外在要求與自我肯定的「認同感」中摸索着前進。世代之爭是一個難以逃避的現象。

　　青少年服務範疇甚闊，橫跨了不少社會政策，例如福利、教育、勞工、一般民政等。教育政策負責正規教育及身心培育，勞工政策建立就業橋樑，民政署負責推動公民教育，而福利政策主要處理的是脆弱青少年社群及青少年犯罪問題。教育及社會福利政策較為突出之處，是它們要負起「改做人心」（people changing）的角色，兩者都是着重培養青少年如何成為一個成人，前者是通過正規教育體系而運作，傳授知識及做人的道理；後者是通過家庭教育及社區參與等方法，來處理現代社會所面對的「失範」（anomie）狀況，例如自我的迷失及退縮孤立的狀態、失卻有意義的生活，以及「越軌」（deviant）行為，例如放縱、犯罪、毆鬥、吸毒等。

　　一直以來，傳統社會將青少年的越軌行為視為離經叛道，處理方法大多是以譴責及懲罰為主，例如 1850 年英國的「地區團練單位」（local militia units）用軍事訓練方法招募青少年，提供「外展訓練」（outward bound），以及後來 1907 年童軍的成立，都重視服從性及磨練，仍以成人的角度來看待青少年，始終未能易位而處，了解青少年階段的特殊處境。幸好，十九世紀中末期是社會科學的急速成長期，心理學與社會學理論開始探索這一年齡組別的特質，希望用更正面的態度來處理青少年各類反社會行為，從而產生了新的視野，例如 1899 年在美國芝加哥成立的青少年法庭（Juvenile court），確定了一些原則：未成年人士未能為他們的行為負上責任，又因為他們未有定見，比較容易因「被誤導」而改變思想、態度與行為。這些新思潮使社會福利觀跳出了懲罰概念的框架，轉而採取較寬容的態度，着重教導感化而非壓制及懲罰，後來有些小說家甚至設身處地以青少年角度描述他們的苦惱，例如沙林傑（J. D. Salinger）的名著《麥田捕手》（*The Catcher in the Rye*）描寫一個學業能力甚低青年的憤懣及反叛性，減低成人的刻板定型。在香港，政府也於 1933 年通過了《少年犯法例》（Juvenile Ordinance），在青少年犯罪問題上確立了教導感化這個工作大方向。

到了後來，更多的社會研究指出，越軌行為並非單是涉及個人品格及心理適應能力，而是與社會及文化有密切聯繫，而且心理學也開始研究人類的不同發展階段，探索社會轉變與青少年階段所產生的身份認同困惑，使青少年「問題」逐步成為一個獨立的政策課題。社會福利制度中的青少年服務，也逐漸超越了以往狹窄的治療及管制視野，探索如何使這個年齡過渡期所產生的問題與整體社會發展連結在一起。

在二次大戰前的香港，青少年並不構成一個社會問題，並缺乏專為青少年而設的福利服務。如果說是有，反而應該說是成人世界對青少年作出侵權甚至虐打行為，使成人世界的一些開明人士看不過眼，因而推動法例保障，力圖減少暴力虐打侵害，強化保護的福利功能。例如在一戰前後，國際勞工組織認為童工是一種侵權剝削行為，要求取消童工。這個國際訴求促使香港的教會及志願機構行動起來，要求殖民地政府立法保障童工，亦要求取消「妹仔」制度，而且要設立兒童法庭來保護兒

童。不過，當時這些政策要求仍是以不影響經濟增長為主導思想，所以並沒有提升至較為全面的保障政策。

當時香港的福利服務，主要是由非政府機構提供，政府的角色只是提供後勤支援，例如批地及撥款津貼。青少年服務未能成為一個政策類別，出自兩個主要原因，其一是人口及家庭結構所引致。1931 年，在香港本土出生的居民只佔 32.5%，本土青少年的數目停留在一個相當低的人口比例，從國際比較來看，這是一個很特殊的情況，而且中港人口流動量大，所以社會對這個年齡組別不予重視。有些學者認為在二戰前，香港的家庭狀況是一種「短暫而不完整的擴大式家庭」（temporary, broken, extended family），家族負起撫養、教化及控制青少年的角色，「家醜不出外傳」，使青少年「問題」潛藏於家族內，成為類似「家春秋」故事中的私屬領域內的代際矛盾，缺乏公共領域的關注。

另一個對青少年並不關注的原因，是傳統中國文化對個人成長階段的看法。在傳統中國文化中，年齡區分是一個簡單的三段期：兒童、成人、老人。兒童可以容許天真玩樂，成人必須勤奮工作，到最後老年期時備受尊崇。而傳統中國文化強調「勤有功，戲無益」的成人意識，要求兒童早熟，兒童期過渡到成年期的階段甚短。

在以往沒有具體的政策關注下，政府對青少年這一年齡群組的政策，只是歸類於一般的福利範圍，主要是為滿足基本的生活需要。不過，到了六十及七十年代，當「披頭四」和「油脂」熱潮瘋魔全球，令香港的青少年尖叫歡呼，聯群結隊地在街頭遊蕩的時候，香港的成年人開始面對一個嶄新的局面。成年人不單感覺到代溝的存在，也開始面對新興的叛逆一代。自此，青少年服務轉入一個新紀元，不斷在文化變遷的過程中釐定服務角色及工作重點。

戰後至五十年代：
基本社會教化工作的提供

　　二戰使香港的人口結構面對一個徹底的改變。日治期間，香港的人口回流內地逃避戰亂，總人口由 1941 年的 164 萬降至 1945 年的 60 萬。大戰後，這些回鄉避難的難民又湧回香港，使人口回復到 168 萬。不過，內地政權的易手改變了移民的結構，1945－1949 年的移民潮並非像以往賺錢養家的經濟移民，而是政治移民，而且還是舉家遷移，因此使兒童人口的比例上升。加上在戰後香港的政局相對穩定，因此也出現了一個嬰兒潮，使出生率直線上升。到了五十年代，香港家庭內的成員人數上升，平均每對夫婦生育五個孩子。人口結構的改變逐步展現，到了六十年代，超過四成人口都是 15 歲以下的兒童。

　　這些青少年及兒童大多是住在擠迫的居住環境中，「一家八口一張床」是一個具體的寫照。1945－1949 年中國內戰加劇，逃到香港的家庭及兒童，再加上在香港本土出生的兒童，使教育的需求大增。在 1945 年初全港的學生人數只有 4,000 人，到了 1947 年小學生數目急增至 7.5 萬人，中學生 3.7 萬人，登記失學兒童約有 2 萬多人，而未及登記者更多不勝數。香港政府為了減少這些兒童流浪街頭，在官立中小學開設半日制的課程，推行上、下午班制，希望吸納更多失學兒童。1954 年的政府年報指出，雖然政府全力興建小學，希望每年興建五所小學，但是這項計劃最終無法達標。政府只好倚賴現成的資源，在徙置大廈的天台或地面樓層，改建成天台學校與地舖學校，孩童及青年只能在條件甚差，甚至是臨時搭建的校舍中就學。

　　在龐大的人口需求下，社會福利署於 1947 年設立兒童福利部，並委任了一名青年福利主任負責聯絡不同類別的志願機構，而社署的年報亦為嬰兒、兒童及青少年設立獨立的報告章節。當時因正規教育嚴重不

足，為了使失學兒童得到撫育，一些志願機構為兒童提供非正式的教育活動和文康體育服務，使他們得以過較為正常的生活，例如小童群益會、童軍總會、女童軍總會、青年會、女青年會、救世軍、兒童遊樂場協會、香港青年商會、香港兒童安置所等等，這些機構進行大規模但零散的社會教化工作，並提供福利援助。

當時青少年服務的一個關注重點，是他們「變壞」的可能性甚高。1954－1955 年的社會福利署年報指出：「香港的青年組織幫助哪類孩子？他們主要是介乎 8 歲至 18 歲的失學兒童。由於家貧關係，這些孩子需要比西方同齡的兒童更早承擔家務，以擦鞋或當小販來幫補家計。這些兒童很容易成為不良幫會吸納的對象，或成為罪案的受害者。」戰後的香港出現了兩種相當特別的情況，一方面是 1945 年至五十年代初期的復原階段，該段時期人口湧入及物質生活極度缺乏，居住環境惡劣，不少青少年及兒童得不到教育機會而流浪街頭，引起不少社會及政治憂慮，例如當年李小龍主演的《人海孤鴻》、《孤兒行》等電影，便是反映着殘酷的社會現實。另一方面，韓戰及西方封鎖中國所帶來的經濟機遇，卻又使經濟起飛期加速，財富及社會期望上升，亦做成了戰後的嬰兒潮。

從大戰後到五十年代末這十五年間，因大陸人口的湧入，香港兒童及青少年的教育機會受到相當大的公共資源限制，志願福利機構不單是協助滿足基本的衣食需要，還要補足教育服務不足的問題，一方面提供非正式的教育活動，例如一些識字讀書班，另一方面提供有益身心的文娛康樂活動，以免青少年遊離浪蕩，無所事事而「學壞」。不過，儘管有不少志願機構投放了很多資源和人力來提供多層次的服務，政府在 1961 年的《香港年報》中仍然不得不承認，在 36 萬名介乎 15－24 歲的青少年中，只有大約 5% 能接觸到有關的社會服務。

從六十年代開始，香港的青少年人口激增。到 1967 年，在 300 多萬人口中，年齡 15 歲以下的大概佔四成，約 128 萬人。這個年齡群組的需要開始顯得重要，政府不能再以漠視的態度來應對，尤其是香港在六十年代遭遇到相當大的政治、經濟及文化上的變化。

六十及七十年代：
文化衝擊與青少年犯罪問題

　　1955 年，香港的股票成交總額達 3.33 億元，開創了戰後的最高紀錄。1957 年，旅遊協會成立，負責處理旅遊業和推展旅遊計劃。香港開放的經濟體系與國際接軌，在文化意識上也受到西方的衝擊。

　　文化意識的改變，與大眾傳媒有密切關係。從五十年代開始，西方文化透過電影、電台及其他傳播媒體來到香港，電影明星、搖擺樂和民歌等開始影響着當時正在成長的青少年，新生代的思想與生活方式與上一代出現了很大差異。電影評論者澄雨在敘述五十到七十年代的粵語片意識形態時指出，當時的社會意識變化可以用六個二分法（dichotomy）來描述。第一個是中國傳統道德相對於商業社會道德，前者重視腳踏實地、克勤克儉地賺錢，後者卻要求醒目蠱惑、善於應變及找門路。第二個是窮人對富人，電影工作者在挖苦富人貪財缺德之餘，卻又鼓勵窮人安貧樂道，知足常樂。第三個是本土主義對外來文化，本土電影一方面覺得自己思想落後，毫無創新思維，但另一方面批評西方文化的性開放觀念，認為西方的舞蹈、服飾、行為都是下流淫褻。第四是家庭中心對自由戀愛，在反對父母對自由戀愛干預的同時，又仍然保持「竹門對竹門、木門對木門」的思想來嘲笑青少年少不更事，不懂擇偶。其五是大男人主義對女性主義，一方面冀望回復到以往以男性為中心的家庭，但另一方面卻開始尊重婦女社會地位的上升。最後是守望相助對個人主義，在接受個人自由之餘，又強調不應為私利而漠視別人的幸福。[1]

　　西方社會的個人主義思潮，通過文化載體傳入香港，文化學者姚堯認為「西方東漸」帶給香港青少年不少思想挑戰與夢想。馬龍白蘭度的

---

[1]　澄雨：〈小人物看世界 —— 粵語喜劇片的意識形態〉，吳俊雄、張志偉編：《閱讀香港普及文化 1970－2000》。（香港：牛津大學出版社，2001），第 154－167 頁。

《慾望號街車》（*A Street Car named Desire*）、占士甸的《阿飛正傳》（*Rebel without a cause*）、伊力卡山的《蕩母痴兒》（*East of Eden*）、明里尼的《春風秋雨》（*Imitation of life*）等電影，使青少年看到自身的存在價值，自我的認同感，以及家庭與社會對自己的種種誤解，將代際之間的矛盾與張力毫無保留地展露出來。中國傳統父權為主的和諧家庭文化，開始遭遇到青少年自主意識的挑戰。到了六十年代中期，大眾文化更產生了披頭四、滾石樂隊與占士邦等娛樂產業，使個人主義、樂與怒及嬉皮士文化等大受歡迎。到了七十年代，隨着電視文化的擴散，本土意識開始生根，中國傳統文化面臨極大的挑戰，青少年「這一代」成為了一個問題。

在這個社會文化背景下，六十年代出現了一項新生事物：飛仔。飛仔是一些聯群結黨的「不良青少年」，他們找尋刺激、濫交異性、傷人施暴、搶劫偷竊。從成人的角度來看，一個青少年脫軌犯罪的浪潮正在興起，政府遂於 1963 年設立一個專責小組，開始處理有關青少年犯罪問題。1964 年披頭四來港，受到五千多名青少年冒雨到啓德機場歡迎，香港政府措手不及，調動警力維持秩序，引起社會很大關注。成人們在這些刑事罪行及「激情」的背後，開始感到一股正在湧現的青少年反傳統道德行為，因而產生了很大的恐慌。

1966 年的騷動，源於天星小輪加價五分錢。有些人認為騷亂者小題大做，政府其後成立了一個調查委員會研究暴亂的成因。報告書指出，暴亂的成因並不只是一個而是四個。它們是（1）社會結構的分歧，新舊觀點的衝突、或者是青年擁有新的抱負；（2）居住環境、教育及就業機會；（3）道德和品格的培養；（4）青年人的衝動，以及精力和情緒沒有適當的發洩。1966 年《九龍騷動調查委員會報告書》的第 6 篇第 2 章丁項特別指出：

> 537. 年齡 15 至 25 歲的青年人在此次騷動中非常活躍。……
> 539甲. 本港人口 50% 之年齡在 21 歲以下，是以青年

在總人口中，佔極為可觀的比例……

539丁．香港青年受觀念改變及兩種文化交流的影響，可能比他們父母所感受者較大……

542．……他們的父母毫無怨言地加以接受的各種（經濟及社會）情況，青年人大概比較難以容忍……

547．……芝麻灣的青年犯人中，55%說他們唯一的康樂是「收聽廣播、看電影與電視」，另外還有人提到賭博和跳舞，但是，很少人表示對體育或任何一種健康運動有任何興趣。……在教育與青年服務範圍內，我們不可忽視狂妄的人的需要。……在競爭激烈的社會中，這類青年很可能發覺他們給忽略了，而他們的憤恨必然會因之逐漸增加。……警務處的「反飛組」的工作似應予以擴張。

548．……在較發達的國家，市民生活更趨寬裕，……少年罪犯已不再來自窮苦的家庭，而是來自中等或富裕的家庭。香港的情況至少在目前還沒有這樣壞。在香港，傳統原因——貧窮、破裂家庭、缺乏父母管教、懶惰和教育程度低下——仍然是造成少年犯罪的主要原因。……我們的確認為，推廣青年活動的需要，遠較請求政府以其有限資源舉辦的其他若干服務更為迫切。

在報告書公佈後，數名立法局非官守議員（簡悅強、馮漢柱、謝雨川）敦促政府強化青年事務，他們建議：（1）設立正式的渠道讓青年參與政策的釐訂，如成立青年議會；及（2）成立一個專責青年事務的獨立政府部門，或青年事務司，統籌及監察整體青年發展的方向。這些建議相當合理，不過政府卻基於以下的理由不作採納：（1）在有限的資源下，政府只能盡量滿足青少年的基本需要，如教育、醫療、康樂和就業機會。政府避免約制管束青少年，以免磨蝕他們的自發性；（2）青年人的情況嚴重程度不大，不需要設立一個獨立部門；（3）政府部門的劃分是以功能為主，而非以年齡為主。

雖然1966年的報告仍沒有使政府推出一套明確的青少年政策，但是

在 1967 年暴動後，不同部門也被要求重視青少年的社會服務，尤其是文康體活動。1968 年，民安隊青年團成立。同年社會福利署在各區成立青年組織，並將青少年工作列入社區發展工作的範圍。從 1968 年開始，民政署每年都推展暑期活動，港九各區亦紛紛成立暑期活動聯會以茲配合。起初，暑期活動的重點，只是搞一些大型康樂性活動，甚至舉辦一些新潮舞會等節目，希望使青年人耽於玩樂，但因被輿論批評，這類康樂活動也逐漸減少，回復到較為「正派」的活動。

對於當時甚至是今天的青少年服務機構來說，暑期活動是最為繁忙的日子，為青少年提供有益身心的正常文康體活動，亦引進了社會參與的意識，培養青少年的社會責任感。這比起以往的狹隘社會福利觀是一大進步，不過從政策成立的政治背景來說卻是有點吊詭。1966 年的騷動調查報告書指出，「……他們的父母毫無怨言地加以接受的各種（經濟及社會）情況，青年人大概比較難以容忍……」，其實含義十分清楚，就是社會觀念（尤其是對階級的分野、經濟壓抑的容忍）已經有很大程度的改變，一股新的思潮正在湧現。不過，當時的殖民政府很明白自己統治地位的認受性嚴重不足，所以只是籠統地引導青少年參與公益及文康體等活動，對社會權利與責任這兩個重要意識支柱，乏善可陳。簡單說，香港的青少年政策始終脫離不了微觀的個人滿足感，缺乏對一個「好社會」的願望及追求，而這個政策方向到了八十年代的政局變化下，受到不少質疑，到今天仍未有解決的跡象。

1970 年，美國學者艾爾文・斯佩格爾（Irving Spergel）以聯合國青年服務專員身份應邀來港，檢討香港的青少年服務並提出建議。他批評本港的青年服務是短視及被動，只是因應問題而產生，缺乏長遠明確清晰方向及部門之間的統籌，因此建議要制定一套長遠和發展性的青少年服務政策，內容包括：（1）以青年與社會發展結合，是服務的目標，應制定一長線及發展性的政策，（2）成立一個青年發展諮詢委員會，成員包括布政司、民政司、新界民政司等決策層，以及社會福利署、教育署、勞工署、監獄署、市政事務署等執行部門，再加上志願機構與專業

人士。斯佩格爾希望在這個制度下，政府與民間組織一齊合作，不單減少青少年犯罪的機會，而且還可以吻合社會發展的觀念，建立一個屬於香港人的「好社會」。

不過，這些「改變人心」的計劃，因為缺乏社會公義理念及平等權利精神，難以建立公民權責意識，所以在執行政策時各部門便各自為政，公民意識只可意會，難以言喻。政府推動了很多青少年活動，包括 1972 年的自務會社計劃，讓青年人有多些機會作社會參與；1973 年警務處成立了少年警訊及地區中心，鼓勵青年與警方合作，提供有益身心的康體活動；1974 年，社會福利署推行外展青年工作實驗計劃，協助邊緣青年；教育當局也從嚴肅的氣氛轉過來，開始配合暑期活動，政府亦在 1975 年把康樂體育組轉為康樂體育事務處，負責推行大型康樂活動及比賽；1977 年又成立「公益少年團」，設立獎勵基金，鼓勵團員參與康體及社會服務。可以說，很多青少年活動都鼓勵社會參與，政府並且在 1973 年設立了一個由各有關部門組成的青年服務委員會（Inter-Departmental Committee on Services for Youth）以作協調，但在缺乏整全的公民理念引導下，青少年服務沒有一套集體導向的價值觀，與社會發展概念始終保持着一段相當大的距離。

反而，在七十年代初期，香港文化進入了一個新的時期，使青少年受「毒害」的危機感增強了。1967 年無線電視開台，起初播放不少外國片集，到七十年代中期轉趨本地化，逐步建立及鞏固有香港特色的商業社會文明，香港開始進入一個「電視年代」（TV generation）。另一方面，血腥暴力的電影有增無減，張徹導演下的武俠片滿是血淋淋的盤腸大戰。這些暴力電影到了七十年代李小龍的崛起更被推向高峰，建立起一套尚武精神。另外，歐陸的色情電影也風靡一時，變態的摧花與強姦不斷地出現，香港的大眾文化持續地描述暴力與色情行為。1975 年，香港社會工作人員協會的《公仔書之暴力與色情研究報告》中，列舉了一些公開售賣的公仔書的書名，例如《殺妻夜》、《十爛仔：灣仔大決鬥》、《應召的慈母》、《唐山殺人王》、《血肉橫飛》、《小吧女》、《惡毒淫婦》等。

這些公仔書價格廉宜，只是五至八角，據估計每月印刷的總數量達一百萬冊。雖然這些暴力與色情的電影與公仔書不一定會導致犯罪動機及行為，但是，它們在文化符號層面上卻為青少年提供了行為的詮釋。香港青少年正面對一個新時代的文化洪流，青少年工作者亦開始感到新時代下的思想及生活形態的挑戰。

七十年代青少年犯罪率激增。從 1974/75 的警務署年報顯示，16 歲以下的青少年犯罪個案由 1973/74 年的 1,511 宗增至 1974/75 年的 1,714 宗，而 16 歲至 20 歲的犯罪數字也由上年的 4,227 宗增至 5,441 宗。不單如此，犯罪的案件也趨於暴力化。1973/74 年的警務署年報顯示，在被檢控的 16 歲至 20 歲青年中，有不少青年涉及暴力罪行，包括打架及謀殺等等。

在青少年犯罪案件增加的形勢下，政府委任了中文大學社會工作系的吳夢珍教授就急升的犯罪案件作出研究。吳夢珍在 1975 年的報告建議推出學校社會工作、家庭生活教育、外展社會工作的三項服務。學校社工的任務是去協助青少年在校內的社會生活及提供個人輔導；家庭生活教育是給予青少年多一些社會及道德倫理教育，亦可補青少年中心的不足；外展社工是處理越軌青少年的重要方法，社工落區將邊緣青年扶回正軌。她亦與斯佩格爾有相同的建議，例如政府重新檢視青少年服務的方向，設立一個諮詢委員會，以及制定一套整全的政策。

青少年「問題」已經從貧窮所帶來的缺失，上升到一個有關個人的社會責任、社會風氣的轉變、文化品格建立的更大更高要求的問題。政策制定者開始要考慮，是否應該建立一個「好社會」的意識讓青少年去追求，還是去建立一個「理想人格」的模式使青少年自我完善？這兩者之間，是否互為矛盾，還是互為因果？

八十年代之後，青少年「問題」已經全然改變了面貌。

八十及九十年代：
政治挑戰及青年議會的成立

　　到了八十年代，青少年服務除了提供文康體活動、處理犯罪及反社會問題外，開始面對一個新政治環境的挑戰。1981 年 6 月，政府推出了《地方行政白皮書》，成立區議會，在 1983 年進行全民選舉，只要年滿二十一歲便有權投票，自此帶動了青少年參與政治這一個新方向。有些人歡迎這個變化，認為一種「棟樑論」的概念從此衍生，青少年服務開始從處理負面情況（如犯罪問題）轉向類似公民意識的建立，青少年參與公共事務將會是一個好的出路。隨後，香港前途問題成為了社會焦點，中英雙方的談判、代議政制發展的討論、《中英聯合聲明》的簽署、《基本法》的制定過程及頒佈，這種種變化都使香港人期待並同時憂慮着一個新社會的來臨，願意為這個新社會盡一分力，開創生機。

　　1984 年，中英雙方簽署《聯合聲明》，香港回歸中國已成定局。踫巧在同年，聯合國制定國際青年年的主題是「參與、發展、和平」。這兩件事都使社會工作者關心下一代的發展，在青少年福利機構的推動下，社聯的兒童及青少年部早於 1983 年訂出一份《青少年服務立場書》，重申青少年工作的重要性，而且開始羅列香港年青一代的權利、責任和義務。到了 1985 年，香港的國際青年年統籌委員會主辦了「青年政策展望」會議，不少與會者都在大形勢的變化下提出意見，掀起了福利及教育等社會界別對制定全面青年政策的討論，並且推動青年議會的成立。香港政府也從善如流，在次年成立了一個中央青年事務委員會，着手研究政策和服務的開展，並研究是否需要制定全面的青年政策，以配合時代的變化。

　　中央青年事務委員會轄下的青年政策工作小組其後完成研究，並於 1989 年 1 月發表《研究香港是否需要制定青年政策的報告書》，建議政

府訂立一套全面青年發展原則的青年政策，建議也獲得中央青年事務委員會通過。不過，由於同年在天安門事件的震盪下，大量移民潮出現，人心惶惶，不少人對香港下一代如何面對政局的變化顯得無所適從，報告書的討論也迅速冷卻下來。1990 年 2 月，港督衛奕信將「中央青年事務委員會」改為「青年事務委員會」，削減「中央」這二字，由此政府的政策領導角色淡化，讓福利機構及獨立的青年團體多發聲及自由參與。彭定康上任後，以往有關青年政策的討論，在 1993 年轉變成「青年約章」，要求簽約者自願履行職責。「青年約章」被評為內容空泛，了無新意，而且最主要的問題是沒有約束力，亦不一定獲得資源的支援。

青年約章的理想與原則包括：

1. 應尊重青年，使他們得到愛和得到家庭及社區的關懷及照顧，應享有健康身心，享有住所、食物、教育、工作機會及文娛康樂活動；

2. 應鼓勵青年在自由、民主、尊重人性尊嚴、寬容、團結及和平精神下成長和發展；

3. 應為青年提供切合其身心發展和成熟程度的照顧和協助；

4. 應盡量給予擴闊其人生觀的機會；

5. 應裝備青年以應付未來社會轉變時的種種挑戰；

6. 應鼓勵青年參與社會發展，作出貢獻和承擔責任，尤其應讓青年有機會參與影響其生活事宜的有關決定；

7. 應尊重青年的獨特個性；

8. 家庭擔當起關懷和照顧青年的首要角色，應該得到所需的保護和協助，以充分發揮其作用；

9. 適用於香港及與青年有關的國際公約及協議下所需履行的義務，應當得到切實執行；

10.約章簽署者應攜手合作，盡力貫徹本約章的精神。

其長遠社會目標是：

1. 父母及法定監護人應為青年的成長及發展承擔首要責任；

2. 在可能的情況下，青年應在自己的家庭中成長，得到關懷、照顧

和愛護；

3. 失去家庭環境培育的青年在有需要時，應得到保護和協助；

4. 應採取適當措施，使青年的身體和心理健康能達至最佳水平；

5. 所有青年應有均等機會接受教育，而教育亦應顧及青年的志願；至於能否接受高等教育，則應以青年的學習能力為根據；

6. 應為青年提供教育及就業的資料和輔導；

7. 應採取適當措施，使青年可透過本地及國際傳播媒介和其他渠道，獲得對其發展有積極影響的資訊；

8. 為使青年能達至全面和均衡的發展，應為他們提供協助，特別包括下列各方面：

　　i. 發展青年才能和潛質，包括獨立思考及理性分析能力；

　　ii. 促進青年對人權和法治精神的認識和尊重；

　　iii. 建立青年正確的社會價值觀；

　　iv. 促進青年對中國文化的認識及尊重；

　　v. 促進青年尊重其他有別於他們所屬的文化；

9. 應採取適當措施，使青年可以參與各種文化、藝術、體育、康樂及消閒活動；

10.為青年提供的服務，包括家庭、健康、福利、教育、就業、體育、康樂等方面，應按情況所需互相配合或以綜合形式提供；

11.應鼓勵有創造性的青年服務；

12.應促進本港青年與其他地區青年之間的友誼和相互了解。

這份約章的內容可謂放諸四海而皆準，無所不包，但也可說是毫無重點及優次，而且因為是福利機構及青年團體自願承擔，政府並沒有任何法律、政策及財政上的承諾，所以很難說是一個政策，只可以看作是福利機構自願負擔的道德責任，去培育青少年而已。從歷史回顧的角度來看，八十年代香港的前途問題帶來了新的政治期望，為了培育下一代的政治醒覺，青年服務者也希望促成這一變化。然而，中國內地政治的起伏帶來了一個低壓區，使這股期望迅速地沉寂下去。雖然青年事務委

員會在 1995 年、1997 年及 2002 年曾對約章的實踐效益進行檢討，但因各團體只是各自為政，政府亦以尊重民間團體的獨立自主為名，不作進一步展望及推動將來的發展方向，更遑論提供資源以配合青少年政策及服務的發展。

雖然當時政府在青少年政策上往後退，但是在八十年代一個全新的概念 —— 青年議會 —— 已經成形，要求衝破以往的陳舊思維。一直以來，青年政策都是由成年人主導，用成年人的眼光及思維來制定青少年政策，將青少年看作無知、被動、不成熟的社會類別，很少青少年能夠有機會及渠道表達他們自己的看法，更遑論意見被尊重。在香港面對回歸中國的前途問題時，下一代的整體利益始終是一個關注重點，尤其是有關人權及政治權利的保障。在掌握 1985 年的國際青年年機遇下，社會福利界積極地推動議會的成立，要求政府建立一個與青年人溝通的平台，讓他們直接發聲及陳述要求，到後來終於產生了青年議會，當時可以說是政策上的一大突破。

不過，在機制的設定方面卻出現了問題。政府認為這類組織與其他社團並無分別，所以應該隸屬於區議會的諮詢工作系統。1990 年，第一個青年議會正式於沙田成立，及後觀塘、大埔、荃灣及西貢地區也相繼成立。青年議會是由 15－29 歲青年人組成，成員大概有二十至三十名，參照區議會的運作模式，定期討論當區或全港性問題，尤其是關乎青年人的議題。成員一般由地區團體推薦或是由青年人自行報名參加，再經甄選產生。在 2000/01 財政年度，以上五個地區的區議會共撥款 208,600元，資助青年議會的運作和活動。

青年議會的功能，是青少年可以在社會政策上引進青年議題、吸納意見、培養政治及公民意識，以及學習議政文化。它的出發點是鼓勵青年人積極參與社會事務及建設香港，意念可以說是十分正確，不過因為它是從屬於區議會，運作自主性便受到影響，例如要對某一些社會事件發表意見聲明時，往往需要徵得區議會同意，而且在該區議員的人事更替下，青年議會也會面臨被解散的機會。事實上，在九十年代區議會的

政治角色有很大改變,成為政黨政治的地區樁腳,以致派系分明,互相傾軋。在這個政治氣候下,以上所述的五個青年議會,到 2004 年只剩下荃灣區,其餘各區均已解散。

九七之後

香港回歸本來是政治大事,起初特首董建華也希望繼續推動青年議會,廣納民意,但經濟問題卻使局勢轉變,亞洲金融風暴使青少年政策回到基本的民生保障範圍。早於九十年代初期,青少年失業問題已開始出現,1990 年第一季平均失業率只有 1.8%,但是 15－29 歲的失業率上升到 6.2%。1998 年第一季,平均失業率上升到 3.8%,而青少年失業率已跳升至 13.4%,到 2005 年的高峰期更上升至 21.9%,五個青少年中就有一個面對失業困境。青少年就業愈來愈困難,尤其是一些只得初中教育水平的學生。

青少年失業的原因是多層面的。其一是「從學校到就業」(from school to work),青少年因社會網絡的狹窄及缺乏工作經驗,較其他失業者難找工作。其二是低薪工種的競爭激烈,家庭主婦要幫補家庭收入,在不少服務行業中成為青少年的競爭對手。其三是在產業結構轉型下,知識經濟抬頭,學歷成為了就業的重要標準,政府雖然在 2004 年配以職業訓練的資歷評審制度,希望提升人力資源質素以利競爭,但是對於一些學術水平較差及起步慢的青年,他們進入職場卻要面對一重又一重的關卡。

特區政府面對着高失業率的挑戰,首先是處理「從學校到就業」的過渡縫際,動用不少資源進行一連串的就業訓練計劃,包括「展翅計劃」與「青少年見習計劃」。這兩個計劃的重點是輔導青少年如何找尋工作、如何應付面試、掌握多些社交知識及一般的工作技巧等,訓練的內容並

不深奧，但對於沒有求職經驗的青年卻是及時之雨。另外，政府亦推出「毅進計劃」，這計劃是屬於職業培訓性質，以職業技能訓練為重點，多些實務安排。後來政府也重整了青少年就業服務，出現了青年就業起點（YES），將展翅及青見服務綜合起來。然而，這些服務主要是處理失業問題，失業的社會後果並沒有觸及。

社會福利的其中一個任務，是協助市民去面對經濟困境下的「社會性」問題。在社會工作者的探索下，一個新的問題「雙失青年」被發掘出來，在英國這個社會類別被稱為 NEET（Not in Employment, Education and Training），亦被稱為「零地位」（SZ, Status Zero），香港報刊及輿論起初用「雙失」、「雙待」甚或「等位」形容他們，後來由於他們學歷低、技術低、動機低，亦被稱作「三低」。

所謂「雙失」青年，是指在 15－19 歲的青少年當中，大概有 9.4 萬人處於失學及失業狀態，正在尋求升學、在職培訓或就業機會。對於這群長期處於「零地位」的青少年，他們會逐漸失去生活方向及工作動機，到處流連，生活散漫。據一些報章的報道，不少青年人喜歡自我隱藏，足不出戶，終日躲在家裏上網，打遊戲機，睡覺，無所事事，自卑感重，幾乎沒有什麼事情能引起他們的興趣，起居飲食全依賴父母。據一個福利機構的描述，雙失青年可分為三類：第一類是最極端的完全隱蔽，持續三個月與所有系統（社會及家庭）沒有聯繫；第二類較溫和，期內雖與社會缺乏聯繫，但仍保持家庭連繫；而第三類屬潛在或隱蔽性質，期內雖與社會及家庭作有限度的連繫，但行為上逐漸抽離（香港基督教服務處，2004）。就算到了 2006 年經濟復原期，有些估計仍有 2.8 萬個雙失青年，他們沒有社會身份及認同，成為自我建立的孤島。[2]

在 2003 年《青少年持續發展及就業機會報告書》中，青年事務委員會指出令青少年失學失業的幾個重要因素。其一是教育問題，九年強迫教育並沒有令青少年具備基本能力，有些學生就算完成中五課程，但學

2　〈雙失回升，料全年 2 萬 8〉，《文匯報》，2006 年 8 月 14 日。

歷程度仍不足以就業，而且教育制度仍着重篩選失敗的學生，因此加劇失業問題。在擇優棄劣的考試篩選下，香港面對着大量難以向上流動的低技術、低教育水平勞工。另外是經濟問題，在經濟轉型期內，人手錯配是大問題，低檔次的職位不足以吸納雙失青年，青少年亦不願意從事枯燥的製造業，但高檔次的職位供應並不多，就業結構也多了很多短期工及合約工。而且地域性問題也相當明顯，元朗、天水圍、新界北區和大埔等新市鎮，失業失學青少年比例較高，而在失業失學青少年的家庭當中，有 17.9% 是單親家庭。教育、就業、新市鎮發展模式、家庭支援等等制度變化的影響，須要重新審視。

在 2009/10 年施政報告中，特首曾蔭權也不得不確認「青少年迷失方向，除了個人因素外，亦與社會大環境有關。香港在六七十年代充滿社會流動機會，只要努力，總有出頭天。今天經濟發展日益成熟，社會流動機會亦趨於制度化，學歷成為個人能否進身中產的關鍵，這對不少青少年造成沉重壓力，在正規教育或公開考試遇到挫折的，更加感到無奈和鬱悶。我理解香港青少年的壓力與無奈，香港社會競爭激烈，由學前教育開始，不少父母已細心為子女安排，希望子女通過教育向上流動。這種競爭的壓力，由小學開始持續到中學及大學。一個十六七歲的青少年能否考入大學或入讀所選擇的學系，似乎決定了他往後三四十年要走的路，他們承受的壓力之大，可想而知」（88 段）。

社會流動成為了青少年所面對的主要困擾。除畢業後的就業、升遷、加薪等等問題外，他們的價值觀也有很大的改變。台灣作家龍應台在 2004 年創造的「中環價值」一詞在知識界流傳，意指一套着重致富、效率、競爭、「醒目仔」的資本主義價值觀雄據香港已久，質疑港人有否反省這對於文化及社會發展所帶來的影響。後來在貧富懸殊距離愈來愈拉闊時，產生了 1% 富豪高牆與 99% 雞蛋的比喻，在青少年界流傳甚廣。此外，2010 年潘惠嫻的《地產霸權》一書也傾覆了巨富形象，使港人反思地產壟斷所帶來的各項社會問題，仇富心態毫無遮掩地浮現，

2011 年的七一遊行亦是以反對地產霸權為主題。不少港人其實早已厭倦這種沽名逐利的競爭炒賣文化，在回歸早期已追尋另類的社會發展方向，其後產生了保育、環保主義、社區回歸等等思潮。

很難說這些思潮已經成為青少年文化的一個主要部分。但這些新思潮的湧現，再配合政府推動的通識教育，的確給予學生不少機會掌握有別於香港傳統的市場經濟主導思想，增加了對很多殊途政策的認識及考慮。青年政策所面對的社會、經濟及文化環境，已經與回歸前出現了甚大差異。

另外，在經濟不景氣、工業及就業結構轉型、互聯網的普及這三個全球趨勢下，不少青年「脫軌」甚至是犯罪的行為也出現，或者說加強了。從特區政府成立以來，有三個比較顯著的青少年犯罪問題，成為了福利界及輿論的焦點，它們是濫用藥物、性氾濫和暴力行為。

一些調查研究指出，香港青少年吸食藥物的情況愈趨嚴重，濫用藥物更有年輕化和普及化之趨勢。一般來說，市面上有六大流行的「軟性藥物」，包括搖頭丸、安眠藥、K 仔、大麻、冰和咳水，這些興奮劑使服用者感到玩樂時有飄然的感覺，甚為流行。在醫學知識的研究下，以往對「吸毒」的指控，已轉為對興奮劑、鎮定劑、麻醉劑和迷幻藥等藥物的禁制，尤其是針對年青人追趕潮流所帶來的禍害。以往人們對這些軟性藥物缺乏警覺，但後來發現藥物副作用會損害腦細胞，令服用者神智不清及記憶力衰退，嚴重者足以致命。而且，服用者如同吸毒一樣，在停止服食後會出現斷癮症狀，而且如同時服用兩種藥物也會致命，與人共用針筒注射藥物，更會增加感染愛滋病及丁型肝炎等傳染病。

濫用藥物中央登記組的數據顯示，1999－2000 年青年濫藥者由 2,481 人上升至 4,000 人。2010 年上半年警方數字亦指出，因觸犯此類罪行而被捕的青年為 1,271 名，與 2001 年相比，上升了 91.1%。[3] 在解決

3　禁毒常務委員會：《藥物濫用資料中央檔案室第五號報告書》。

青少年濫用藥物的問題上，政府早在 1999－2000 年初成立小組，採取多管齊下的策略，例如立法執法、治療康復、教育宣傳及調查研究。到了 2007/08 年，政府委任了由律政司領導的專責小組，就打擊青少年毒品問題制定對策，與滅罪及反吸毒網絡緊密合作，推動為期兩年的全港禁毒運動。

治療康復、教育宣傳及調查研究這三項政策措施，並沒有引起社會激烈的議論，但當 2009 年政府要在大埔區率先推行校園驗毒試行計劃，卻引來不少批評及反對。這個計劃是派遣驗毒隊伍不定時到區內中學抽選自願受驗學生（父母也可代為同意），以尿液測試驗毒，如結果呈陽性反應，便會再作測試和跟進，如學生拒絕驗尿，學校不應勉強，但會安排社工了解原因。

這個計劃惹來的爭議，大致可分為三個觀點。其一是人權的保障，認為它侵犯學生的私隱權，不接受驗毒引來懷疑的目光、學校的處分或會出現歧視情況。其二是父母代子女同意驗毒，可能引起家庭內部矛盾。其三是該計劃在驗毒後，警方會否跟進才是問題，警方不單會檢控當事人，還會追溯藥品源頭，牽連甚廣，甚或出現白色恐怖。另外，不少人也懷疑其成效，認為自願參與者多數是不服藥學生，成效一定會高，但並不能解決濫藥問題。醫學界也認為驗尿只能追溯七十二小時，質疑計劃成效。

在社會人士的質疑下，驗毒計劃仍然推行，2010 年第一期檢討報告書發表，在 12,400 名學生參與下，有 2,495 名學生被抽中，其中 1,975 名學生接受檢驗，沒有發現任何一個被驗的學生服毒。政府終於也承認，「驗毒不是一服獨立的靈丹妙藥，反而應是推行健康校園政策的全面計劃中，其中具預防和阻嚇作用的關鍵部分。應訂立其他互補成分，如支援家長、加強教師培訓、指導學生、透過其他措施（例如師友計劃、身體及精神健康檢查等）接觸邊緣學生和幫助有需要的學生。驗毒計劃應以教育為焦點，並豐富其內容，目的是培養學生的正面態度和價值觀，以及促進學生與學校之間的和諧關係。驗毒應視為學生積極參與的

眾多日常校園活動的其中一環」。[4] 在這個大前提下，校園驗毒的計劃可繼續在不同區域內推行，但它對濫藥學生的威嚇作用已遭削減。

另一個青少年犯罪問題，是色情文化的擴張。色情文化是一個相當廣泛的詞彙，包含淫穢思想與行為、裸露、越軌性行為、黃腔穢語等，它們挑戰着成年人對青少年道德界線的要求，但不一定構成社會問題。但是，當這文化開始成為青少年的集體意識，以至出現影響個人健康、成長過程及發展機會時，成年人驚覺起來，認為性氾濫的後果十分嚴重，必須嚴加處理。色情文化對青少年及社會所帶來的具體問題，是賣淫及墮胎。

從九十年代中期開始，未成年少男少女賣淫情況，俗稱「援交」，逐步惹起社會關注。援助交際這一名詞來自日本，是指少年男女在不定時、無固定交易場所情況下，兼職從事與性事有關的工作。據知，她／他們不一定出售性服務，但也容許親熱行為，大多數並非因生活折磨而援交，而是在消費主義的誘惑下而行事。不過，在保護兒童的法例下，援交是犯法的。在香港，援交成為社會的關注點，是因為在新世紀之初所湧現的援交網站，少年男女在網上與客人討價及相約，使私下秘密的性交易公之於世，令人害怕這服務產業損毀了青少年的道德藩籬。2007年，循道衛理楊震社會服務處發表《香港少女援助交際現象初探》的研究報告，指出大部分援交少女因缺乏家人關懷或為滿足購買名牌等的物質生活，而投身援交行列。報告同時指出網際網絡關於援交的資訊日漸增加，間接令更多人投入援交行列。

援交從道德問題上升至社會問題，來由是因王嘉梅命案。2008年，王嘉梅被人殺害後被殘忍肢解，部分骨頭被混入街市肉檔出售，事件引起轟動。案情透露她只有十七歲，很有可能因為欠債五萬元而在網上兜搭嫖客提供性服務，其後失蹤，在兇手認罪下證實被虐殺及分屍。在十

4　保安局（禁毒處）與教育局，立法會保安事務委員會：立法會 CB2/197/10-11(01) 號文件，2010 年 11 月 11 日。

多天的偵查下，色情與暴力問題互相交織，震驚香港社會。

網上青少年性交易成為社會關注點。2002/03 年，網吧的賣淫案件有十五宗，共有十九人因涉及色情及賣淫活動而被定罪，警方後來亦因而訂下「互聯網電腦服務中心業務守則」，規定各經營者致力確保處所內沒有犯罪活動，例如色情活動、賭博或與三合會有關的活動。為保護青少年，這個守則作出指引，要求網吧經營者應准許執法人員及社工進入及巡視，以確保網吧根據法例及守則作妥善運作。

墮胎亦是青少年性行為的一大問題。隨着性意識的開放，婚前性行為及少女懷孕的趨勢愈來愈普遍，因此而產生不少墮胎的決定。據一項調查顯示，超過八成（81.5%）青少年表示接受婚前性行為，而聲稱試過性交者更佔 63.4%（757 名）。當中，第一次性行為的平均年齡為 14 歲，而有 64 名受訪者表示於 12 歲或以下時發生第一次性行為。此外，受訪者平均性伴侶數目為 4.4 名，而多達 10 個以上亦佔 10.9%。不過，雖然青少年的性能量甚高，以及有多個性伴侶的現象普遍，然而他們對避孕與預防性病的認識及保護卻不足，因而提高了未婚懷孕、墮胎、性病，甚至愛滋病等風險。[5]

非法墮胎是犯罪行為。上述的社聯研究指出，各有 30.1% 及 33.1% 曾意外懷孕／其女友曾意外懷孕的受訪青少年表示，曾在港非法墮胎或在大陸墮胎。另外，香港家庭計劃指導會接獲的青少年墮胎求助個案持續上升，1996 年只是約 1,500 個案，到了 2001 年上升至 2,563，五年內增加了千宗個案。在該會的研究報告中指出，在 2001 年、2006 年及 2010 年，16 歲以下女性懷孕的比率是 11%、19% 及 5%，情況雖然好轉，但最低年齡墮胎者只有 12 歲，而 19－20 歲女士的比率則是 20%、17% 與 25%，距離開始拉開。曾經墮胎的人數，每年大概有三十至四十人左右，而首次墮胎年齡由 17－18 歲的 20% 到 19－20 歲的 37%。2011

5　香港社會服務聯會、全港十六隊地區青少年外展社會工作隊：《青少年性行為概況調查 2008》，2008。

年，墮胎地點的選擇，13% 在家計會，33% 在香港醫院，23% 在港非法墮胎，餘下的 37% 在中國大陸，不知多少是屬非法處理。[6] 根據這些資料顯示，不少青少年的非法墮胎行為可能影響她們的健康，其後亦缺乏醫療及輔導跟進工作，對事主在心理和生理上所受的壓力及長遠影響，實在令人擔憂。

另一個問題是青少年暴力。在過去十多年，比較轟動的案件有秀茂坪「燒屍案」，十多名青少年圍毆一名男童多個小時而導致死亡，以及將軍澳少女遭朋輩集體性虐待。其他如校園毆鬥、學生打老師等等暴力事件，凸顯出一種暴戾風氣正在蔓延，使人質問香港社會究竟發生了什麼事，使青少年產生如此粗暴的行為，而校園暴力是其中一個關注點。2002/03 年，校園暴力案件大概有 560 宗，其中在小學有 220 宗，中學336 宗，已經引起社會的視線。到了 2010 年，根據中文大學社工系的調查，在 1,800 名中學生的訪問中，71% 指曾在校園遭同學暴力對待，初中學生受虐情況較多，尤以中一學生為高。而且，超過一半受訪者承認曾參與校園暴力，對同學施加身體或言語暴力，大概有六成被施暴者曾受語言暴力，被人以粗口謾罵及羞辱；其次，受身體傷害者有 37.2%；另外，28.9% 承認在校內遭到性騷擾。校園暴力的規模及受害者數目，有逐步擴大的跡象。

這四個問題 —— 青少年失業、濫用藥物、性氾濫及校園暴力 —— 使人們感到香港的青少年面對着相當嚴峻的挑戰。有些人認為這些挑戰來自經濟基礎及就業機會；有些認為可能是價值觀的失落，或是過於放縱的自由，缺乏社會責任的問題；有些認為可能是受傳媒的挑釁，破壞着對傳統社會權威的尊嚴；更有些人認為這些怨憤來自一個不公平的政治制度，引致社會矛盾的湧現。

以上所列舉的青少年問題及政策，只屬於經濟、福利及社會文化類別。在 2012 年，當梁振英特首剛剛上台時，一個新的政治問題 —— 對

6　香港家庭計劃指導會：《2011 年青少年與性研究（18–27 歲青年調查）》，2011。

國民教育的反抗 —— 出現了，後來更引發了一個相當龐大的政治運動，牽涉到青少年對中國的認同感問題，自後更推動一個劃時代的社會運動，再加上本土主義的興起，特區政府才仿然知道青少年滿懷怨憤，而這些怨憤及不滿是有着深厚的政治經濟基礎，偶一不慎的政策錯誤可能會引來怨憤的爆發。本文在這裏不加細表，就留待以後的歷史學者闡釋這個政治運動所帶來的長遠意義吧。

參考書目

周永新：〈從政策發展看青少年服務的推行模式〉，《青少年服務模式新探 —— 青少年服務資料彙編（第二冊）》。香港：香港社會服務聯會，1992。

社會福利署：《新策略培育新一代 —— 青少年福利服務概覽》。香港：香港政府，2002。

青年事務委員會：《青年約章》。香港：香港政府，1986。

《青年視野：香港青少年發展學會報》，第四期，1999。

《香港兒童及青少年服務概況》。香港：香港社會服務聯會，2004。

香港青年協會：《香港青年趨勢分析》。香港：香港青年協會青年研究中心，2000。

香港青年協會：《香港青年趨勢分析 2002》。香港：香港青年協會，2002。

香港青年協會：《香港青年趨勢分析 2004－2006》。香港：香港青年協會青年研究中心，2008。

《基督新報》，基督教服務處，2004 年 12 月。

黃暉明：〈家庭變遷〉，《廿五年來之香港》。香港：香港中文大學崇基學院，1977。

趙維生、余偉錦、邵家臻、賴偉良：《另眼相看：九十年代社會政策批判》。香港政策透視，1997。

鄭之灝：〈沒有青年的青年政策〉，《香港社會政策 2000》。香港：三聯書店，2001。

《「隱蔽青年」現況及需要研討會》。香港基督教服務處，2005 年 3 月。

酈震傑：〈從「隱閉青年」看香港青年的弱勢處境〉，《思》雙月刊，第 19 期，2005。

羅淑君：〈青年服務的政策：現況與前瞻〉，《香港青年問題與服務》。香港：香港社會工會者總工會，1996。

第六章

安老服務與人口老化問題

本書第四章中曾指出，一個家庭中有兩種基本關係的存在。其一是因婚姻制度而確立的伴侶關係，從而建立了夫妻兩者之間的角色與權責，隨後亦因社會變化而衍生了婦女地位的問題。其二是供養與照顧關係，它是指雙親對子女的供養及照顧，以及子女對年老體衰雙親的孝敬與關懷。本章的重點是針對對長者的供養與照顧問題。

孝順家中長者並非中國人的專利。在福利國家研究中，「地中海模式」（如意大利、法國南部、希臘、克羅地亞等地）都重視長者在家庭的照顧及供養，不過在文藝復興及啓蒙運動數百年的啓發下，自由及寬容概念深入人心，過分演繹的父權主義受到揚棄。反而，在中國傳統中，「有國才有家」，君君臣臣，父父子子社會及家庭權力的層級關係及角色，訂下得相當嚴謹，稍不聽話當作忤逆，君／父權不容挑戰，「孝道」的倫理關係被提升到一個極高的層次，甚至可以說，它成為了中國社會中最重要的政治倫理，在全球的福利觀中甚為罕見。

從尊老的角度來看，中國各朝代為老人訂立了不少有關供養及照顧的政策，例如管仲的「凡國都皆有掌老，年七十已上，一子無徵，三月有饋肉。八十已上，二子無徵，月有饋肉。九十已上，盡家無徵，日有酒肉。死，上共棺槨，勸弟子精膳食，問所欲，求所嗜」，在不同年齡長者的子女可得免國家徵召徭役以循孝道，確是難得。在漢朝，國家通過「舉孝廉」的福利措施，對孝行賜以錢、帛、酒、肉、免除徭役的政策寬限，可見子女對雙親的供養不單是得到政府的認可及肯定，而且還可以獲得具體津貼。不過，直至清末的 1876 年，清政府派遣郭嵩燾出使歐洲，他才了解中西文化之間有很大的差異：「西人不知有父母……凡為子者，自成人後，即各自謀生，不與父母相聞。聞有居官食祿之人，睽離膝下十數載，迨既歸，仍不一省視者」，當時朝中大臣覺得西方諸國並非禮義之邦，因而恥笑為蠻夷之民。

然而，在急促變化的現代社會中，這些報恩之情及對長者的供養關係受到很多客觀條件的限制。不少研究指出，上世紀六十年代是一個轉折期，香港的社會經濟情況經歷着很大的轉變，使家庭孝道難以滿足老

人的需要，出現了生計及照顧的困局，老人「問題」開始成為一個公共議程，家庭雖然仍有角色，但已逐步淡化。其中，三個因素有明顯的影響力：首先是工業化及科技化的生產模式，使較少接受教育機會的長者缺乏競爭力，長者以往局限的知識使他們的經濟地位下降及被邊緣化，大多只能在較低收入職業中打滾，亦間接使他們在家中的權力下降。其次是家庭結構及生活環境的改變，如雙職家庭成為了趨勢，外圍的親友及社區支援減弱，以及居住條件擠迫，這些局限引致老年人在生活上及居住上成為家庭的負擔，使子女雖是有心，但已無力持續地供養及照顧家中的老年人。其三是對傳統供養長者觀念的改變。在核心家庭的增加，以及劇烈的教育競爭環境下，「子女導向家庭」（child-centred family）的趨勢冒起，父母害怕子女「輸在起跑線」而把投資重點主要放在子女的前途身上，引致對供養老人家的責任逐步減弱。雖然孝順的觀念及情感仍然存在，但是老人家處於勞動市場邊緣，家庭的重心轉移到下一代身上，已是難以逆轉的現實。這些因素都使家庭內的供養及照顧關係改變，削弱了孝道精神，使老人不得不走向「結構性倚賴」（structural dependency），要求政府介入來處理他們所面對的各種生計問題。

六十年代：傳統觀念下的漠視

當家庭功能逐步削弱，老年人面對的兩項「結構性倚賴」——供養及照顧——也愈來愈明顯。前者牽涉生計保障，因而產生了市場所提供的人壽保險以及政府的社會保障，這兩項支援在五十年代戰後經濟狀況下並未受到應有的重視，因為當時很少老人需要考慮退休生活，他們可說仍是抱着「活到老、做到老」的拼搏精神，直至六十年代中後期在經濟起飛下，他們以往所付出的勞累損傷才被關注，社會福利界也開始要求政府面對這個問題，提供財政援助給這群老人家。另外，在微觀的生活

困境上，個人所面對的各類「無常」困局，包括生理上的各種衰退、離任後的生活質素下降、家庭主婦的責任加重、代溝所產生的文化隔膜、社交生活萎縮及子女離巢所產生的孤獨感等「社會性」困局，也促使福利界要求政府正視及提供適當的照顧。

香港的老人服務及保障遠遠落後於西方國家差不多半個世紀。在六十年代之前，香港政府對老人的供養及照顧角色，可說是屬於「最低及最基本」程度，只是局限於為一些沒有家庭的孤苦老人提供援助，將其他困境交給社會。對於如何處理老人的需要，香港政府的取態及觀點相當狹窄，主要是將老人的需要看作是一個家庭責任的問題。1955/56 年的社會福利辦事處年報十分強調這一點，它認為香港的老人照顧應由「穩固的家庭制度」所提供，政府的責任只限於為完全無依無靠的老人提供膳宿，使他們不致於晚景淒涼。政府並沒有將老人看作一個特殊的年齡組別，而是以「尊重中國傳統」為理由，將照顧老人的責任留在家庭中，公共責任只是為一些「最不能照顧自己」的長者。

不過，志願機構的前線社會工作者卻接觸到很多家庭斷層的情況，在實務中他們觀察到現代都市化的家庭制度已經與傳統孝道背道而馳，難以協助老人維持生計，很多老人家在生理衰退及殘障情況下仍要辛勞地工作，所以在福利界中出現了不少聲音，要求政府正視老人問題，亦應該承擔起保障及照顧的公共責任。在前線工作員的推動及志願機構多番努力下，香港社會服務聯會在 1972 年成立了安老服務委員會，使老人服務及政策的討論能夠聚焦及系統化。

面對着急劇工業化及城市化，六十年代香港政府的社會政策總方向是擴大人力投資及勞動市場，對失去生產力及正在離開生產線的老人毫無關注。在 1965 年，政府公佈第一份社會福利白皮書，白皮書開宗明義地說：「（政府必須按照當時的社會經濟發展情況）擬訂先後緩急的次序，務使政府之建設性社會福利服務能首先照顧兒童及青年，並必須予以輔導。至於有所需求的成年人，則政府之社會福利服務應先行集中注意有特別需求者，以及可因康復、醫療或協助而在相當期間內成為較能自立

甚或完全自立之個人或家庭。」

　　這個政策方向十分明顯，兒童及青年是未來的勞動力，是首選的「建設性」服務目標，仍然有生產力的中老年工人可以成為次選，風蠟殘年的無依者也可以得到福利援助，但是其他人則必須自力更生，或是依賴家人。白皮書認為老人是有所依靠的，它說：「在香港由中國各地傳入的傳統價值及義務觀念，迄今只受到極有限度的破壞。所以進行社會福利服務工作，首先注意者為防止敗壞社會風氣之影響獲得支配社會之勢力，或任其加速破壞天賦或傳統之責任感。例如不應該鼓勵家庭自然單位將其照顧老弱者道德上的責任，委諸公立或私立的社會福利機構。」香港的老人如果需要得到供養及照顧，應該回到家庭去，而非找其他社會組織，而政府的角色只是去「協助家庭保持完整成長健全之自然單位，以照顧年幼殘廢或年老成員，而不致將之遺棄」。

　　政府對香港的家庭養育照顧功能充滿着期望，以為它們仍然能夠抗拒着都市化及現代化的挑戰，維持着傳統供養父母及老年人的天職。白皮書對老年人的服務只輕描淡寫了一句：「政府將繼續對老年人及無法自立之殘缺人士以物質賑濟，同時更應鼓勵，及盡可能支持及協助志願服務機構對上述各種有需要者提供進一步之服務。」

　　但是，當時的香港政府也不排除多些了解其在社會福利中的定位問題，尤其是民間的福利團體亦要求政府訂立福利政策的大方向。因此，在 1965 年社會福利白皮書發表的期間，政府從英國請來了倫敦大學經濟學教授威廉士（Gertude Williams），研究香港福利服務發展的可行性。她分析了香港的家庭結構，認為家庭在照顧及供養老人、兒童、殘疾人士等功能已經削弱，因此建議政府成立一個社會保險計劃去解決疾病傷殘等問題，以及老年退休等問題。威廉士的建議刺激起政策變化的意圖，政府亦成立了一個跨部門工作小組，研究社會保障成立的可行性，並在 1967 年 4 月公佈了小組報告書。這份報告書提出了一個全面發展的社會保險計劃，包括職業安全保險、醫療保險、寡婦金、退休保障等等，不過因為牽涉的金額太大，政府不想投入，於是將這些建議按下不談，

到後來不了了之。威廉士教授與小組報告書都凸顯了老年人所面對的困境，不過政府當時還未有思想準備將福利服務分門別類地處理，例如社會福利署署長陶雅禮（Alastair Todd）在 1968 年 3 月的一次立法局答辯中，仍然表示政府並沒有獨立發展老年社會福利服務的意向，老年人的需要只能在現有所提供的社會服務得到滿足。

七十年代：
改弦換轍的政策取向

1966 及 1967 年的兩次暴亂始終是制度改革的源頭。到了七十年代，香港政府採取了一個截然不同的態度來面對老年人的供養及照顧問題。港督麥理浩上場後推出了一套全面的社會福利政策，對老人服務有較大的政策承擔，以往政府對老人需要的漠視，在其任內作了一百八十度的改變。麥理浩在老人政策方面推動了兩項主要措施：社會保障的建立與具體服務的擴展。

在社會保障方面，戴麟趾管治下的政府其實已經在 1971 年開始提供了現金的公共援助，照顧一般貧窮人士的需要，不過這一個保障制度並沒有照顧特殊社群及年齡組別。到了 1972 年，麥理浩對弱勢社群開了綠燈，政府在援助貧窮人士之外擴大了資助範圍，建議實施一項傷殘老弱津貼計劃，通過稅務轉移為老年人提供現金津貼，不需要受惠者供款，也沒有入息審查的資格審批，只需年齡達 75 歲便合乎資格，這個新的援助項目由 1973 年開始推行。雖然當時的津貼金額不高，難以代替一個退休金制度，但是當時政府向社會解釋要通過這個計劃時，宣稱是要答謝老人以前對香港經濟所作的貢獻。老人以前所種下的經濟成果，終於得到極為些微的回報。

在福利服務方面，政府也開始主動與福利機構合作，召開了一個全港性的「照顧老年人」研討會，希望收集社會福利界的意見，以備制定政策之用。1972 年，政府成立一個「未來老人需要工作小組」，有系統地研究老人的需要，以及他們對社會服務有多大的需求，並向政府提出建議。工作小組廣泛諮詢了不少政府部門及民間團體後，在 1973 年提交報告，將老人服務劃分為三類的急切性。第一類是必須又急切要解決的需要，包括老弱的現金津貼，行動不便長者所需的家務助理、膳食服務、社康護理、與居住和健康有關的公共房屋、護理安老院、療養院、老人病床等等基本生活必須及應盡速提供的服務。第二類也是必須的，不過在優先次序上有比較低的服務需要，包括醫療服務、宿舍、日間護理中心、廉價葬殮、探訪及接送服務、合適的私營居住環境等等。第三類並沒有很高的迫切性，例如就業服務、庇護工場、安老院、輔導服務，以及一些專為老人而設較為特別的服務。報告書不單將老人服務做了分類，而且還詳細地列舉了推行時所牽涉到的程序、步驟和所需費用。

在當時，志願機構在推動老人服務發展方面，是一個很強大的源頭及力量，因為社會福利署的工作範圍只限於處理法定的家庭事務，對老人服務的認識甚為概括，而志願機構也積極提出了不少執行細節的考慮，使計劃漏洞及出錯的可能性減低。而且，社會服務聯會在 1972 年設立安老服務委員會，機構之間開始分享工作經驗、服務質素如何提升、推展社區教育，逐步建立服務的專業性，使各項服務如護理安老院、老人中心、老人院等的服務標準，以及新服務（社康護理、家務助理、老人日間護理中心）的執行及運作模式，都是奠基於當時政府與志願機構的夥伴合作關係所產生的後果。

在工作小組的建議基礎上，1973 年的社會福利白皮書脫離了以往對家庭的倚賴，不再以孝道精神來談老人的供養及照顧問題，而是將老年人社會福利獨立於以往的家庭福利。老人服務成為了一個獨立的章節，自成一體。雖然政府仍然維持「家居照顧」的主導思想，將老年人留在家中減輕院舍服務的負擔，不過亦加強了對家庭的支援，成立「家務助

理計劃」，使家務助理員上門為老年人提供適切的服務。同時，白皮書也建議視乎實際環境需要擴充現有的老年中心，並建設更多的老人院舍，收容不能自顧的老人。

在 1976 年，社會福利署與社會服務聯會一同進行了一項老人需要的調查及評估，以便能夠推展更全面的老人服務計劃。該項調查的研究範圍，主要是集中在醫療護理及居住這兩方面，其他的需要如教育、經濟及社會需要都較少觸及。調查的樣本是 808 個老人，研究的工具指標是脆弱性、孤獨性、財政情況與家庭關係等等。調查結果顯示，有 1.29% 老人需要醫院提供的醫療護理服務，0.4% 需要護理院舍服務，2.32% 需要院舍及個人照顧，6.06% 需要自我照顧的院舍，5.94% 需要公共房屋而非院舍服務，2.32% 需要家居照顧，2.45% 需要社區護士等。如果用這一個 808 個研究樣本作為一個起點推算當時三十多萬老年人口的服務需求量，各項供應量將要大大增加，尤其是院舍服務，即醫療護理服務（約 4,600 人），護理院舍服務（約 1,400 人），院舍及個人照顧（8,300 人），自我照顧院舍（22,000 人），公共房屋而非院舍服務（21,000 人），家居照顧（8,400 人），社區護士（8,800 人）等。

在這份報告書完成之後，政府在 1977 年發表了《老人服務綠皮書》諮詢公眾。綠皮書建議政府與志願機構分工，前者負責現金援助、醫療及房屋服務，而後者則負責家居服務、住院、輔助服務等等。

1977 年綠皮書指出，在全港三十多萬老人當中，二十多萬是與家人同住，獨居老人有 45,000，與配偶居住約 58,000 人，亦即有四分一老人家是很難得到下一代家人的直接照顧。雖然這些數據已指出家庭照顧面對的問題，綠皮書卻反而提出香港要成為一個「關懷的社會」，認為「雖然現時傳統的家庭關係受到現代潮流影響，但社會仍然希望和鼓勵每個家庭應該盡力對老人給予照顧」，更建議「在提供為照顧老人而設的所有服務，最主要為達到『家居照顧』的目的」。這一次，政府又想走回頭路，繼續維持 1965 年所提的政策目標。

不過，這個提法難以面對社會現實的挑戰。雖然政府仍然強調家庭

為老人提供供養及照顧，但是它所提的「關懷社會」，只能看作是一個理想的政策模式，在充足支援條件下才能實現。在綠皮書的具體建議下，政府開始在老人服務上投放資源，只要財政許可，逐步地實現綠皮書的建議，例如：高齡津貼及傷殘津貼的年齡限制從 75 歲下降至 70 歲；老人的公共援助金額應該照顧一些特殊需要；在社區內每 1,000 名 60 歲以上的老人應有日間醫院名額一個；應增加日間護理中心、家務助理員、社區老人服務中心、老人中心的數目；政府與房屋委員會合作，為老人制定一套老年人優先配屋計劃，以解決老年人的住屋問題等等。

後來綠皮書的主要內容成為 1979 年《社會福利白皮書》的其中一章。到了 1980 年，香港政府的老人政策大致上採用了五個主要方向：

1. 政府不會大量負擔照顧老人的工作，因為這個年齡組別的需要十分龐大。

2. 政府會提供適當的社會服務，幫助老人能繼續與社會接觸。

3. 雖然知道現實上很多限制，但仍是鼓勵每個家庭盡力對老人給予照顧。

4. 對真正有困難者提供適當照顧。

5. 加強家居照顧之背景支援項目，如社會保障、醫療服務、老人中心及家務助理等。

在這些大方向下，老人政策在每一個環節都提供某一數量的數目，在照顧範圍方面可說是相當全面，不過在供應量方面是否能滿足需求，則避而不談。這個大方向一路持續到今日的香港。

八十至九十年代：
服務的急切發展

八十年代是老人服務需求急劇上升的年代。在五十年代數以十萬計的中年人湧入香港，這些人到八十年代開始踏入老年階段，他們經歷了戰亂艱辛的時代，一來在國內缺乏適當教育，二來抵港後因為缺乏避孕措施以致子女成群，撫養眾多。又因為教育水平較低，如果缺乏運氣的話，他們到老年的時候可能只會繼續處於中下層，在子女離巢後，只留下少許儲蓄來面對各種生活上的需要。這個龐大的人口背景使老人服務在供不應求的情況下，只能以最基本的服務來應付。

八十年代初期仍保留相當強的「百行孝為先」傳統痕跡，一來送長者到老人院是違反孝道，二來在當時私營安老院只得寥寥數間，缺乏監管，服務水準低落，入住與「等死」無疑，所以志願機構成為了供應的主要選擇。不過，志願機構因資源有限，服務設施也好不了很多，受接受程度主要是靠員工的工作熱誠的態度作為服務質素的保證。到了八十年代中期，私營安老院舍開始大增，因它們只須商業註冊便可執業，政府對它們毫無監管權力，就算服務質素差劣，仍然有足夠的客戶。直至該年代後期，牛池灣聖若瑟安老院挪用了老人的社會保障款項，終於使香港安老院舍很多不良管理的問題曝光了。在媒體揭露下，有些院舍服務質素低劣，床位擠迫，老人缺乏護理，這些被揭發的醜聞引起社會廣泛的討論及批評。這種種問題，引起一些社會工作者的關注而成立了「老人權益關注組」，要求政府監管安老院舍，倡議立例管制。在社會壓力下，社會福利署提出一個很溫和的方法，推出「私營安老院自願註冊計劃」，希望在商業牟利原則與社會服務原則兩者之間得到某程度的平衡。不過，只有少數私營安老院採取積極反應，大部分對這個要求反應十分冷淡，管理問題始終沒有很大的改善，直至 1993 年在界限街的一間私營

安老院火災，發現房間及床位擠迫情況十分嚴重，走廊狹窄，以至走火時難以逃生。當時社會輿論紛紛批評政府沒有監管意識，政府終於在該年提出《安老院條例草案》，開始留意消防安全，立例規定安老院必須獲發牌照或豁免證明書才可繼續經營。法案在次年獲得立法局通過，在1996年正式執行，初期仍容許院舍申請豁免證明書暫許經營，好讓它們可以有足夠時間把環境、設施及服務改善，符合條例要求。時至今日，所有公私營院舍已全數取得牌照。為進一步提升院舍的質素，後來政府亦委任了顧問研究一套適合香港的安老院認證制度。

從八十年代開始，「老權」這一個由前線老人服務者組成的自務會社，成為一個十分活躍的倡導組織，將老人服務的種種問題：公援制度、退休保障、安老服務收費、家居照顧服務、交通費用、公屋合戶、老人自殺，以及安老政策缺乏協調，需要成立中央統籌機構等等，都揭露了不少問題，並建議有關的解決方法。

除了一般社會及文化因素外，從八十年代開始，中英談判的僵局使港人產生很大的憂慮，移民人數大增，一些家庭成員將老人遺棄在院舍而逃離香港，使院舍不知應否負起照顧的責任，還是棄之不理驅逐離場。這些令人心酸的個案，使社會愈來愈關心老人的生活境況，也使政府難以逃避負擔起更重要的角色。

另外，在1988年，政府的房屋政策已不單照顧一般市民和夾心階層，還開始惠及一些特殊社群。在該年，房屋委員會與衛生福利科合作，成立高齡人士住所工作小組，並於1989年發表報告書。報告書的內容包括兩個重點，其一是透過優先配屋計劃，鼓勵家庭中其他成員與老人同住以便照顧，其二是因應不同年歲老年人的需要，在社區內設立一系列的房屋或院舍設施和支援服務。

老人服務發展的速度相當快，以至立法局的福利小組在1987年建議政府成立老人服務中央委員會，希望檢討過去政策及現行服務，特別是有關服務之間的協調和聯繫。次年，委員會提交報告書，指出老人住院服務需求大增，「家居照顧」的策略基本上不能降低老人住院服務的需

求，不單如此，社區支援服務也嚴重缺乏。報告書就服務策劃和服務協調等方面，提出了四十多項建議，其中包括為老人中心提供百分之百的資助、確認社區支援服務如外展服務、暫住院舍服務、加強社區教育等等重要發展路向。不過，這些建議大多是着重增加服務的供應量，報告書一方面雖然仍然確定「家居照顧」的方向正確，但另一方面卻承認這個方向並不能降低老人住院服務的需求。

到了 1993 年，鑑於老人服務仍是供不應求，政府再次成立工作小組，希望配合香港人口老化的趨勢，全面檢討老人服務的發展。次年 8 月，工作小組提交報告，政府當時有充裕的財政來資助老人服務的發展，所以接納了這些建議。其中最主要的內容包括：

在政策目標上，確定老人的尊嚴應該得到肯定和尊重；老人應在所認識的社區內生活及得到照顧；為老人提供的各類服務應是整合及延續的；公營、私營和資助服務應攜手合作，以人為本地提供服務。

雖然政策目標是希望老人服務主要是採用「家居照顧」的方向，但是工作小組也承認，家庭的照顧能力十分有限，必須要在充分的支援才能夠達成目標。對於一些體弱多病的老人，「家居照顧」更難以勝任，院舍服務是更佳的選擇。

在社區支援服務方面，工作小組認為家務助理、老人日間護理、老人中心等等的服務形式及手法已落後於社會需要，要增加或改變服務形式。

在香港政府重視「家居照顧」政策的同時，全球各國政府在面對人口老化挑戰方面，亦進行了不少討論。在八十年代「大市場、小政府」的福利意識形態下，退休保障從生計保障轉而走向個人投資選擇，政府的責任只是照顧貧窮長者而非一般的退休勞工，減低在勞工保障的公共責任。面對勞工保障的缺失，各國的非政府組織努力地扭轉形勢，與政府作政策角力，結果在 1991 年聯合國大會通過了老人權益的十八點原則，其中包括了五大分類：獨立自主（independence）（包括基本生活需要的滿足、入息及就業機會、應否退休的選擇、得到教育及訓練的權利、

安全居住環境，以及家居照顧）；參與（participation）（包括積極參與影響自身的政策、義務工作、成立老人組織和推動社會運動）；照顧（care）（包括可得到家庭及社區照顧、得到醫療服務的權利、得到法律服務、得到院舍服務、在不同類型居所應得到人權的保障）；自我充實（self-fulfillment）（包括得到發展機會和得到教育文化康樂等服務），以及自尊（dignity）（包括保障免於受虐待和不受歧視）。

談原則當然重要，但社會事件始終是推動政策改善的一個重要及具體動力源頭。據九十年代的立法局福利界議員羅致光所述：

> 在 95 年 11 月，在立法局的一個有關老人自殺的口頭質詢中，（我）質詢政府不願為領取綜援老人提供安裝電話資助的政策。……96 年初，政府的答覆是有 53,000 名單身老人領取綜援，其中只有 8,000 名有同時領取電話的特別津貼。我當時便質詢政府，當這些老人有需要時，如何與外界接觸。96 年初凍死人，我便要求財政司及庫務司為領取綜援的獨居老人，撥出 5 千萬為他們安裝電話，最後得到政府作出承諾（筆者按：最後庫務司撥出 1,700 萬元加強老人在社區的照顧）。
>
> 此外，社會各界亦關注到救命鐘的安裝問題。一群社工、立法局議員及熱心社會人士，便力爭為老人爭取有控制中心的呼援設備。在多方壓力下，社會福利署便在其綜援內的特別津貼中，為有需要的老人安裝救命鐘。但其所定條件為 70 歲獨居老人或是 60 至 69 歲有病的獨居老人，以至真正合資格的老人並不多。另一方面，房屋署初期由於社署願意提供資助，便將責任推給社署。
>
> 這種行為自然受到社會服務團體、爭取老人權益組織的抗議。一群立法局議員更聯名發表聲明遺憾房屋署。其後，我與一群立法局議員及社會熱心人士與房委會及房署商討後，房委會決定為那些不符合社署所定資格，而入息不高於 4,800 元、儲蓄不高於 15 萬的一老或二老單位，安裝呼援設施。但由於房署只負責安裝，不負責月費，而那些私營控制中心的服務則

要收月費，問題仍未算獲得解決。與此同時，我與一群社工及社會熱心人士，成立了一個非牟利機構「長者安居服務協會」，目標為透過籌款及服務收費，為那些有需要而得不到政府資助的老人，提供呼援中心服務。對於那些公屋的老人，長者安居服務協會在收取房署的安裝費後，便保證為老人提供免費的服務。（羅致光，1996）

事件到了最後，羅致光慨嘆，"how many deaths will it take till he know that too many people have died?"，沒有公民社會的協作及外在壓力，寄望政府內部的官僚架構作出有效的政策安排，確是十分困難的。

到了九七回歸前，香港 60 歲以上的老人數目達 890,000 人，65 歲以上的有 620,000 多人，開始踏入人口老化的階梯。而在 1995 年，立法局通過了《強制性公積金條例》，這是一個強制的儲蓄計劃，僱主及僱員各供 5% 工資，以個人戶口的運作模式來推行，投資策略的成敗由個人負責，政府的角色只是監管條例的執行。在國際金融市場風高浪急的情況下，這個模式的退休保障，被諾貝爾經濟學得獎者索諾（Robert M. Solow）評價為「既不社會、亦沒保障」，因而在九七後引起甚大的政治風波。

九七後的問題：
人口老化、退休保障與社區照顧

到了二十一世紀，在近百萬長者人口中，約 5% 的長者身體極度衰弱需要長期護理，亦有 13% 倚靠綜援過活，佔整體領取綜援個案逾 50%。另外，在缺乏家屬供養或缺乏儲蓄的情況下，約有 40% 靠每月高齡津貼補助生活開支。在家庭支援方面，逾 11% 是個人獨居者，以及

逾 18% 為二老同住。簡言之,近三成長者並未能獲得理想中的「齊齊整整,家庭成員間互相支持」生活(馬錦華,2003)。

特區政府的第一任首長董建華是一個慈和長者,上任後相當重視安老服務,在施政報告中把照顧長者訂為三大施政方針之一,並以「老有所養、老有所屬、老有所為」作為安老政策的大方向,並認為由於提供安老服務的政府部門與組織甚多,需要一個中央機制協調不同的政策和服務,遂於同年成立了安老事務委員會,就安老政策及服務向政府提交意見。

不過,亞洲金融風暴對這「三老政策」起到相當大的挑戰。「老有所養」的費用是最大筆的開支,在 1997/98 年的高齡津貼開支是 32.38 億元,綜援 45.70 億元,到了 2004/05 年,已分別是 36.59 億元及 80.21 億元,七年內總數從 78 億元跳升至 116 億元,增長了 48.7%。當時亞洲金融風暴所帶來的經濟危機,加上其後的「沙士疫症」,新移民壓力及人口老化,特區政府面對嚴峻的財政赤字,使政府倉猝地在 2003 年制定了第一份人口政策報告書,處理新移民的福利開支,此後亦陸續檢討人口老化所產生的各種影響,使「老有所養」成為香港社會一個不得不重視的議題。

根據世界銀行的五條支柱,「老有所養」牽涉五個主要的保障制度:零支柱的扶貧稅務轉移、第一支柱的基本公共退休保障、第二支柱強制性個人儲蓄、第三支柱私人退休保障,以及第四支柱其他援助(例如家庭供養及其他公共政策)。在第四支柱方面,據統計處的報告,在 560 萬成年人(15 歲及以上)人口中,約 168 萬有供養其父母,佔該人口總數的 30.1%。在居住方面,在該 168 萬人中,近六成與受供養父母同住,四成非與受供養父母同住。供養同住父母的每年支出中位數為 25,000 元,而供養非同住父母的約為 30,000 元。這顯示家庭供養的每月支出為 2,000－2,500 元,視乎是否同住。不過,如果以 2011 年香港 353 萬工作人口收入中位數的 11,000 元來看,供養的比率相當高。又如果以主要職業收入月低於 15,000 元的 215 萬工作人口來看,家庭供養的壓力就顯得

十分大。所以在香港，其他支柱的重要性十分高，尤其是在扶貧以上的第一至第三支柱。不過在這三條支柱中，第二及第三都是個人的強迫及自願儲蓄，第二支柱的強制公積金更是在 1998 年才具體推行，私人戶口限於一己的收入及儲蓄年限，如何令較為低收入長者安享晚年，又不致淪為貧窮長者要接受綜援，政府很難避免談論第一支柱的需要，亦即是全民退休保障的建立。

　　退休保障橫跨着勞工及福利政策這兩個政策範疇。勞工一生為僱主任勞任怨，為社會創造財富，在年老力衰的狀況下，應該得到適當的回饋。這不是純粹的扶貧項目，而是勞工在創造社會財富中曾擔任過重要角色，政府在這方面所負起的回饋責任亦甚為明顯。自從政府在九十年代推出但被否決的「老年退休金」諮詢文件後，強制性公積金變成了最主要的勞工退休保障。不過，強積金只是一個強制個人儲蓄的投資項目，並沒有風險集約（risk pooling）成分，亦因它只是一個固定繳款（defined contribution）而非固定給付計劃（defined benefit plan），再加上高昂的行政費用蠶食強積金的積蓄，供款者難以估計在退休時所得到的保障款項。而政府只是將自身的責任視為扶貧，要勞工的生活質素下跌到貧窮水平才加以援助，因此激發起一個爭取全民退休保障的社會運動，從 2003 年開始匯聚成為一把高吭的聲音，要求政府在人口老化這個社會議題上走出決定性的一步。

　　除了退休保障之外，綜援金額在 1998 年有所提升，長者每月可得的標準金額增加了 380 元，以照顧他們的基本需要，不過在後來的經濟通縮情況下，整體綜援卻削減了 11%。幸好，一般的長者津貼包括租金津貼、水費、醫療及復康津貼等等仍維持水平，減低削津的影響。另外，政府亦推出「綜援長者自願回廣東省養老計劃」，協助長者回鄉居住養老，減輕人口老化對其他服務的壓力。不過這項計劃的受歡迎程度甚低，主要是因為缺乏其他的政策配套，尤其是優質的醫療服務，以解決長者的健康問題。

　　「三老政策」的其他兩項（老有所屬、老有所為）並非牽涉現金援

助，而是社會服務的具體提供。政府知道必須預早控制人口老化所產生的服務需求，所以邀請了加拿大的專家提供意見，於 2000 年 11 月起，社署推行了「安老服務統一評估機制」（Standardised Care Need Assessment Mechanism for Elderly Services, SCNAMES），由認可評估員採用一套國際間認可評估工具，評估長者在護理方面的需要，配對相應的服務，並統籌有關機制的運作及處理投訴。機制適用於申請安老院、護理安老院、護養院、長者日間護理中心、家務助理／家居照顧、改善家居及社區照顧等服務。在這個資格控制（eligibility control）制度下，人口老化的福利供應壓力已經消減了不少，雖然政府仍然不斷用人口老化的藉口來壓抑福利服務的增加。

「老有所屬」是有關居住的問題。董建華認為老人要活得快樂便要有所依歸，減低老無所依的苦況。所以他建議了三個政策改善的大方向，一是透過公屋編配鼓勵家人與長者共住，並為與長者同住的家人提供支援；二是增加長者住屋與院舍服務；三是改善基層健康服務。

在房屋政策方面，房屋委員會在分配公屋時，開始優先照顧有需要的長者和家有長者的家庭，制定了「家有長者優先配屋計劃」，務求在 2007 年底或之前，縮短所有合資格的長者家庭的輪候時間至兩年。其他如申請居屋或私人機構參建居屋計劃、自置居所貸款計劃等，亦獲優先處理。另外，房屋協會亦針對獨居長者推行「長者安居樂計劃」，提供 500 個附設綜合護理和支援服務的住宅單位。另一方面，當局贊同香港按揭證券有限公司推出安老按揭計劃，給予 60 歲或以上、擁有自置物業的長者多一個應付生活開支的財務安排選擇。不過，「長者居所」所牽涉的當然不只是居住的問題，而是一連串的政策配套，包括醫療及照顧等等生活照顧的種種服務。

入住院舍的長者大多是健康情況漸趨惡劣，需要適當照顧，所以長者的院舍照顧是一個糅合醫療、福利、房屋三大服務的項目，亦佔社會福利開支相當大比重。隨着人口逐漸老化，受資助護理安老院宿位的輪候隊伍愈來愈長，增加供應量已是難以避免。政府在 1989 年起推行「私

營安老院試驗計劃」，到 1997 年持牌私營院舍只有 16 間，提供的宿位約有 1,600 個，而未獲牌但獲豁免證明書營辦的私營安老院舍則有 200 多間，質素甚為參差。政府當時訂下一個三年半計劃，希望最遲在 2001 年 3 月達到發牌標準監管這些院舍，推行「改善買位計劃」，以此增加買位的數目及質素要求。當時，EA1 級的院舍受嚴格監管，例如人均樓面面積，人手如護士、保健員、護理員、助理員等均有一定比例。到了 1999 年，獲牌的院舍數目大概有 275 間，提供的護理宿位約 21,000 個。雖然政府着重發牌監管，但是在執行監管方面始終是一個大問題，因長者護理行業收入不高，但要處理不少長者便溺洗澡、記憶力及體能衰退等問題並不容易，引致流失率甚高。到了 2012 年，全港約有 700 間老人院舍，分資助、自負盈虧、合約及私營院舍，其中不少資助院舍是安老服務委員會在 2006 年將一般的津助長者宿舍（主要服務能夠自我照顧的長者）及安老院（服務未能獨立在社區生活的長者）也轉型為護理安老院（為健康欠佳、肢體傷殘或精神殘障的長者），使服務更具針對性，照顧最需要的長者。

對於長者來說，院舍及宿位的增加是遲來的春天，雖然仍然供不應求，但起碼多了選擇機會。不過私營院舍的服務參差不齊，《安老院條例》主要重視安老院舍的「硬件」規格，發牌部門亦只能作基本監察、執法、處理投訴等，在執行及懲罰方面缺乏力度，所以一般人要付上過萬元月費，才能找到質素較好的宿位，以至資助院舍仍是大排長龍，要進入政府資助的二萬多個宿位，大概要輪候兩年之久。

另外，院址是一個營運困局，尤其是面對高昂的租金問題。政府推動了一個「院址為本計劃」，供受資助和私營機構開辦安老院舍，在公共屋邨及土地發展公司、九廣鐵路公司、地下鐵路公司的市區重建計劃和鐵路沿線發展計劃物色地方，冀在 2002－2008 年間提供逾 5,200 個宿位。此外，政府亦希望與私人發展商磋商，例如批出額外地積比率，鼓勵發展商在發展項目內提供營辦安老院舍的地方。不過，在建立足夠院址的安排方面，政府至今仍沒有一份完整的報告。

社區支援亦是「老有所屬」一個重要項目。在這方面，政府為長者提供了一系列服務，包括家務助理、長者日間護理中心、老人社區中心、老人中心等項目，這些項目主要提供預防措施，減低長者過早入院舍的需求。不過，這些服務在分工理念上雖然合理，但年老長者的健康情況急促變壞，行動不便，甚至產生危機而導致住院要求，政策間的流程配合卻並非易事。

首先是家務助理的問題。其實香港的社區安老服務發展了二十年，但並未能使長者滿意，反而產生更強烈的院舍照顧需要，因此政府在1996年委託了德勤顧問公司研究長者的住院及社區照顧需要。其後，1998年政府又委託香港大學進行一項家務助理服務檢討研究，後來在安老事務委員會屬下成立了一個「社區照顧專責小組」作深入研究，在1999年提交報告，將家居服務主要分為兩大範圍：其一是食物的提供及送遞，其二是個人照顧，包括為獨居者料理家務、協助購物、陪診等。這兩個範圍以往是綜合地處理，但一直都遭人詬病，新政策終於分開處理，讓有關方面聘用工資較低的工人負責送飯，使薪金較高的家務助理員在培訓後，集中為住在家中的長者提供更多及更好的個人照顧服務。不過，政府卻把這兩項服務透過競投方式批出營辦，加強競爭，希望取得成本效益。市場競爭、合約工的聘用及工作條件的局限，這三個因素使個人照顧服務員工流失率甚高，令家居照顧服務的質素仍然陷於難以提升的狀況。

其餘的社區支援服務，包括成立護老者支援中心，向照顧家中長者的護老者提供資訊、培訓和情緒上的支持。社署也推出了新的日間暫託服務，減輕照顧體弱長者家庭的負擔，並在1998年開始成立十二支外展醫療隊，登門為長者及為照顧他們的親友提供支援等。

在「老有所為」方面，長者健康服務是一個基本考慮，政府亦因此於2003年設立十八間長者健康中心和十八支長者健康外展隊。中心的運作採用家庭醫學形式，提供預防和治療疾病的綜合健康服務，而外展隊主要是為長者和護老者提供健康教育和促進健康的服務。此外，患癡呆

症的長者開始進入社會議題的討論，政府亦因此成立一個工作小組研究長者患癡呆症和情緒抑鬱／自殺這些問題，一方面提供持續照顧，另一方面也提出公眾教育的重要性。另外，「老有所為」的政策是鼓勵長者積極參與社會，因此退休後的義務工作是重點考慮。政府因而撥款資助社區組織，為有需要的長者舉辦服務計劃，包括 1999 年國際長者年的慶祝活動，以及推廣長者咭範圍等等。

　　這「三老政策」一直維持到 2012 年。不過在 2008/09 年曾蔭權的施政報告中，政府的重點轉向了社區照顧，提出了長者醫療券試驗計劃，為 70 歲及以上長者每人每年提供 5 張及面值 50 元的醫療券，資助他們使用私營基層醫療服務。這試驗計劃一方面是希望減低長者輪候公共醫療診所的時間，另一方面貫徹醫療服務的「公私合營」模式作分流之用。這試驗計劃為期三年，撥款 1 億 5 千萬元。後來，在 2011 年的檢討後，政府再延期三年，亦將款項加倍至每年付 500 元。除了醫療券外，政府亦計劃推出長者的社區照顧券，要求較富裕的長者支付部分開支，採用「錢跟人走」的消費者主導模式，以獲取長者選擇的社區照顧服務。

　　從 2010 年代中後期開始，香港踏上了人口老化較為急劇上升的階梯。回歸後董建華所建立的「三老政策」能否繼續延續下去？全民退休保障能否成事？如果不能成事的話，政府如何處理大規模貧窮長者申請領取綜援的問題？在「老有所屬」方面，提供服務的院舍有七百多間，供應量雖然仍是不足，但已經達到某一規模，看來政府所界定自己的角色，主要只是在質素及監管方面再作改善便告了事，反而走向社區照顧這一方面，探索如何減低長者對院舍的需求着手。不過，社區照顧是一個相當複雜的政策，它包括醫療及護理在社區中的服務、家庭的角色及責任、照顧者如果是家庭成員（如家庭主婦）應否提供財政支援、社區及鄰居組織的角色等等，是否成為下一步的政策討論，將會是政府及市民必須要細加研究的問題。

參考書目

〈立法會五題：遏止虐待長者行為的措施〉，「新聞公報」，2006 年 2 月 8 日。

〈立法會二十題：長者的經濟保障〉，「新聞公報」，2006 年 12 日 13 日。

〈立法會十三題：安老服務統一評估機制〉，「新聞公報」，2013 年 3 月 27 日。

周永新：《香港社會福利縱橫談》。香港：天地圖書有限公司，1983。

周永新：《目睹香港四十年》。香港：明報出版社，1990。

政府統計處：《主題性住戶統計調查第十一號報告書》。香港：政府統計處，2003 年 1 月。

研究有關滅貧事宜小組委員會：《有關長者貧窮的報告》。主法會 CB(2) 2048/06-07 號文件，2007。

香港政策論壇、社會保障學會：《社會保障論文集，1991 年社會保障國際圓桌會議文件》。香港：香港政策論壇、社會保障學會。1991。

陳錦華、王志崢：《香港社會政策 2000》。香港：三聯書店，2001。

羅致光：〈政府處理危機老人的政策〉。羅致光立法局議員（社會福利界）《通訊 8》，1996 年 12 月 6 日。

關銳煊、劉慈文、黃威廉：《安老服務指引》。香港：集賢社，1983。

Chi, I. & Lee, J. J. *A Health Service of the Elderly in Hong Kong.* Hong Kong: Department of Social Work and Social Administration, University of Hong Kong, 1989.

Ngoh, T. & Vasoo, S. eds. *Challenge of Social Care in Asia.* Singapore: Marshall Cavendish Academic, 2006.

Estes, R. *Social Development in Hong Kong: The Unfinished Agenda.* New York: Oxford University Press, 2005.

United Nations. Department of Economic and Social Affairs Population Division. *World Population Ageing.* New York: United Nation, 2009.

第七章

康復服務

　　康復的意義十分寬闊，是指受殘障、疾病、罪行所影響的人士重新獲得適當的能力及機會，盡可能回到較為正常的生活狀況。它牽涉的服務範圍包括先天殘障以及後天遭排斥者（如吸毒者與釋囚）如何融入社會的問題，所以政策的涵蓋面涉及醫療及福利兩大類，更可延伸至交通、房屋、就業及勞工、教育等支援措施。因篇幅所限，本章主要根據康復國際（Rehabilitation International）所訂的定義，康復的意義是指「恢復狀況、運作或能力」（restore condition, operation or capacity），或簡稱「能力重新」，[1]主要針對的對象是生理有缺陷及殘障的人士。

　　在傳統社會，殘障及天生身體有缺陷的人往往受到極大的誤解。殘障所做成的困境被視為一種天譴式懲罰，例如傳統佛道教相信輪迴，認為人生包含着世代報償規律，身體殘缺是個人的業債。這種看法將一些生理狀態泛道德化，把殘障看作是「果報」，種善因得善果，行惡行得惡報，殘障是個人前世的品德修養問題，受到社會的唾棄，亦視之為不祥之兆。因此，殘障者往往是被排斥及被邊緣化的一群，易被孤立因而無所倚靠。雖然在社會同情心的協助下，不少殘障者得到慈善捐獻及救濟，不過現代化的康復服務卻姍姍來遲，大概只有百多年的發展歷史。

　　現代康復服務可以分為三類模式的發展。第一類的發展是現代科學及醫學的建立，人們開始從生理功能的角度來解讀殘障現象，削弱了以往的泛道德化偏見，反而從個人喪失部分自理能力的角度出發，建立了不少相關的服務及器材（assistive technology），補足殘缺部分，協助他們過着較為正常的生活，例如輪椅、枴杖、義肢、突字閱讀器、助聽器，手語技能等。這一類發展可統稱為「身心模式」（physical and psychological model），起初着重生理上的援助，後來加入了心理輔導與支持，着重臨床診斷及治療，協助殘障者克服各種生理及心理困境，恢復自信及適應能力。

　　單純的身心模式，只是補足及培養個別殘障者的能力，但不等於殘

1　Rehabilitation International's *Position Paper on the Right to (Re)habilitation*.

障者可以有機會重回社會崗位。第二類模式產生於一戰後的 2,100 萬傷兵，各國希望重振經濟，因而不少國家在戰後推動了就業政策措施，協助訓練及提供就業機會，這些努力成為了一個國際趨勢，例如美國在1920 年通過了全國職業復康法（Vocational Rehabilitation Act），提供資金協助所有傷殘者（盲人除外）就業。二戰期間，又因大量戰士趕赴前線，國內出現不少職位空缺，美國政府遂將康復就業擴展到精神病者及弱能者，後來更擴展至所有有能力工作的殘障者。自此，康復政策的生理模式與就業訓練互相連結，成為了相輔而行的政策。

第三類模式卻是一個相當長時期的發展。從十九世紀末期開始，心理學逐步科學化，後來社會心理學也逐步成長，興起對「標籤」（stereotypes）的研究，將康復服務帶到一個新境界，建立起「社會模式」的論述，指出社會偏見及標籤對殘障人士產生不少負面效果，更而產生循環效應，使殘障者產生自卑感，採取自我孤立的心理迴響，因而使社會排斥及自我孤立問題循環不息。1959 年，在本特・尼耶（Bengt Nirje）的推動下，丹麥通過了《智障法》，提出了要將智障人士「正常化」（normalize）的要求，認為不論各類殘障的問題，殘障人士也應該享有像其他市民一樣的生活機會，不單被動地得到社會的保護，還可以承擔與他人相同的社會角色，例如擔當父母及配偶等的權利與責任。殘障者也具備一般人的尊嚴，不應是長期被動的受照顧者，而是應該主動地參與社會，政府也應協助他們掃除一些無理的障礙及歧視。這正正呼應着社會福利針對「人禍論」的新觀念，認為社會及文化某些因素具排斥性，是製造弱勢社群困境的源頭。以往的「身心—就業」模式只屬於微觀及個人生計的援助，並沒有理解到制度排斥及歧視的影響力。由此，「正常化」新概念的出現很快便受到廣泛支持，成為歐美等先進國家康復政策一個重要服務原則，世界各國也承認應該減低對殘障人士的排斥障礙，甚至立法禁止歧視，希望達至進一步社會融和的理想。

1980 年，世界衛生組織將殘障分為三類：「缺損」（impairment）、「殘疾」（disability）及「障礙」（handicap）。「缺損」是指在心理、生理、身

體構造出現機能的喪失或異常狀況，例如盲、聾、跛、啞、智障、思覺失調、傷殘人士等。「缺損」是生理缺陷，是一個中性名詞，正如高矮肥瘦幼嫩老弱一樣。「殘疾」一詞將缺損與能力掛鈎，指因生理缺損難以從事一般正常能力範圍的活動。而「障礙」則是指由於缺損及殘疾，產生了新增的不利因素，如社會對他們的漠視、偏見、排斥，甚至歧視，製造不必要的障礙，使殘疾者更難執行正常的社會角色，例如就業、夫妻關係及父母責任。在這細緻的分析下，不少調查研究發現社會偏見是一個極大的障礙因素，必須糾正過來。在香港，社會福利界亦曾討論應否跟隨世衛的分類，後來終於將這些名稱統稱為「殘疾人士」（包括聽覺受損、自閉症、弱智、肢體傷殘、視覺受損、精神病、器官殘障及言語障礙），但也有些人用「弱能人士」、「傷殘人士」的名稱，而近期較多人採用「殘障人士」的敘述。本章只好按當時的用法來交替地使用這些述說名詞。

　　康復服務「正常化」是大趨勢，但福利觀念發展到今天，所涵蓋的範圍增加了兩個要點：公共健康的重要性，以及公民權利的捍衛。在公共健康方面，新的論述認為殘障弱能情況並不局限於特殊群體，而是每一個人都有可能經歷的人生階段，所以他們的困境並非單純指社會偏見及歧視問題，而是在政策上必須針對全民健康，用預防勝於治療的政策方向來避免困境的發生。另外，公民權利也相當重要，要求在法律上加強對殘障弱能者的支持及援助，減低社會障礙，真正實施社會公正及社會融合的政策，促進社會和諧。

　　推動康復服務的「正常化」，是一個國際社會運動。不過，這個運動並不是通過街頭的示威遊行，或是社會領袖慷慨激昂的演說來表達它的意義，而是推崇社會尊重的原則，用人際間細水長流的認識、關懷、照顧、互相忍讓及接受、減低社會偏見而逐步建成。不過，雖然「正常化」是一個很積極正當的要求，甚少引起熱烈的爭議，但在實踐上卻並不容易做到。殘障弱能者的生理、心理或智力確實是有缺陷，對他們提出正常人可以做到的高效率、高表現要求，往往並不實際，甚至有時會出現

尷尬及令人不快的場合，但如果因此而作出煩厭、排斥或歧視的反應，卻又走向極端。如何把握分寸，使正常人不單是接受他們的存在，還要疏解有關的情緒，甚至帶動平起平坐的合作態度，共同建立社會體諒及和諧，是這個社會運動面對的主要挑戰。

「身心—就業—正常化」這三個模式已經成為了康復服務的主流論述，亦是香港目前推動的大趨勢，醫療及福利服務是處理身心方面的重要支柱，平等機會委員會在就業及正常化方面也擔當着不可或缺的角色。不過，雖然各方都努力地協助他們融入社會，但是有些殘疾如精神病及愛滋病患者，在一些社會事件下對市民帶來無名的恐懼及厭惡感，甚至很強的排斥感。要疏解這些情緒來建立社會包容及接納，並非一件容易的事。

香港康復服務的早期歷史發展

在香港，幫助殘障及弱能人士的救濟其實由來已久。不過，以往因為對他們缺乏深入認識，所以就算是一些慈善家作出捐獻，也只能作短期接濟之用，比較有組織及持續的服務，則多是由外國教會推動。早於1897年，嘉諾撒修女成立了盲人院，提供基本的生活照顧及精神上的安撫，自始便展開了香港康復服務的第一頁。這種生活照顧的服務模式，使殘疾人士得到多層面的援助，其後一些志願機構也成立弱能人士收容中心，提供居所及膳食。到了1935年，第一間聾人學校建成，使這個康復模式協助殘疾者發展潛力及自主性，從生活照顧進一步成為生活技能的學習所。在西方傳教士人文主義福利觀的推動下，這些以院舍照顧及學校教育為主導的康復模式逐步發展。然而，在傳統文化對「不祥物」

的排拒下，這些康復院舍的地點大多遠離市區，使弱能人士減少接觸他人的機會，因而使他們孤立於社會之外。

第二次世界大戰後的幾年內，康復服務面對着一個戰後復原的需求高峰期。首先，戰亂產生了不少肢體傷殘人士，戰亂及母親營養不良也產生了不少畸生兒童。其次，從內地湧入香港的移民也產生了相當大的服務壓力。當時，因為正規醫療服務遭到戰爭破壞，院舍宿位不敷應用，因此民間的輔助醫療服務應運而生。這些服務包括較為基本的物理治療、職業治療與義肢服務，它們藉着提供治療器材及訓練，協助弱能者回到社會，減低醫療服務的壓力。從五十年代開始，在這些志願機構的推動下，為戰後一代的弱能人士（包括肢體傷殘、盲人與精神病患者等）而設的庇護工場、訓練中心、康樂中心相繼成立，例如盲人輔導會、兒童骨科醫院、真鐸啟暗學校等的成立。當時，社會福利署因人手有限，只成立了盲人訓練中心，大多數康復服務都是由志願機構主辦，主要的財政來源是社會捐助及政府津貼。在這階段，醫療、實物提供及維生技能是康復服務工作的重點，不過也有一些機構接觸到心理情緒等問題，開始了解弱能人士多元化的需要，亦開展了一些心理輔導工作。但是，在戰後的十年間，這些小規模的服務只能協助少數殘障人士，供應遠遠追不上需求。

五十年代末期經濟發展及就業機會的增加，使一些並非嚴重殘疾的人士也可以勉強得到就業機會，雖然他們的收入一般比正常人低，但在當年物價廉宜情況下，仍有糊口的可能。1958 年是世界難民年，在外國的一些捐助下，政府開始建立醫療康復中心，援助一些不能自救的殘疾群體，而且亦為志願機構提供財政津貼，以及低價批地等等背後的支持，做就了一個小規模突破。當時，世界康復基金為香港的康復工作作出很大的援助，使不少志願機構的服務有相當迅速的發展，大約有九十間志願機構提供着大概七成的康復工作，這些志願機構服務的範圍十分廣闊，包括盲、聾、傷殘、弱智、精神病等群體，逐步建構起康復運動的「播種期」。

從六十年代開始，「第二代」康復服務開始冒起，重點是從生理殘缺的修復層面增加了心智照顧。兒童殘疾的問題受到社會及政府的關注，不過焦點並非在物質設施和社會保障，而是在教育制度。1960 年，政府成立了針對弱能兒童的特殊教育及特殊班，在 1964 年也設立了特殊學校，而且逐步建立一個課堂及學校網絡提供服務。1967 年，政府在小學引進了一套測試傷殘程度的方法，成立語言及聽覺中心，以及甄別弱能學童的計劃。除此之外，政府在 1960 年通過新的精神健康條例，青山醫院亦於 1961 年啓用，這些措施使弱能人士的心理健康問題得到具體的政策及資源支持。在政策的支援下，「正常化」的工作逐步建立起來，很多志願組織積極地推動着生理及心智的康復，例如明愛的康復服務、世界信義宗服務處、香港戒毒會、新生精神復康會、精神傷殘者聯合議會的成立，都強調身心復元的重要性，使弱能人士可以建立自信，重回社會。

在此要一提香港復康會的貢獻。這個組織於 1959 年成立，在被稱為「復康之父」的方心讓醫生推動下，正式註冊為法團，為患病或創傷而導致傷殘的港人提供復康服務。香港復康會從六十年代開始推動兩類型的「正常化」復康模式，其一是醫療服務，其二是社會服務。在醫療服務方面，從六十年代到今天，復康會已經建立起一隊相當重要的服務隊伍。它促使及推動了不少復康院舍的成立，例如戴麟趾夫人復康院、麥理浩復康院、蒙楊雪姬脊骨中心、利國偉日間復康護理中心、曾肇添護老院等。「正常化」的另一層面是提供社會服務，復康會亦推動了復康巴士服務，令傷殘人士可自由往返目標場所；開設復康用具資源中心，成立生活環境輔導服務；成立社區復康網絡，推動及援助自助小組的成立等等。這些便民工作看似簡單輕易，但是對殘疾人士來說，卻是生活的必須援助。

在眾多志願機構的努力及政府政策的支援下，「正常化」運動的「發芽期」起步得頗為順利。不過，服務的進一步發展最關鍵的是三個因素：人力、物力與社會支持，而這三個因素都需要政府着力去推動一個全面、穩定及可持續的長期計劃，才能真正地協助殘疾人士融入社會當中。

正常化的成長期：
七十年代的第一份康復政策文件

在六十年代，政府對弱能人士「正常化」的認識仍在起步階段，主要着重評估及醫療服務的提供，與國際正常化運動仍有一段距離。不過，當社會愈來愈富裕，而弱能人士被排斥甚至歧視的情況依然普遍地存在時，這提供了一個極為難堪的社會形象，甚至引致國際組織的質疑。1971 年，社聯成立了一個委員會研究傷殘人士的需要，了解到他們在教育、經濟、就業方面都面對「機會的匱乏」問題，因而要求政府作出政策回應。當時，政府從善如流委任工作小組研究康復服務情況，希望進一步協調當時零散的服務，使之成為一個較為完整的康復工作計劃。這項任務得到志願機構的合作，產生了二百多項建議，政府隨後於1976 年公佈康復綠皮書，並在次年正式制定為第一份復康政策文件《群策群力協助弱能人士更生》白皮書，將以往各自為政的康復服務統一起來，有計劃、有系統、有規模地發展，並成立了「復康發展協調委員會」（Rehabilitation Development Co-ordinating Committee, RDCC），負責協調各部門、公共組織及非政府機構，每三年檢討一次服務的整體情況，為康復政策奠下了基石。

在制定這份政策計劃書之前，政府曾經嘗試在人口普查中計算弱能人士的總人口，但是因為以往缺乏研究，所以未能得到準確的數目。有關當局只好根據一些本港及外國統計數據來推斷。1981 年，政府推斷弱能人士的普遍率是人口的 8.7%。在當年約五百萬市民當中，估計大約有四十萬人。

在白皮書中，弱能人士分為五類，包括：聾人及聽覺弱能者、盲人及弱視者、精神病患者、弱智人士、身體弱能者。白皮書的「正常化」目標是在群策群力的協作下，支援弱能人士自力更生，主要任務是「希

望達致提供必要的綜合性康復服務，使他們能按其弱能情況，充分發揮其體力，智能及社交能力」。如果用社工的專業術語，就是使弱能者「賦權」（empowerment）。正如前社會福利署署長所言，賦權的意義是指透過賦予均等機會、教育、社會復康服務計劃、參與、自助、社區支援、立法等七個方面，為弱能人士賦予權力（蔡遠寧、楊德華，1997）。

白皮書所述的康復服務範圍相當廣泛，亦牽涉甚多部門，包括：（1）識別及評估服務。這項服務以前主要是由醫療及教育系統負責，白皮書建議建立評估中心，增加為六歲以下兒童提供綜合觀察計劃，主要的負責機構仍是醫療及教育系統；（2）教育與訓練服務。因為當時九年免費教育仍未全面推行，政府雖然增加特殊學校及特殊班的學位數目，但為弱能兒童而設的學位仍遠遠不足以應付，白皮書於是建議志願機構的幼兒中心多收容弱能兒童，政府提供後勤支援，例如增加學前訓練的設施給有關工作人員；（3）治療及康復服務。這是白皮書的重點，主要由醫務衛生署負責，治療精神病的青山醫院增加病床，其他的日間床位等也相應增加，而弱智及殘疾人士的病床亦增加；（4）社會康復服務。這項服務的範圍甚廣，因為要協助弱能人士「正常化」，牽涉的工作包括公共房屋的恩恤安置、住院的護理及生活照顧、職業輔導、交通、文娛康樂的生活各項問題。社會福利署、房屋署、勞工署、民政署、運輸署等都分別牽涉在內。

在各部門的配合下，康復服務「正常化」的運動逐步成形，八十年代成為一個開展期，推動對弱能人士的社會關懷及平權運動。政府亦在1982年成立弱能人士中央登記系統，建立中央檔案，列出香港傷殘人士的總數、類別等基本資料，使政策制定者可以掌握到一個全局觀。

到了1987年，政府終於統計出較準確的殘疾人士數目，估計出未來十年的供應需求。在該年的五年計劃檢討中，估計當時的聽覺受損者約1.16萬人（1996年達1.3萬人）、自閉症540人（1996年達510人）、肢體傷殘者5.23萬人（1996年達6.52萬人）、視覺受損者1.37萬人

（1996 年達 1.8 萬人）、精神病 2.13 萬人（1996 年達 2.42 萬人）、弱智者 11 萬人（1996 年達 12 萬人）、適應不良者 6,900 人（1996 年達 6,600 人）、學習遲緩者 3.3 萬人（1996 年達 3.15 萬人），總共約 25 萬人（1996 年總數達 28 萬人），其中弱智、肢體傷殘及精神病者加起來的比率高達 57%。

面對着 28 萬的弱能人士，政府如何應對？

九十年代及回歸後：
第二及第三份康復政策文件

1977－1992 年的十五年內，康復服務的發展可以說是相當全面但仍然不足。說是相當全面，因為政府對康復服務的醫療、教育、就業、照顧各方面都提供全方位的服務，涵蓋面十分廣。但仍然不足，因為康復服務需要提供資源訓練人手，例如醫生、護理人員、物理治療師、心理治療師、社工等，是需要長期計劃及人力配套才成。香港政府在各個社會政策，例如醫療、教育、房屋、福利等，都是在七十年代同期起步，人力資源的需求規模十分龐大，財政上的開支迅速膨脹。這些服務需求與資源供應之間的膨脹，都使政府在人力資源的計劃方面多加留意及協調。

到了 1992 年，政府發表了《平等齊參與、展能創新天》康復政策及服務綠皮書，諮詢意見作進一步的服務拓展。綠皮書首先承認，「在過往十多年，政府在發展專科和特殊服務機構（例如綜合兒童體能智力觀察計劃、特殊幼兒中心……）已取得一定成就，但在協助傷殘人士融入社會方面做得仍不足夠，例如許多弱能人士找不到工作，或只能受聘於一些與他們資歷不相稱的職位，（而且）弱智人士與精神病患者未普遍獲社

會人士接納」，[2] 於是建議「就輔助醫療人員的狀況，衛生福利科應設立一個中央統籌機制，負責檢視他們的需要，並提出改善的建議；範圍包括職制，訓練計劃，以及供求情況」。[3]

其實，綠皮書公佈時的政治背景，是天安門事件對香港造成了政治恐慌，大量醫護人士及社工移民海外，造成人手短缺問題，前線的工作吃緊，各大學雖然急促增設學位，但短期內未能滿足大規模的服務需求。綠皮書指出，全港的弱能人士約有 26.9 萬人，其中約 40% 為弱智人士，25% 為肢體弱能人士，需求與供應在某些服務有很大的距離，例如庇護工場的總供應名額為 3,875 個，估計短缺額是 2,482 個；展能中心總名額是 1,473 個，短缺額為 2,170 個；嚴重弱智成人的住院院護中心名額是 578 個，短缺額高達 1,538 個；為患精神病人士而設的病床名額為 4,340 個，短缺額是 1,440 個；為嚴重弱智人士而設的病床總額是 500 個，短缺額是 810 個。所以，在當時人力資源迅速流失的背景下，康復服務只能在舊的服務基礎上左修右補，作有限度擴充，服務範圍雖然相當全面，但供應量十分不足。

在 1995 年，即綠皮書諮詢文件推出後的三年，政府才公佈第二份康復政策白皮書。這份白皮書提出的政策目標，仍是讓弱能人士享有「均等機會」和能夠「全面參與」社會，政策內容大多以綠皮書的建議為基礎，不過也看到一些政策方向上的轉向，例如綠皮書建議要在全科醫院內設立弱智科加強評估及康復計劃，白皮書反而採用專科門診及社區外展服務，減低病人長期住院的需要；同樣，綠皮書建議在大型醫院內設立老人科醫護隊來監察及評估老人康復服務的水平，但白皮書卻又盡量避免年老的弱能人士長期住院。可以看出，醫療康復的方向雖然沒變，但服務的運作模式卻有很大的改動，以往是以醫院為主導機制，但在白皮書卻改為減低住院期，多些拓展院外服務，控制醫院發展的規模。

2　參見《綠皮書》第二章「本港及國際的康復服務發展」。
3　參見《綠皮書》第十三章「人力策劃及訓練」。

在弱能人士就業方面，綠皮書要求庇護工場及展能中心應重新檢討其運作，因為兩者的短缺額甚高，但白皮書只是繼續強調康復訓練的重要性，避而不談運作模式。至於擴展就業的辦法，綠皮書提出用稅項寬減的方法鼓勵僱主僱用傷殘人士，建議卻被白皮書推翻了。總而言之，白皮書減低醫院主導的運作模式，輔之以一條社區康復的道路，後來更積極地推動弱能人士及病人自助組織的成立。

康復服務是一項極為花錢，但又極為重要的福利服務，大概佔香港福利服務開支的四成。從白皮書的轉向來看，以往「正常化」的措施因新的政治及財經形勢而變化。從政治的角度來看，在中英談判的過程中，中方認為香港政府在福利服務大灑金錢，在回歸前收買人心，可能會導至「車毀人亡」，因而提出極嚴厲的指控，不知道這些壓力有否影響服務模式的轉向。從管理的角度，新右派希望削減政府的角色，將公營的服務推向市場或社會，尤其是將醫療服務「非住院化」（deinstitutionalize），減少病人倚賴醫療及住院服務。而醫院管理局在 1990 年的成立，迅速引致醫療開支在十多年內從 40 多億元急升至約 200 億元，也可能是其中的一個原因。

「正常化」的原則始終主導着康復服務。政府開始制定一些有關弱能人士的條例，例如 1995 年立法局通過《殘疾歧視條例》，禁止騷擾及中傷殘疾人士，也禁止其他方面的歧視行為，例如在就業機會及僱傭關係、投票資格、社團參與、教育、使用建築物、商業地方或住宅、康樂設施等，並於 1996 年成立平等機會委員會，負責執行此例及其他與歧視有關的條例。另外，在 1997 年，立法局通過《精神健康（修訂）條例》，將弱智人士與精神紊亂人士作出明確區分，並成立獨立的監護委員會，改善監護人制度，加強保護這兩類人士在接受治療及財產和事務管理的安排。同年，立法局也通過了無障礙通道相關的建築物條例修訂，並開展了融合教育政策。

在回歸後，亞洲金融風暴及非典型肺炎的肆虐，使貧窮問題成為福利政策的主要議題，康復服務亦毫不例外地牽涉其中。2005 年，政府

應民間團體的呼籲，再度對康復政策作出檢討。在該年年底，衛生福利及食物局與福利界及殘疾人士團體會面，為新一個康復方案展開服務檢討。康復諮詢委員會建議檢討應根據兩個策略性方向，其一是推廣跨界別協作，為殘疾人士提供無障礙的環境和多元化的服務，以協助他們融入社群；其二是加強殘疾人士和他們的照顧者的能力，讓他們成為能貢獻社會的資本。前者強調「跨界別」，後者是「貢獻社會的資本」，與以前的「正常化」概念有微妙的差異，經濟學的術語進佔着社會融和的陣地。隨後，委員會成立檢討小組，後來在 2007 年提出了《香港康復計劃方案》文件，一方面強調增加社會投資，提升殘疾人士及其家人的個人能力；另一方面希望促進政商民三方夥伴關係，建立有利的社會、經濟和實質環境，以協助殘疾人士全面融入社會。

在經濟打擊及持續幾年出現財政赤字下，康復政策的大方向出現了很大的變化。委員會覺得以往預測每年康復服務供求情況的舊模式，已不合時宜，認為社會（其實是經濟及財政狀況）在急速轉變下，評估服務供求的方法「未能反映香港社會的實際情況，以致影響未來服務的提供和所需資源的預測，以及所制定的行動方案的可靠性」。有見及此，委員會「促進三方夥伴（政商民）關係，以及提升殘疾人士及其家人的能力，致力就發展康復服務制定清楚扼要的策略性方針及優先次序，讓所有界別有所依循」。[4] 言下之意，以往的綠皮書及白皮書計劃模式已遭放棄，政府整個社會福利政策，連同康復政策在內，都是通過開源節流的角度來處理，一則減少甚至取消長遠的計劃，改為靈活調配資源安排，通過基本開支檢討（Fundamental expenditure review）考慮服務的必須性及優先次序，每年審視服務延續的需要；二則改變服務發放（service delivery）的做法（例如用社區照顧取代院舍照顧），減少開支；三則用財務安排的改變（整筆過撥款、政商民三者的責任分擔），將財務負擔推給企業及民間福利組織，以及引進消費券，用消費者的購買力去抵消服

4　立法會福利委員會：《2007 年康復計劃方案》，立法會 CB(2)2348/06-07(01) 號文件。

務提供者對政府的政策及津貼要求的壓力。

　　非政府福利組織對這些新方向有很大的保留，要求政府不應放棄長遠的計劃，以及在財政上確保服務的穩定性。政府也知道福利政策如果連弱能及殘疾人士都退卻責任，很難得到社會接受。在這拉鋸及爭持當中，康復計劃也難以肆意收縮，有些服務範圍反而擴闊了，例如新增的服務對象有注意力不足／過度活躍症，以及自閉症患者。不過，在醫療服務方面，《復康方案》清晰地表示，「病人在渡過危險期和主要功能穩定後，提倡及早接受康復服務，以盡量恢復身體的機能；透過發展日間康復計劃、社區康復服務，以及加強與地區的合作，使因病導致殘疾的人士可以及早重返社區生活；以及為了善用緊絀的資源，我們會集中提供急性及緊急醫療，並加強公私營醫療合作計劃。」[5] 很明顯，病人盡早離開醫院，紓解醫療壓力才是首要的考慮。

　　康復政策的整體方向，是鼓勵殘疾人士在社區中與家人一起生活，增強家居照顧，因此在住宿服務的處理也是一樣。服務的針對對象是未能獨立生活而家庭支援甚弱的殘疾人士，《方案》建議政府發展不同支援程度、類別和運作模式的住宿服務，例如規限入住資格，嚴格規管服務類別及水平，推動私營、自付盈虧和資助院舍三線並行的措施，發展過渡性的住宿、日間訓練、護理及支援服務，為有不同自理能力的殘疾人士發展多元化的自負盈虧宿舍服務。簡言之，是將服務分為普通科、專科診治、不同級別的住院服務。另外，殘疾人士老齡化也是一個問題，政府要為殘疾院舍的長者提供合適的持續照顧服務。又另外，立例規管津助、自負盈虧和私營殘疾人士院舍服務，減低參差不齊的服務水平。[6] 再另外，通過推薦申請及財務支援，使自助組織的工作更為順利，又嘉許商界與自助組織的夥伴合作計劃，減低服務所引致的財務壓力。自助組織成為了《方案》的新寵兒，政府重視加強向社會宣傳和推廣自助組

5　《香港康復計劃方案》第四章：醫療康復。
6　《香港康復計劃方案》第八章：住宿服務。

織的功能，促進它們建立跨界別網絡和開拓資源，政府部門甚至定期與法定團體及自助組織會面，交換意見協助自助組織的發展。

從 1997－2012 年這十五年內，社會福利的服務理念已被放在一邊，政府的主要考慮是經濟不穩定下的財務壓力，所以着重服務的「針對性」（target），細分受助人問題程度的輕重，仔細計算財務支援的效益。康復服務也面對這個政策取向，使住院服務的資格相當嚴格，反而家居及社區照顧成為了另類選擇。其他的福利服務，例如長者的醫療券、社區照顧券、家居照顧服務等等，都逐步在過去的十多年內推出，美其名謂多元服務，其實是分散責任。以往的「正常化」理念雖然還存在，但政府的責任卻逐步推卸出去，由家庭、公民社會及商界分擔。不過，這種責任分擔制度如何作有效運作以保障弱勢社群的福祉，則毫無適當及合理的論述。

備受歧視的精神康復工作

在康復服務中，最引人爭議的是為一些「特殊群體」提供的服務，例如精神病患者及愛滋病患者，而前者受排斥的問題尤為嚴重。精神病患者被社會排斥，問題不是在人數的多寡，而是在有少數病患者的一些「怪異、自殘、暴力」行為所引起媒體的負面報道及社會反應。

九十年代以前，精神病者的暴力行為確是引起相當大的反響。「深水埗元州邨發生罕見兇殺、狂漢揮刀見人就斬、釀成四死四十二傷」[7]、「神經佬有如計時炸彈、何錦輝議員呼籲要防範、定時監視出院病人覆診」[8]、「不應容許狂人遊蕩街頭」[9]、「供精神康復者居住、山景邨設中途宿舍、九

7　《華僑日報》，1982 年 6 月 4 日。
8　《明報》，1982 年 6 月 4 日。
9　《大公報》，1982 年 6 月 5 日。

成居民提出反對」[10]，「區議員反對區內建中途宿舍、人多車密噪音大、非康復者好居停」[11]。在媒體的描述下，精神病患者的禍害，成為了地區人士的夢魘。

但在千禧年代後，這些恐懼卻因經濟及社會情況的改變，使港人多了一些另類角度。看看一些數字。2001 年，精神病患者估算的人數約 5 萬人（佔全港總人口數目不足 0.01%），其中約有 45% 的精神病患者介乎 30–49 歲之間，另外 16.9% 及 28.4% 的病患者，分別為 50–59 歲及 60 歲或以上之人士，中年病患者的數目接近一半（政府統計處，2001）。但是據醫管局的統計數字顯示，公立醫院精神科專科門診的求診人次，由 2004/05 年的 576,765 人次上升至 2009/10 年的 703,612 人次，升幅超過兩成多。2011/12 年，醫管局服務的精神科病人接近 16 萬，每年新症數目也近 3 萬人。據精神健康政策聯席指出，這些新症的輪候時間愈來愈長，雖然首次求診輪候期維持在四至五個星期，但最長的覆診期由 2005/06 年的 81 個星期延長至 2008/09 年的 112 個星期。精神病者的醫療服務，供應遠遠落後於需求。

據社聯的資料顯示，2008/09 年精神病床每一萬人有 5.71 張、有 15,830 名精神病康復者離院回到社區，精神科醫生的比例是每一萬人 3.11 名，社康護士的數目只有 133 名，每名護士須照顧 119 名康復者，精神科醫務社工有 197 人，每名醫務社工平均每月須處理 72 宗個案。醫療服務嚴重不足。雖然社區上有不少社康服務，包括中途宿舍、社區精神健康連網、社區精神健康照顧服務及社區精神健康協作計劃，但這些非政府組織所承辦的服務，與醫管局的精神科服務沒有明確的轉介關係。而這些社區康復服務甚為分割，亦欠缺整合，應該有一個較中央化的架構將醫療及福利服務統轄起來。

2001 年，平等機會委員會、中文大學醫學院精神科學系及浸會大學

---

10 《明報》，1985 年 2 月 19 日。
11 《明報》，1986 年 6 月 16 日。

社會工作系，訪問了近 800 名在公立醫院求診的精神科門診病人。調查結果發現，45% 受訪的精神病患者在求職時，因為透露病情而即時不獲錄用；34% 更因患病而遭僱主辭退；36% 因患有精神病而被家人嫌棄；53% 遭家人及朋友認為有暴力傾向；48% 感到次人一等。2002 年，平機會指出，根據《殘疾歧視條例》提出的投訴中，有 6%（290 宗）是與精神病有關，其中有 192 宗（66%）屬僱傭範疇，包括工作安排、聘用及解僱（154 宗）、在工作場所受同事騷擾（35 宗）以及使人受害（3 宗）。餘下的 98 宗投訴（34%）屬非僱傭範疇，關乎在貨品及服務的提供時被歧視（70 宗）、被騷擾（19 宗）、使人受害（2 宗）及中傷（7 宗）。經濟不景對殘障人士打擊甚大，歧視態度也加重了。平機會更指出，精神病患婦女受到的雙重不利更加明顯，因為她們身兼妻子、母親及家庭成員的照顧者，多重角色更使她們易於患各類精神失調症，而有抑鬱的女性人數比男性多出一倍。因此，當時的平機會建議，政府應帶頭消除歧視，並成立一個高層的「精神健康委員會」，負起統籌制定政策、活動、研究及公眾教育等任務，來保障病者的權益。

大概從 2004 年開始，一些家庭倫常及集體自殺慘案陸續發生，而且大多出現在一些貧窮地區如天水圍和東涌。2006 年，有三名在精神病院相識的中年女士集體燒炭自殺，其中一個死者的遺書寫得「內容淺白但心境卻蒼涼一片」，使港人痛心於經濟不景所帶來的鬱悶及無能感。當時，天水圍被稱為「悲情城市」，因城市設計主要以商場為消費中心，而缺乏活躍的另類經濟活動，引致民政署動員非政府組織及學校，推動了近五千人幫助舉辦同樂日，做了七百多宗家訪以及建立社區網絡，希望能消減「悲情城市」的稱號。自此之後，社會福利界興起了一股浪潮，要求政府正視精神病患者的需要，減少悲劇的發生。

因此，食物及衛生局於 2006 年 8 月設立精神健康服務工作小組，不過這個小組一直沒有公開討論的內容，亦不見提出有關精神健康長遠措施及計劃的建議。

到了 2009 年 2 月的政府新聞公報，政府官員回答一位立法會議員問

及有關精神病者牽涉的自殺或他殺事件數目時表示：「醫院管理局（醫管局）自 2007 年 10 月 1 日開始實施新的嚴重醫療事件通報機制，以進一步改善公立醫院對醫療事件的通報。在截至 2008 年 9 月 30 日的 12 個月期間，醫管局共接獲 12 宗精神病人在短暫離院回家期間因自殺身亡的事故。當局並無有關精神病人傷害他人的統計數據。」[12] 在經濟開始復原的幾年間，精神病患者一年之內仍有 12 宗自殺慘案，還未計傷害他人的數目。媒體四出訪問醫療及福利界如何解決問題，確是令人震撼於經濟復原期下的緩慢社會復原速度。

社會的震撼加上福利界的呼籲，使政府不得不採取行動。特首曾蔭權在 2009/10 年度的施政報告首次提及「精神健康」的施政，提出社署將成立精神健康綜合社區中心，加強精神病康復者的社區支援。不過因為缺乏周詳的計劃，推展得並不理想。在 2010/11 年的施政報告，更將綜合中心擴展至全港十八個區。不過因為這些中心屬於福利體系，並未能與醫療體系連結，在精神康復工作上有很多不銜接之處。因此福利界要求政府針對香港整體的精神健康問題，提出全局的處理方法。

同期，在 2010 年 5 月 8 日葵盛東邨發生慘案後，政府才答應設立社區精神健康支援服務工作小組（District Task Group on Community Mental Health Support Services），成立平台連繫醫管局、社會福利署、運作綜合中心的社福機構、房屋署、警務處等，討論解決社區內精神健康問題的策略及處理執行上的問題。這應該是一件好事，不過工作小組每半年才開會一次，未能緊密配合處理區內精神健康問題。

到了 2012 年，一位立法會議員十分慨嘆，因為在 2007 年 1 月，立法會通過全面檢討精神健康政策的動議，而他在五年後再次提出同樣的動議，「感覺很無奈，因為這樣顯示過去五年政府沒有認真對待這個議案，工作原地踏步，而事實反映問題非但沒有舒緩，而且愈來愈嚴重」。

---

12 〈立法會三題：精神病患者及康復者支援〉，「新聞公報」。在立法會會議潘佩璆議員的提問和食物及衛生局局長周一嶽的口頭答覆，2009 年 2 月 4 日。

而且，「⋯⋯2007 年 11 月 22 日的衛生事務委員會會議上，通過一項議案，促請政府當局盡快制定《全面和長遠的精神健康政策》。三年半後的 2011 年 5 月 24 日，衛生事務委員會與福利事務委員會的聯席會議上，政府仍然把責任繼續推給周一嶽局長擔任主席的『精神健康服務工作小組』。這個小組在 2006 年成立，檢討全港的精神健康政策，但是至今五年，音訊全無，一直沒有交代工作的結果。每次議員追問，只推說會盡快完成報告」。「⋯⋯社會上要求訂定精神健康政策，是看到精神健康問題並非單單一個『疾病』的問題，也不單單是一個『治療、康復』的問題，而是一個『社會結構』的問題，涉及政策理念、資源分配的方式及政策範疇的統籌機制，亦即從教育、預防、治療、康復、就業等各方面有統一的政策全面配合，亦要打破現時政策部門各自為政的局面。⋯⋯2011 年第四季，先後有 5 名 10 至 14 歲的學生，墮樓身亡或割脈自殺⋯⋯明愛和港大去年的一個調查發現，本港超過四成的高小學生，情緒焦慮或抑鬱情況達到警戒線，更有百分之三的被訪者曾萌生自殺念頭⋯⋯早前由港大、中大、醫管局醫生的研究小組發現 15.9% 香港人有睡眠問題，其中 85% 受失眠困擾。而衛生署在 2008 年的調查也顯示兩成市民平均每週失眠兩至三次。研究指出，失眠最大問題是會引起『抑鬱暴躁』或『焦慮緊張』，自殺傾向也較一般人高⋯⋯主席，上面說了包括了教育、醫療、社會服務、新移民適應、社會歧視、婦女問題、賭博問題、人口老化，以至環境保護、最低工資、標準工時、工人集體談判權等，都是影響市民精神健康的方方面面。政府沒有一個整全的想法，只會不斷架床疊屋地推出很多新服務，資源花了不少，但卻未能根治問題；受害的卻永遠是基層市民，也不斷製造悲劇及無辜的受害者。⋯⋯面對不斷增長的精神病患者數字，沒有停止跡象的悲慘新聞報道，政府實在不能再推卸責任了！必須摒棄過往『見步行步』的心態，應從速制定全面的精神健康政策；加強預防性和補救性服務，改進勞工、土地、醫療、福利及教育等各方相關措施，建設一個關顧為本的社會，以改善港人的生活環境和精神健康質素、減低患上精神病的機會、協助

精神病患者康復和重投社會，推動社會接納他們融入社會，並促進香港人口的精神健康。

主席，本人謹此陳辭。」[13]

參考書目

平等機會委員會：《香港殘疾人士在非僱傭範疇所遇到的障礙之調查》。香港：香港大學社會醫學系健康及醫療行為研究小組，1998。

平等機會委員會：《公眾對殘疾人士的態度的基線調查 1998》。香港：平等機會委員會，1999。

平等機會委員會：〈有你終生美麗 —— 如何正確報道與精神病有關的新聞〉，「新一代傳媒人研討會 —— 傳媒報導與精神病患」。香港：平等機會委員會，2004。

李楚翹：〈尚待康復的康復政策〉，《香港社會政策 2000》。香港：三聯書店，2001。

李誠：《本港精神健康服務使用者對歧視的看法及體會》。香港：平等機會委員會，2003。

政府統計處：《第 28 號專題報告書：殘疾人士及長期病患者》。香港：香港政府，2002。

香港心理衛生會：《心理衛生教育及推廣 —— 教育中心》（2000）（http://www.mhahk.org.hk/）。

香港浸會大學社會科學院：《精神健康調查》。香港：香港浸會大學，2003。

家連家：《家連家精神健康教育計劃 —— 精神病患者使用藥物的經驗及對藥物的訴求調查報告》。香港：家連家，2001。

13　立法會福利界議員張國柱於 2012 年 1 月 11 日立法會議案辯論「訂立全面精神健康政策」之發言稿。

浸會愛群社會服務處：《精神復康服務》（2001）（http://www.bokss.org.hk/frameset_p1c.html）。

荃灣明愛社區中心：《童年無忌：精神病康復子女支援系列報告》。香港：荃灣明愛社區中心，1997。

荃灣明愛社區中心：《精神康復者及智障人士就業調查報告書》。香港：荃灣明愛社區中心，2001。

康復政策及服務工作小組：《康復政策及服務綠皮書》。香港：香港政府，1992。

陳婉瑩、顧婷芝：《香港、中國、台灣報章對精神病患者的報導及報導取向之對比研究》。香港：平等機會委員會，2002。

葉錦成：〈「社區院舍」：九十年代香港精神康復服務新模式與廿一世紀的可行性〉，《香港社會政策 2000》。香港：三聯書店，2001。

〈精神病社區服務需求升六成〉，《明報》，2004 年 3 月 4 日，A11 版。

〈精神病患者的康復服務〉，福利事務委員會（文件）（1998）（http://www.legco.gov.hk/yr98-99/chinese/panels/ws/papers/b450c01.htm）。

趙球大：〈香港精神病治療和康復設施〉。《社聯季刊》（1991），第 117 期。

蔡遠寧、楊德華主編：《香港弱智成人服務：回顧及展望》。香港：中華書局，1997。

衛生福利及食物局：《一九九五年康復政策及服務白皮書》（www.hwfb.gov.hk/cn/press_and_publications/otherinfo/index.html）。

衛生福利局：《為精神病康復者提供的康復和支援服務》。香港：立法會福利事務委員會，1998。

黎淑君、李韻心：〈社區精神復康服務經驗分享〉，《社區發展服務總結》。香港：香港社會服務聯會，2001。

Review of Rehabilitation Programme Plan. Hong Kong: Rehabilitation Division, Education and Manpower Bureau. Government Secretariat, December 1987.

Secker, J. and Platt, S. "Why media images matter", in Greg Philo, ed., *Media and Mental Distress*. London: Addison Wesley Longman Limited, 1996, pp. 1-17.

United Nation. *Handbook for Parliamentarians on the Convention on the Rights of Persons with Disabilities*. United Nations, 2007.

第八章

社區發展

如何理解社區？

從社會學角度來說，英文 community 這一名詞應該翻譯為共同體，不過卻有兩個不同的含義。它可以指在地區扎根的「社區」（community of place），或是指地域性不強但與利益及興趣有關的「社群」（community of interest）。然而，這兩者都是描述性定義，並沒有指出社區存在的社會意義及功能。在一些學者細心追索下，發覺它有九十五個不同重點但較為深入的定義，例如認同感、共鳴感、團結力、組織力、動員力、共同享有的生活習慣等等作用，如果做更深入的分析，更複雜得多，因這牽涉到個人與集體之關係，屬社會心理學的研究專題，而且因人因地制宜的特色甚重。不過，社會學家齊格蒙特‧鮑曼（Zyment Bauman）認為，在較為封閉的傳統農村社會及小社區，社會流動性甚弱，生活習慣甚少改變，人際接觸相當密切，社會角色明顯，社交禮節的習慣令人心領神會別人所表達的情感，所以對地區性的認同（包含很多人際間經歷）是自然而然地產生。但在現代化的大都市及國際都會，人口流動量甚大及多元化，社會關係中有很多陌生人出出入入，人與人的關係並非建設在認同感，而是在某種程度的契約關係上，「社會」（society）作為一個群體想像便因而更為凸顯，反而社區變成了一個「事後歸因」（post hoc）的分類印象及概念，是人們看到社會某些情況及問題時所想像的集體基礎、共同習慣及群體力量的分類（齊格蒙特‧鮑曼，2001）。

作為「事後歸因」對群眾的觀察，社區工作者難以避免出現一種「見微知著」的推論，從微觀到宏觀角度去看社會問題，而大前提是環繞着社會團結與和諧這個前設來分析，因而產生以下幾個假設，例如：（1）社會解體（social disintegration），現代迅速及短暫的社會流動，容易做成走向極端的個人主義，人們一方面自私自利，各家自掃門前雪，另一方面對其他族群缺乏信任，因而建立自保機制，毫無集體觀念及互助合作精神，破壞社會團結，因此社區工作應該要建立群體及社會之間的認

同感及責任心；（2）社會矛盾（social conflict），社會集團之間對自身利益的堅持及捍衛，引致社會對立及撕裂。社區／群內雖然團結，但地區主義及集團利益破壞着整體社會發展，必須將分散及對立的意識找尋最基本的共識，也應該有一個較為平等的社會發展；（3）社會脫軌（social deviance），社會中出現了一些不跟「主流」思想及道德觀的群體，破壞着某些共同價值觀及行為觀念，例如社會學芝加哥學派研究城市中的「次文化群」，指出青少年「街角次文化」（street corner subculture）的特異之處，以及主流文化應採取寬鬆還是排斥的態度來面對這些次文化的挑戰；（4）邊緣化社群（marginalized groups），某些較為脆弱的社群缺乏平等待遇，甚至面對被漠視、剝削及鄙棄的對待，例如新移民、少數族裔、殘疾人士等問題，如何減少鄙視及偏見，組織他們產生共識及融入於社會中，亦是社區工作要處理的問題。

除了以上的四個假設，社區工作亦是福利服務的執行者，對地區特色的掌握十分重要。就算是怎樣宏大及良善的社會政策，如果忽視地區特色，只是「草尖」（grasstop）思維而脫離了「草根」（grassroots）視野及效果，因此必須結合該社區／團的特徵，才能使政策執行到位。以上這五項功能 —— 處理社會解體、矛盾、脫軌、邊緣化、具體服務 —— 使社區工作成為現代社會中一項不可或缺的公共及社會政策。

在過去百多年全球經濟及社會急劇變化中，不少思想家對社區所起到的社會功能懷抱着不同的憧憬及夢想。有些學者渴望在資本主義初級剝削期間，推廣互助合作精神（self help and mutual help），激發市民的積極性，發揚人類共善本質，建立人材隊伍，從而成為一條新的社會發展道路。有些學者更認為，在資本主義肆虐下，資本流動與工人階級產生對立，政府應該建立自力更生的合作經濟體系（cooperative economy），成立合作社，使經濟制度是在集體合作而非競爭的環境中進行，達至共同富裕的理想。有些學者深感急劇城市化的流動減弱了社區的援助，應該要凸顯社區健康及社區照顧，一方面將專業服務地區化，減輕醫療制度的負擔，另一方面培養義工服務及社群合作，使預防疾病的工作被廣

泛接受。當然亦有不少學者要人民組織起來，要求政府改善一些對他們有關的社會政策。

「群策群力」地解決群眾的問題這個意念甚為吸引，因此社區發展並非社會福利的專用名詞，在發達及貧窮國家都在不同政策範疇廣泛地使用。從上世紀五十年代開始，聯合國了解到第三世界國家所面對城鄉差距的不平衡發展，積極協助建立基層自助組織，鼓勵社區發展，成立基金及提供支援，使散漫農村及落後地區得以成長。另外，有些政府在社區建立動員單位來配合中央政府的宏觀政策，產生了「政經社」合體的地區單位，將地區發展納入整體政經大局的策劃，例如肯雅的 Harambees、菲律賓的 Barangays、印度的 Panchantya、以色列的 Kabbutzim、中國以前的人民公社等。發達國家較少採用「政經社」的合一模式，反而針對某些問題作專門處理，例如美國及加拿大大多環繞着城市發展及房屋服務，政府通過貸款與津貼協助居民建設、通過社區工作管理及維修破舊的房屋，以基層民主參與為理念改善房屋問題。不少國家關心衛生健康，建立起社區健康及社區照顧等服務，結合醫療系統來補充正規醫療服務的不足，例如防疫、生活飲食習慣改變、社康護理、合作社醫療等。

過去三十多年的全球化，不少跨國企業在落後國家及地區製造了不少劣績，例如非洲獅子山的「血鑽石」、水資源污染、石油公司的環境破壞等問題，因而激發起「全球地區」（glocal）概念，要將全球化的宏大經濟動力結合地區利益，減少剝削、虐待及破壞，使不少社區工作鼓吹企業社會責任，希望建立起社區網絡的支援，培育市民的經濟動力，地區經濟因而得到相當大的自主性及正面效益，例如著名的孟加拉農業銀行「在單車上的銀行家」（banker on the bicycle），他不是坐在銀行裏等待村民來借貸，而是主動「落區」去組織貧乏村民培養生產力賺取收入。可以說，從地方政府的運作，到醫療服務、城市發展、房屋管理、扶貧及社會福利等各政策範疇，社區組織工作都起到一定的作用。

在社會工作專業中，社區工作是一種糅合服務、教育、組織及動員市民的過程。工作員主要面對的不單是弱勢社區／群的苦況，而是加上

了政府的漠視、公共及社會政策的缺乏，甚至精英階層的排斥。所以，他們的其中一個核心任務是「增權」（empowerment），一方面通過群眾的組織及合作來培養個人自強不息的精神，另一方面倡導（advocate）社會政策的改善來推動社會改革及進步。從這兩個核心任務來看，前者主要是牽涉個人的自我完善，因此甚少引起社會爭議；而後者因為協助弱勢社群討回公道，很容易會觸動不少利益集團的神經，因而被解讀為抱有政治動機，被認為是破壞社會秩序及擴大社會矛盾，甚至被冠以各種負面的社會形象。因此，社區工作是在眾多福利服務中政治性最濃厚的一種服務。

在香港，協助弱勢社群討回公道的社區工作，的確並不討好。

社區主導下的福利：
五十及六十年代的社區發展

如第一章所述，在百多年的歷史中，香港有不少自發性民間社團，提供福利給有需要的人士，尤其是從內地來港的移民。在二次大戰前，內地到港的大都是經濟移民，尋找賺錢及生活機會。他們到港後除了獲得親友支援外，亦可以通過鄰里、宗親會、同鄉會與街坊會這些自發組織的關係網絡，來介紹就業、照顧弱小、獲得低廉居所、上會（儲蓄保險），甚至在貧病交迫時得到少許貸款或財政資助。這些基於鄉里關係成立的社團，是新移民的第一援助站，不過它們的援助途徑主要是透過關係網絡的聯繫，服務的普及性並不明顯及有效。

二次大戰後，大量內地難民到港，香港人口從 1945 年的五十萬人，上升到次年的一百六十萬，到 1950 年更達二百四十萬。移民問題使政府面對龐大的財政壓力，也使自發的同鄉宗親社團難以應付劇增的福利

需求。在這個歷史關鍵時刻，一種新的社區福利模式應運而生。當時的殖民政府打破了以往的官民距離，主動地邀請民間社團承擔部分福利責任。1949年，社會福利辦公室的社區發展部開始重整舊有的街坊會，推動社區領袖及商人作多些福利捐獻，將以往自發但較為缺乏組織力的社群正規化，較為系統地建立民間團體的福利事業。第一個街坊福利會於1949年成立，在一年之內數目增加到十二個，當年的會員已達八千人。為了鼓勵地區居民及商人捐助弱小，政府高官也放下身段蒞臨開幕儀式，提升街坊會的社會地位。華民政務司（目前的民政司）屬下的社會局亦成立了「社區發展組」，負責扶助街坊會成立與聯絡社團及婦女組織。在政府的推動下，這個由上而下「自助互助」的社會運動發展起來，到1954年已經有二十一個街坊會的成立。到了六十年代中期，它們的數目更上升到六十多個，估計會員人數超越二十萬人。

在官方大力支持下，街坊福利會受一般市民認識的程度蓋過了西方教會所推動的福利工作。它們通過民間籌募款項，提供多元化的服務，例如協助救災扶危、廉價教育、診所、母嬰服務，改善衛生情況等。不過，街坊會提供的福利服務，並不強調專業化及組織管理，所以當政經局勢安頓下來，社會期望逐漸提升時，它們的工作很快便落後於時代的要求。1958年，社會福利署正式成立，福利服務開始摸索自主發展的道路，因而進一步專業化起來，而且發展迅速。街坊會起初的社會福利功能亦因此逐漸減弱，逐步轉化為一般的社群服務活動（例如文娛、康樂、體育等），而組織與聯繫街坊福利會的工作後來亦集中在華民政務司手中。在福利系統逐步建立的過程中，政府也減弱了對街坊領袖意見的重視，一方面可能是這些領袖追不上福利期望的提升，另一方面也可能是政府不願看到這股地區勢力的坐大。經過十多年的光芒後，街坊會這些基層社區組織，在缺乏政策支援及專業化的提升下，在七十年代開始被邊緣化，社會角色及影響力銳減，以往的扶貧助弱作用也逐步消失。

受國際趨勢影響下的社區工作反而開始抬頭及迅速發展。從五十年代中期開始，聯合國積極地在第三世界國家推動社區發展，要求各國政

府重視基層市民的參與，激勵社區自身的社經活力。六十年代初期，內地的大躍進運動及饑荒使大量難民湧到香港，香港政府在 1964 年獲得聯合國世界難民年的一筆捐款。這筆捐款使政府在人口密集的東九龍及西九龍（黃大仙、觀塘、大坑東、荃灣等），建立了四所社區中心，為徙置區居民提供社區服務，隨後這個服務模式逐步地擴展起來。有一部分社區中心給予社會福利署管理，另一部分給予志願機構提供多元化的社區發展服務，例如個案輔導、社區教育、青少年文康活動、圖書室等，希望能滿足區內不同社群的各種需要。

從那時開始，社區中心成為了福利服務提供的模式之一，社區工作亦在區內逐步生根。如果以當時的社會狀況來說，在個人只得大概二十多平方尺環境狹窄的公共屋邨內，社區中心可以提供較為舒適的公共空間，讓居民進行一些集體或個人的社會活動，也算是一項相當有效的措施，例如提供閱讀室／圖書館給予學生一個舒適恬靜的學習空間，或是提供禮堂作居民的活動場所等等。不過，在社會工作專業界內，對社區中心服務的評價不高，有些學者認為它大多只是提供各類的培訓及興趣班，未能滿足社區的真正需要，甚至有些認為它外展活動不多，只是「在社區工作」（work in community），而非「與社區一齊工作」（work with community），對區內弱勢社群面對的深層問題缺乏認識及處理，主要的活動並非雪中送炭地處理緊迫及重要的課題。這些評價是建基於貧富懸殊距離開始擴闊的六十年代，當時很多社會服務還只是停留在最基本的水平，在貧窮社區中有很多隱蔽問題需要發掘及處理，但社區中心的服務大多局限於解決一些燃眉之急的個人問題，對很多重要的民生問題，如居住、醫療衛生、入不敷出的低薪職位等等都未能正視。

五十年代初，香港經濟仍處於復原期，社團互助及合作社式的福利模式的確可以起到救濟扶貧效果。然而，到了經濟增長的六十年代，當社會開始富裕起來，但中產階級仍只是初露頭角，而一般市民生計仍沒有很大改善的時候，經濟再分配的要求便開始浮現。隨着街坊福利會功能的削減，以及社區中心缺乏解決更為宏觀的市民生計問題之際，舊有

的社區工作模式必須有更宏觀的分析來面對新時代的挑戰。

　　1966 及 1967 年的兩個騷亂,促發起政府改變以往殖民管治的模式,增加市民的參與。面對 1967 年的騷亂,政府在爭取民意方面動員了基層組織如街坊福利會的支持,後來亦強化了政務署(現在的民政署)的政治角色,要它做「政府的眼睛、耳朵及咀巴」,負責觀察及聽取市民的意見,以及解釋政策的作用,做好官民之間的橋樑。自此,以往小圈子精英及代辦政治,始終要面對群眾政治的洗禮才能得到更大的認受性。社區參與的動力也因此開始抬頭。

社區建設與社會行動:
七十年代的社區工作

　　1972 年港督麥理浩上任,他在任內鼓勵市民參與,推動了一場由上而下的社區發展運動,希望在官民關係上作更大的修復。社區工作這一門較高政治性的福利服務,因此得到不少政策支援。在 1976 年的立法局會議上,港督在施政報告中總結出一個新名詞「社區建設」(community building),作為社區發展的總目標。一方面,政府藉着「清潔香港」與「反罪惡運動」推動公共屋邨居民成立互助委員會,要求居民守望相助團結起來,協助屋邨清潔及舉報罪案;另一方面,政府也知道改善官民關係的重要性,在六十年代末期成立「社區及青年事務主任」(Community and Youth Officer)一職,此職位有別於教育司署康樂及體育事務組所提供的康體活動,而是着重推動公民的責任與角色,以期建立市民的信任感。這些社區活動的推展,雖然有收窄官民距離的作用,但是在一個殖民地政權的專制統治下,要建立對政權的信任認同及訂定公民的權利與責任,實在十分尷尬,以至當時香港大學社工系的何志教授也撰文質

疑，社區工作服務的重點究竟是去「清理溝渠，還是提高居民的自助能力」（drainage cleaning or community self-help）（Hodge, 1973）？

從當時的政治環境來說，政府推出這個社區建設運動是可以理解的。在六十年代兩次騷動的教訓下，政府了解到社區在建立認同感、紓緩社會矛盾作用及動員市民支持政府的重要性，但在當時殖民地行政主導的政治制度下，真正的群眾參與恐怕會動搖統治基礎，所以市民參與只能退而求其次，狹隘地解釋為改善管治質素，使諮詢政治模式擴展至基層，讓政府諮詢一下市民。這本來可以是一個很好的起步點，使政府與市民可以建立一個共同的互動，然而這個政策卻缺乏整體社會、經濟、政治發展的構思及計劃，並沒有引起社會議題的聚焦，亦沒有在基層建立適當的組織去配合全局設計，因此沒有帶來很大的衝擊及挑戰。1978 年 3 月，香港社會服務聯會的社區發展部與兒童及青年部發表了一份《社區建設的概念》意見書，要求成立一個「鄰舍—地區—全港性」三層機制來切實執行社區建設的精神，要求居民在不同層面上都應該有參與權來影響與他們有切身利益的政策。這是一個很大的諷刺，來自民間的建議竟然更能適合社會整體發展與基層的需要，比政府的政策來得更加全面、長遠、切實及具體。

在眾多社區建設架構中，社區中心的福利工作受到相當高的重視，因此有很顯著的擴充。在 1973 年《社會福利白皮書》中，政府因應人口數目劃定了不同的區域，訂立了三個層次的社區發展服務，讓居民聚集及參與：社區中心（服務 8 萬－12 萬人）、屋邨社區中心（4 萬－8 萬人）、社區會堂（2 萬－4 萬人）。到了八十年代末期，政府興建及資助了座落在九個地方行政區的十三間社區中心，使社區服務能夠全面開展工作，提供多元化的服務。

不過，社區建設這個由上而下的官民關係建設，因為缺乏發展的目標及藍圖，在成立了社區建設委員會，民政署擔當統籌協調角色之後，社區建設政策便逐步成為政府一種公共關係工作，有政治關係但缺乏政治提升及出路，失去了原有「吸納民意」政策目標與動力。很多「官民

「合作」或類似公民教育的活動相繼推出，例如青年領袖訓練計劃、警民關係主任計劃、警訊少年、市政事務處的流動服務、社會福利署與教育署的暑期活動等，都統稱為社區建設活動。官民的距離雖然是拉近了，但這個社區建設運動發展到最後，很快便被官僚制度所訂立的規矩及程序規範化，到八十年代中期已經相當制度化，缺乏再向前發展的可能。

除了社區中心外，政府也推展一些規模較細小的社區發展計劃，但出乎意外地引爆了不少社會矛盾。1974年，政府與非政府機構商議，為木屋區、臨時房屋等有特別需要的地區提供深入的社區服務。當時，社會福利署、香港社會服務聯會、志願機構代表及幾個有關的政府部門代表，成立了一個「社區發展優先選擇區工作小組」（Working group on the priority of Community Development in those areas of identified special needs for more intensive services）。小組在隨後一年的報告書中，建議社區工作應該將重點放在一些較匱乏地區（deprived areas），選擇這些社區有三個標準：居民人數由三千至一萬五千人、缺乏基本服務設施，而且該區有三年以上未被遷拆的年期。這些社區計劃被統稱為「鄰舍層面社區發展計劃」（Neighborhood Level Community Development Project, NLCDP），主要是由志願機構推行。社區工作員必須主動到這些環境較匱乏地區探索及解決問題，例如一二型徙置區、木屋區、安置區，以及一些特別問題的區域如艇戶、罪案劇增的地方、一些市區內較舊的區域、偏遠及缺乏福利服務之地區等。

當時社會服務制度還是在襁褓時期，所以鄰舍社區計劃的出生，可以說是社區發展的黃金時代。基本上，它本身是屬於社會福利系統，主要任務本來只是提供福利服務給有需要的人士，例如為一些老弱傷殘的脆弱社群提供心理輔導或家庭生活照顧等傳統服務。但是，它處身之地卻是一些偏僻及環境較差地方，社區工作員無可避免地要面對居住情況所牽涉到的問題，例如城市重建、環境衛生、交通、社區設施，或是寮屋遷拆及水電郵服務、公共屋邨重建所牽涉到的上樓資格、租金政策、搬遷地點、裝修津貼、戶籍等等。這些問題牽涉更宏觀的城市建設及房

屋政策與管理安排，而這類型的社區工作，在外國本來是屬於城市規劃系統，是城市規劃師、房屋部門、環境規劃師等專家去處理，但是因為當時香港的城市規劃、屋邨設計與管理都着重技術層面的考慮，雖然有社區諮詢，但是甚為被動，以至在社會福利系統的社區工作者，也要兼顧處理這些問題來填補政策及行政的空隙。鄰舍社區計劃的服務內容，因而超越了狹窄的社會福利定義，變成了城市發展及房屋政策的一部分，要改善居住、擠擁、缺乏活動空間及基本生活設施，反而一般的福利服務顯得像是修修補補的止痛劑，並沒有針對最主要的民生福利。

問題不僅如此。這些計劃存在的時空，正是香港殖民地政府面對其管治現代化轉型期。七十年代初期，傳統殖民地政府的貪污舞弊、官僚作風、漠視民意等問題，一直令人詬病，而且高層官員往往躲藏在官僚體制內，缺乏問責壓力。市民與社區工作員都感覺到，用比較溫和的磋商手法並不見效，所以採用了所謂「激進」的請願示威手法，揭露政府逃避責任及延誤處理的官僚態度。用社會工作的術語來說，這些手法都可以統稱為「社會行動」，使社會矛盾曝光，要求政府採取適當的措施解決問題。幸好，港督麥理浩也在該段時期推行殖民地改良運動，開始採取了較為開明及寬鬆的政治氛圍來管治，從而使壓力團體及群眾行動的湧現有較為寬闊的發揮空間，香港亦由此開始踏上一個官民關係較為平等溝通及現代化的道路。

在七十年代初期，這股社會行動的浪潮開始浮動，計有盲人工潮事件、明愛中心的東頭村事件及仁義新村事件、聖公會聖匠堂的大環山計劃、社區組織協會的艇戶工作等，他們捍衛着基層社群的權利，有些社區工作者甚至因而被警方拘捕。到了七十年代後期，鄰舍層面社區發展計劃服務迅速發展，每年增長六個計劃，數目由 1978 年的九隊增至九十年代初的五十四隊。如果以一隊服務人口範圍一萬五千人計算，這些計劃服務覆蓋八十多萬的低下階層，處理的範圍十分廣泛，包括居住環境相當惡劣的木屋區、艇棚、舊區、天台木屋、露宿者等有關城市貧民窟及遷拆情況，徙置區及公屋居民的設計、管理及租金升幅、城市重建等

居住問題，天災災民的援助及善後安置，還有脆弱社群如內地移民、獨居長者、公共援助人士等扶貧工作。這些都是一般民生問題，但因當時很多政策還處於未成熟階段而有不少疏漏之處，因此引起不少怨憤，也令社工採取了社會行動手法，一方面鼓勵及協助他們自助互助，另一方面協助他們爭取權益。雖然社區工作機構百花齊放及各自為政，但在提升市民權益感方面的努力，卻產生了遍地開花的效果。[1]

到了 1989 年，社區工作佔總志願機構的政府財政資助約 27%，佔各項福利服務中相當大的比重，也是一個龐大的服務網絡，而且有甚大的動員能量。當年，由十四間志願機構主持的十三個社區中心及四十七個鄰舍計劃，實質接受服務的總人數達四十多萬貧民。在社區工作員的努力協助下，湧現了很多重視增權的民間組織，如公共房屋政策評議會、木屋區居民聯席、臨時房屋區居民聯席等，它們組織居民向政府爭取屋邨的管理及設施改善、遷拆過程的合理安排、上樓的時間及選擇，屋邨租金、富戶政策的修訂等，都在不同事件動員成千上萬居民出席居民大會，聲勢浩大，甚至編寫民間房屋政策綠皮書，推動着不少政策措施的改革。

從 1975－1986 年，香港總共錄得 882 宗示威遊行，平均一年 80次、一個月 6 次，5 天一次，很多抗議行動都是與市民生活息息相關的民生問題。一方面，這些抗議的後果，使很多政策的漏洞及夾縫得到填補，使服務更能貼切解決市民的憂慮及滿足需要，減少社會不滿，例如屯門市鎮的發展缺乏交通配套，公共房屋的垃圾站缺乏上蓋及適當管理，元朗的下水道不足引致雨季常遭水淹、大澳的海水倒灌等等問題。另一方面，在抗議文化下的香港政府及公民社會也逐步成長起來，使管治水平在「由上而下」及「由下而上」兩者的交錯互動下持續提升，成為了開明專制殖民政府特色的一部分。甚至在 1980 年政府一份有關壓

---

1   Fung Ho Lup, "Combating urban blight where do we start and where shall we go?", Cecilia Chan & P. Hills (ed.) *Limited Gains: Grassroots Mobilization and the Environment in Hong Kong*. Center of Urban Planning and Environmental Management, University of Hong Kong, 1993, pp. 137-148.

力團體的內部秘密文件中，殖民政府亦承認在缺乏正式的民主參與情況下，示威遊行已經成為「社會正常生活的一部分」，政府也不應滿足於自身管治質素的提升，而應該多聽取民意，力圖改善與一般市民的關係。[2]

地區政治的出現與社區發展的倒退：
八十及九十年代

如果說七十年代是殖民地改良主義抬頭，以及公民社會覺醒的時代的話，我們可以說八十及九十年代是社區政治的年代，而社區工作亦在此背景下推動着新的工作模式。

1980 年 6 月，香港政府公佈《地方行政綠皮書》，建議成立區議會，議員由全港合資格的成年人選出來。這個建議令人訝異，因為在百多年殖民地歷史中，殖民地政府從來都是以政治精英的行政主導機制行事，不重視民意，而且反對全民直選的政治要求。區議會的成立，使市民疑惑它背後的政治目標，想像英國撤離殖民地的種種可能，但亦開始提高了政治期望，因為雖然區議會只是諮詢性質，但是全民直選始終是一個很重要的參與途徑，也使市民覺得需要運用這個政治機會，將前途掌握在自己手中。[3]

次年，政府推出《地方行政白皮書》，決定在 1982 年舉行區議會選舉。區議會的出現，對社區工作產生兩個甚大的變化。首先，社區工作者開始討論參政的利弊，究竟應該留在社區組織基層居民，還是進入建制內去推動實質的改善？雖然討論沒有達成共識，但在該次區議會選舉

2　"Standing Committee on Pressure Groups", Hong Kong Government, December 1980.

3　Fung Ho Lup, "Politics and social work in Hong Kong", in Iris Chi et al (ed.) *Social Work in Hong Kong,* Hong Kong: Hong Kong Social Workers' Association, 1996, pp. 138-145.

中，兩個非政府機構（社區組織協會與公共房屋政策評議會）推舉了一名居民參選，他以大比數選票壓倒傳統的社區領袖獲勝。這次選舉使社工反思自己的角色應否只是做基層的增權工作，還是自己也應該承擔公民責任競選成為議員。在 1985 年選舉期間，政府公佈《進一步發展代議政制白皮書》，明確地把諮詢式的區議會改為政治體系的一部分，可以選任代表進入立法局。另外，區議會甚至可以超越其地域章程限制，獲授權討論交通、房屋、教育等全港性政策，而政府將會重視這些意見。在這形勢下，社工已不再討論應否參政，而是鼓勵進行「位置之戰」，積極參與選舉。在爭取 213 個議席的 470 位候選人中，有 22 個是社工，大多是社區及青少年工作者。選舉結果甚為突出，其中有 20 人當選，成功率達九成之高。[4]

區議會的出現，使不少社區工作者進行反思，究竟基層公民社會組織與地區層面的政治制度有什麼關係，尤其是區議會可以選拔議員上立法局進行政策審議。這個反思充斥着八十年代社聯的《社區發展資料彙編》，「居民運動」、「地區政治」、「香港的未來」、「社區工作政治化」、「政見團體與社區發展」、「社區建設的政治意義」等文章陸續出現，顯示當時社區工作的「基層增權」理念受着嚴峻的衝擊，究竟是推動民主建設，還是在建制外繼續爭取權利，還是如一位社會學者所提倡「反璞歸真 —— 居民組織再定位」（呂大樂，1990）？

區議會的成立促發起基層參與的兩個變化。其一，區議會是一個官方與民意代表互動處理地區怨憤及投訴的地方，使地區政治的焦點從居民轉移到議員身上，自此黨派政治的爭奪開始取代居民怨憤之聲。其二亦使政務署強化了與各部門的協調功能及權力。政務署在 1982 年對社區建設的政策角色展開檢討，兩年後公佈《社區建設工作小組》報告，將社區工作分為一般社區工作（例如文康體活動）及福利性質的社區工作，

4　馮可立：〈議會政治與社會工作〉，周永新主編：《社會工作學新論》。香港：商務印書館，1994，第 315－328 頁。

因而訂定社會福利署與政務署的分工，政務署接管社會福利署的社區中心管理工作，以及取消社會福利署的社區工作隊。政務署管轄的社區中心主要提供一般的文康體活動及小組工作，例如婦女交誼、社交舞、太極拳班、單親家庭、老人自助小組等，摒除了為民請命的服務及活動，而社會福利署在社區中心內只是保留一些治療小組，提供家庭生活教育活動、為一些特殊需要案主提供福利服務等等。另外，在鄰舍社區計劃方面，政務署代表也成為了該委員會主席，有權決定新增計劃的優先次序及每年的資助數目，並且要求非政府機構營辦的社區中心配合它的政策方向，逐步將它們吸納及管理。這兩個變化一方面使議會政治逐步取代示威遊行的表達方法，另一方面社區的福利功能亦因社區政治而遭淡化，社區工作所倡導的市民充權運動開始退卻。到了 1991 年的福利白皮書，社會福利署索性將社區工作刪除於白皮書之外。

自此，香港所有社區工作服務的管理，都歸於民政系統之下。在政務署的領導下，比較大膽敢言的鄰舍社區計劃也開始收斂起來。隨着八十年代的大規模城市重建，政府遷拆大量木屋區及臨時房屋，城市內環境較差的地區大幅度減少，以至這些優先地區計劃的批核，亦遭遇到很多資源上的削減。到了九十年代，只留下少數沒受政府津助的福利機構及社區工作隊仍然堅持為民請命的任務，很多社區計劃已從社會改革的角色倒退至六十年代的傳統服務模式。

到了八十年代後期，麥理浩的社區建設政策淡出。根據當時的民政署報告，社區建設只有兩項廣泛性活動，其一是社區發展，其次是社區參與。前者主要任務是鼓勵市民成立組織、提供設施與後勤服務，以及提倡互助意識；後者的任務包括鼓勵市民參與社區活動，說服市民支持政府支援有關市民生計的計劃，與在社區及鄰舍鼓勵推行文康體活動。這些政策在形式上邀請市民參與，不過只是一些無關痛癢的社區問題，亦缺乏深入的政策及民生論述，不單沒有整體社會發展及建設的成分，就連福利成分的改善也付之闕如。

然而，官方資助的社區工作被邊緣化，並不表示社會矛盾已經消

失。政府通過資源及權力的調動，很含蓄地減少正規社區工作所帶來的噪音，卻惹來一股「新社會行動」的反撲。在九十年代，香港年輕一輩目睹香港的政治文化趨向保守，希望通過更「激烈」的行動來挑戰這種政治生態。新社會行動的支持者組織基層，通過阻塞交通、衝擊警方等行動此起彼落。例如在 1994 年 12 月，荃灣合一社會服務中心在天台屋居民抗拒遷拆事件中，社工與居民帶備煮食爐及石油氣罐，在屋宇署總部外的花園道馬路上靜坐，引致交通擠塞，被視為破壞公共秩序。

在九十年代，香港其中一個重大的社會問題是內地來港的移民潮，社區中心因為座落在貧窮區域，無可避免地要去協助新移民解決他們的生計問題。在一個大型的服務分享會中，社區工作員表現得極度無奈，因為在四十多項服務（情緒輔導與社交發展、英語補習服務、家長教子女講座等）中，只有一間機構提出一項政策上的改善，不少工作員覺得自己變成了在社區內的個案工作者（case worker in the community），社區 /群問題變成個人問題，只着重個人的工作動機及能力，社會政策改善的目標被邊緣化，甚至變得無關重要（香港社會服務聯會及社會福利署社區發展部，1999）。

鄰舍社區計劃也面對同樣的遭遇。1995 年，政府開始檢討服務於城市舊區中的鄰舍層面社區發展計劃，兩年後服務檢討公佈。雖然報告書確認舊市區有強烈的服務需要，但是社工的手法未能達到「專業」水平，使問題得不到解決，因此政府不再增加計劃，反而建立一種新的為期三年之「綜合鄰舍計劃」（Integrated Neighborhood Project, INP），在十二個選定舊市區提供服務，服務對象只限於貧窮人士、新移民與長者，而服務方式只是轉介個案給予有關部門。以往深入民間探索民隱及增權的社區工作，工作範圍被收窄為轉介的中間人橋樑角色。在 2002 年再一次服務檢討報告中，鄰舍服務在 2003 年 1 月轉型為八個「家庭支援網絡隊」，而「綜合鄰舍計劃」亦於 2004 年 3 月前全面終止。此後，鄰舍層面社區發展計劃只餘十數個，有些屬於政府津貼，但也有一些是非政府組織自籌經費辦理。

九七後的社區工作：社區經濟

　　如本章開首所說，社區工作是有社會融和團結的一面，也有爭取權益的一面。在政府將社區中心的管理權交給民政局，並將鄰舍計劃逐步取消後的幾年之間，亞洲金融風暴從東南亞吹來，再加上非典型肺炎病毒帶來的衝擊，經濟形勢雪上加霜，政府開始面對六年的財政赤字。政府一方面要開源節流應付財赤，另一方面也要安撫及支援大批失業者，所以強調港人的獅子山下同舟共濟精神，鼓吹自力更生的社群力量，減少對政府支援的依賴。不過，同舟共濟不能逗留在一個口號的呼籲，而是要有一套社區政策來配合，才能在群眾生活中落地生根。

　　在九十年代，一個新的經濟社會學理念「社會資本」在西方國家興起，它用「社會化不足」（inadequate socialization）作為起點來分析社會問題，着重在社會網絡下的協調與合作、社會規範與信任、共同利益及凝聚力所產生的經濟效果來解決貧富懸殊的矛盾，因而「社區經濟發展」（community economic development）成為了福利政策決策者的新寵兒。於此，香港政府雖然一方面取締了鄰舍社區計劃的津貼，但在呼籲自助互助的獅子山下精神時，又不能漠視社區的重要性，必須動員市民自身的積極性，來克服經濟困境所帶來的沮喪甚或絕望。在 2002 年，政府成立了三億元的社區投資共享基金（Community Investment Inclusion Fund），將社區工作的目標從充權概念轉化成為社會資本，希望市民多些建立個人的社會網絡，一方面協助基層市民探索及掌握經濟機會解決失業問題，另一方面推動社會和諧及同舟共濟的精神。

　　基金對社會資本的概念訂定為「認知」、「關係」和「結構」三個層面，審批財政支援的範圍有六項，包括（1）社會網絡、（2）信任和團結、（3）互助和互惠、（4）社會凝聚和包容、（5）社會參與、（6）資訊和溝通。這些概念層面及範圍相當全面，但因而失卻焦點，尤其是在政策結構的改善方面着墨甚少。據社聯綜合政府公佈的統計數字指出，

2000 年到 2010 年的十年間，一般勞工的工資水平沒有上升而且還有少許下跌的趨勢。三億元的財政支援的確使不少沮喪的心靈得到短期的紓解，亦增加了相互關懷的感情，但在政府一連串私營化的政策下，市場競爭使大財團霸佔了更廣闊的經濟空間，在經濟回復元氣後，財團首先受惠而且不斷收復失地，民生困境反而很難說得到較大程度的改善，普羅大眾家庭的支出更捉襟見肘，更遑論得到進一步發展的可能。

因此，社區基金未能帶給市民新的希望，貧富懸殊問題持續惡化，政府知道必須要做多些重點工作。1996 年，國民生產總值是港幣 179,772 元，到 2006 年已上升到 253,151 元，但堅尼系數則從 0.518 上升到 0.533，而且該十年間領取綜援的失業個案每年上升 10.3%。於是在 2005 年扶貧委員會的討論中，首次確認了社區經濟是紓緩貧窮的一個重要方法，其中主要的是社會企業的推廣。

後來，經過兩年的討論，特首曾蔭權在 2007 年施政報告中，也將社會企業列入輔助就業機會的主要措施之一，鼓吹政商民三者合作，讓失業者得到就業機會，以及將任務委之於民政局負責。社會企業的財政來源可分兩大類，一是民政事務處的「伙伴倡自強」社區協作計劃（Enhancing self-reliance through district partnership programme），另外是社會福利署的「創業展才能」（Enhancing employment of people with disability through small enterprise projects, Partnership fund for the disadvantaged）。前者向非牟利機構提供種子基金成立社會企業，推動地區扶貧工作，獲撥款機構須成立社企，聘用弱勢社群，提供就業及在職培訓機會，協助他們自力更生及融入社會。後者是透過以市場導向為主的方式，為殘疾人士創造更多就業機會，以改善殘疾人士的就業，確保殘疾人士在一個經細心安排而且氣氛融洽的工作環境中真正就業。

這兩項計劃亦呼應着國際社會所提出的扶貧概念「社會共融」（social inclusion）。從九十年代中後期開始，「社會排斥」（social exclusion）已經成為一個慣常的政策用語，主要是指對婦女及殘疾人士，加上全球化下的外來勞工、移民及少數族裔等的偏見及歧視。這些邊緣族群得不到職

位，就算得到也只獲低於一般水平的工資，受到剝削及壓迫，卻難以作出合理的回應，不少政府因而要以社會共融政策來減低社會對這些邊緣社群的排斥。香港在九七後的社區工作也出現相當大的概念轉移，以往以地區為主的計劃開始轉向，改為以社群為主，集中服務社會上貧窮及被排斥的弱勢社群，例如單親家庭、婦女、新移民、少數族裔、精神病康復者等，而以往的地區工作，如業主立案法團及地區居民組織工作的份量亦降低不少。

社會企業的效益有多大，實在難以衡量。有些研究認為它能夠紓緩失業問題，但也有報道指它們成績差強人意。[5] 香港社會企業總會對全港344 間社會企業進行調查，發現約三成社企在 2007 年及 2008 年陷於財政虧損，亦有二成社企在 2004－2008 年亦面對同樣情況連續虧損（香港商報，2010 年 3 月 2 日）。其實解釋這狀況的道理很簡單。社會企業是屬於中小型企業的一群，它們不單面對同類行業的競爭，還要面對大財團所壟斷的社會成本及機會（例如租金及貨源），更加上它所負擔的社會責任，不願意做一些較為「粗野」的市場行為，例如剝削員工，因此它們所面對的生存空間有極大的限制，要在缺乏綜合政策支援下，同時滿足社會責任及市場競爭。因此，香港社區經濟發展的前景實是不容過於樂觀。

除了社會企業，城市發展模式也是社區工作面對的一大挑戰。政府在 1987 年成立了土地發展公司（簡稱「土發」），訂定市區重建計劃，遷拆城市舊區及興建新廈。不過，市區重建很多時引致「士紳化」（gentrification）現象，將原居民遷離市區而為中產階級或富有人士提供較便利及舒適的居所。土發公司也明白受遷徙居民參與的重要性，因此在1993 年及 1998 年資助成立了兩支「市區重建社會服務隊」，協助居民了解因遷拆所引致的各類賠償及遷居問題。後來土發公司被改組為市區重

5　Tang K L., Fung H. L. et al., *Social Enterprise in Hong Kong: Towards a Conceptual Model*. Final Report to Central Policy Unit. Hong Kong, 2008.

建局，在政府為市區重建策略進行公眾諮詢時，提出建議市建局可以資助非政府組織在舊市區提供服務。在 2002 年後，市建局成立了市區重建隊，聘請社區工作者協助居民，「希望減少重建對他們所造成的干擾」，紓緩一些不必要的矛盾。除了市區重建問題增加了居民參與外，屋宇事務署亦增強了社區服務。2004 年屋宇署開始資助非政府組織設立「駐屋宇署支援服務隊」，協助舊區私人屋宇居民處理大廈維修、成立業主立案法團等事宜。在城市管理，尤其是舊區的管理範圍上，社區工作始終有一定的角色，雖然以往的木屋區及臨時房屋已經大多遷拆，但是城市舊區居民的數目仍甚為龐大，成為一個重大的政策關注點。

在這些官方及津助的非政府組織所建立的社區工作之外，從八十年代開始湧現了無數的非政府組織及小規模自務會社，在不同的社區／群運動中推動着較為新穎的社會發展觀念。香港一向以來的管治理念着重於經濟增長，被謔笑為只得「中環價值」的單線思維，忽視了一些如環境保護、保育、文化、社會平權等等價值觀。無可置疑，這一套思想在 1983 年聯合國的教科文組織（UNESCO）所鼓吹的新發展觀念（New Views on Development）衝擊下，顯得極為單調及落後。

從八十年代開始，有些非政府組織着重環境保護（例如綠色和平、地球之友、綠色力量、環保觸覺、世界自然〔香港〕基金會），亦有不少文化保育組織（中西區關注組、創建香港、香港文化遺產基金會、思網絡、龍圃慈善基金會），婦女組織（母親的抉擇、婦女中心協會、單親協會），性工作者組織（紫藤），社區健康（社會復康網絡）等非政府組織，推動着「中環價值」以外的社會發展觀，使社區／群組織極具多元化，不單提供服務，還在倡議社會改革方面建議了不少新的政治方向。

雖然這些多元的社區計劃為不同的社區／群服務，但它們都包含着一個共通的「本土主義」思潮，例如抗拒「中環價值」、從功能城市到宜居城市、城市與自然的和解、新的「香港人身份」以及獅子山下精神的傳承。以往社區工作者主要是關心民生福利及城市建設管理，但是新的發展議題引進了文化及藝術工作者、關心生活質素、個人自我實現及人

權問題。相對於傳統社區／群的民生福利主題，他們帶動着一些新的倡導及社會行動模式，例如保衛海港、皇后碼頭遷拆的抗爭、囍帖街、波鞋街、菜園村等的保衛戰。這些行動抱持相當濃厚的後現代意識，抗拒資本主義所帶來的物質及消費文化，對城市的形成及改變有甚為批判的看法，因此亦孕育着一股甚強的環境保育意識，遠遠超越了傳統的福利服務及社區政治。近年對港珠澳大橋的興建、新界東北的發展計劃、十年房屋計劃所牽涉的土地問題可能侵蝕郊野公園的空間、機場第三條跑道等等，都已經從片碎的社區建設提升至對整個香港將來的發展模式提供着另類方案。

如本章篇首所指，社區工作是協助紓緩及解決五個問題：社會解體、社會矛盾、社會脫軌、社會邊緣化及政策不應脫離「在地」的社區視野。它希望由下而上，以認知、參與、合作、發展等等關係築起橋樑，使公共及社會政策得以掌握人民具體生活的問題，並改善政策的不足及漏洞。再者，它也可以築起溝通橋樑，減低社會偏見所做成的禍害，使社會更加融和團結。在不同的歷史發展階段，香港的社區工作也面對這些任務的挑戰，有時它採取與政府合作的態度共度難關，有時它用社會行動的手法去逼迫政府直接面對群眾的要求。

在五六十年代戰後經濟復原期間，街坊福利會成為一股利民的基層保障民生運動，使民間組織提供各類教育、醫療及福利服務，以補政府資源投入的不足。在七八十年代，政府開始大興土木，移山填海作經濟及社會建設，但政策配套的不足及漏洞刺激起民憤，因而引致民間社區組織參與推動的城市居民運動，作出政策輸入訴求，使由下而上的增權運動不單成為可能，而且還某程度上使政府的管治有所改進，打破了封閉的精英政治。而從八九十年代開始，區議會及代議政制的建立使社區抗爭增加了緩衝區，很多區內較為微觀的問題得到處理，但亦因此使社區與整體公共及社會政策產生更大的連結，與宏觀趨勢起舞，也促使民主意識的提高。民主已不單是知識份子的呼籲，還是基層市民的具體訴求。

　　隨着全球化及中國經濟的發展、香港製造業的空洞化及亞洲金融風暴衝擊下，失業、就業貧窮及扶貧問題成為了重點，政府也開展了社會企業的支援措施，在自力更生的口號下提供了不少資源援助，希望使社區經濟活躍起來。不過，在私營化政策及壟斷市場剝削下，這些中小型的社區經濟計劃在甚為艱難的營商環境下運作，難以成為一股強大的經濟補充動力。在金融資本主義肆虐下，政府如果沒有約束大財團予取予攜的壟斷，這些小規模的社區經濟只能成為一些點綴，難以起到作用。

　　最後，在九七之後，香港整體發展已經成為了一個急切要面對的問題，雖然就業、福利及居住問題仍是重要的議題，但是在一國兩制的政治演變過程中，香港作為一個共同體可以如何走下去，如何理解及辯論新的社會發展論述，已經成為了一個難以迴避的題目。社區工作以往處理的四大議題：社會解體、社會矛盾、社會脫軌及社會邊緣化，究竟如何在一個社會撕裂、矛盾對立、正邪相拒、反對容納的社會氣氛下工作，以及能否保留甚至堅持擔任某些角色，將會面對一個極大的考驗。

參 考 書 目

呂大樂：〈「反璞歸真」──居民組織再定位〉，《社區發展資料彙編》。香港：香港社會服務聯會，1990。

呂大樂：《那似曾相識的七十年代》。香港：中華書局，2012。

《社區發展資料彙編》。香港：香港社會服務聯會，歷年。

香港社會服務聯會、社會福利署社區發展部合辦：《社區中心及小組工作部服務分享會 II：服務解介資料冊》。1999 年 4 月。

袁李潔心：〈社區中心從社會福利署移交政務總署的啟示〉，《社區發展資料彙編》。香港：香港社會服務聯會，1985 年 6 月。

《規範與創新：邁向 21 世紀社區發展工作》，《社區發展資料彙編》（1997－

1998）。社會服務聯會社區發展部，社會服務聯會，1999。

馮可立：〈社區發展與政治〉，《社區發展資料彙編》。香港：香港社會服務聯會，
1985 年 6 月。

馮家正：〈社區發展工作與服務〉，香港基督教女青年會編著：《社區工作新程式》。
香港：商務印書館，1992。

楊家駒：〈社區發展縱橫談〉，楊家駒等編：《社區縱橫 —— 香港基層組織工作縱
橫談》。香港：田園書屋，1992。

楊羅觀翠：〈八十年代中期的社區發展服務回顧〉，關銳煊編：《香港社會福利服
務論叢》。香港：集賢社，1987。

齊格蒙特・鮑曼著，歐陽景根譯：《共同體》。南京：江蘇人民出版社，2001。

《總結與變革》，《社區發展資料彙編》（1999/2000）。社會服務聯會社區發展部，
社會服務聯會，2001。

Chiu W. T. & Fung W. W. *Report on an evaluative Research on a New Social Service Policy: Integrated Neighborhood Project.* Hong Kong: Department of Social Work and Social Administration, University of Hong Kong. Monograph Series 46, 2001.

Hodge, P. "Urban Community Development in Hong Kong", *Community Development Resource Book.* Hong Kong: Hong Kong Council of Social Services, 1973.